LA SOCIEDAD ROMANA EN EL PRIMER SIGLO DE NUESTRA ERA

LA SOCIEDAD ROMANA EN EL PRIMER SIGLO DE NUESTRA ERA

ESTUDIO CRÍTICO SOBRE PERSIO Y JUVENAL

ERNESTO QUESADA

EDITORIAL SENDEROS

Este texto fue publicado originalmente en Argentina en el año 1878.
El texto es de dominio público.
Edición Moderna © 2024 Editorial Senderos

Los editores han hecho todos los esfuerzos razonables para garantizar que este libro sea de dominio público en todos y cada uno de los territorios en los que se ha publicado.

This text was originally published in Argentina in the year 1878.
The text is in the public domain.
Modern Edition © 2024
Editorial Senderos

The publishers have made all reasonable efforts to ensure this book is indeed in the Public Domain in any and all territories it has been published.

A MI PADRE
Doctor D. Vicente G. Quesada
En Testimonio de Afectuoso Cariño

EL AUTOR.

PREFACIO

Rara temporum felicitate, ubi sen tire quoe velis, et quoe sentias dicere livet.

TÁCITO (HIST. I. 1.)

La antigüedad tiene multitudes de personajes que atraen y que retienen con fascinador Encanto al observador novel. Nada hay, sin embargo, que fortifique más la inteligencia, como el estudio de esas celebridades que al desaparecer, han dejado tras si monumentos imperecederos.

La índole de nuestros estudios nos obligó á cultivar las obras de los antiguos, y una circunstancia fortuita vino a obligar después el presente *Estudio*.

Cursábamos entonces el último año de Humanidades. Nuestro profesor en aquella época, Dr. Calandrelli, nos encomendó hiciéramos una disertación sobre Persio y Juvenal. Aceptamos sin trepidar, porque todavía no habíamos tenido ocasión de estudiar a esos dos poetas, cuya proverbial oscuridad solo de fama conocíamos.

Las variadas lecturas que tuvimos que hacer, nos convencieron pronto de lo arduo de la empresa. Por otra parte, el tiempo urgía, y tuvimos que presentar una disertación deficiente é incompleta.

Pero, así como las dificultades en vez de enervar el espíritu, suelen enardecer el ánimo, guardamos entonces la intención de profundizar más tarde tan interesante estudio.

Han pasado dos años, Dedicados después al estudio del derecho, nuevas tareas vinieron á absorber nuestra atención, y no nos fue posible satisfacer cumplidamente aquel vehemente deseo. No olvidamos, sin embargo, nuestra promesa, y hemos continuado haciendo las lecturas necesarias, de las que conservamos los apuntes convenientes. Estos apuntes fueron aumentándose considerablemente, hasta que nos decidimos a aprovechar los meses de receso universitario (1877-1878), para coordinarlos debidamente, realizando nuestro propósito.

Hemos tenido que modificar el primitivo plan que sirvió de base a la disertación de 1876, y juzgamos conveniente exponer ahora las consideraciones que nos han guiado.

Persio y Juvenal son, sin duda alguna, los representantes genuinos del género satírico en el primer siglo de nuestra era. Pero ningún género literario es tan fielmente el producto de su época, como la sátira, pues de ella saca sus argumentos, sus ideas, sus alusiones. Estudiar, pues, a los escritores satíricos de una época, es por lo tanto examinar la sociedad contemporánea, que se encuentra descrita, ridiculizada, en cada verso de las sátiras.

Forzoso era darse cuenta exacta y clara del estado del

imperio romano en el primer siglo de nuestra era, conocer en su conjunto y en sus detalles la sociedad de entonces, para poder apreciar con justicia e imparcialidad la crítica de los escritores satíricos de la época, y para poder juzgar de la fidelidad de las múltiples alusiones de sus sátiras.

El estado social del imperio debe estudiarse desde el momento en que se opera la transición de la República al nuevo régimen, porque si no sería imposible comprender las instituciones reinantes, y las causas que originaron el extraordinario cúmulo de acontecimientos, que con tanta rapidez se desarrollaron bajo los reinados de los sucesores de Augusto. A este objeto hemos dedicado el cap. I.

Conociendo las causas y motivos del estado político-social de la época, necesario era estudiar su complicado desenvolvimiento, para poder trazar el cuadro de aquella sociedad, tan tiránica en sus costumbres y tan misteriosa en sus evoluciones. Tratamos de bosquejar este estado de cosas, en el cap. II.

Una vez que ya nos encontramos conformes en cuanto a la apreciacion de la índole de la sociabilidad de aquella época, tenemos indudablemente que llegar a convenir, que solo el género satírico tenía que predominar en ese siglo, por razones, a nuestro modo de ver, terminantes, y que hemos tratado de explicar con brevedad.

No podíamos, sin embargo, juzgar con imparcialidad de los géneros literaticos en aquella época, sin tratar de uniformar nuestro modo de considerar la índole especial de la literatura latina.

A estos objetos hemos dedicado el cap. III, tratando de diseñar nuestras ideas, con la parsimonia y brevedad que nos fué posible.

La parte principal de nuestro trabajo estaba ya hecha, porque una vez que habíamos fijado nuestras ideas acerca del imperio, de la sociedad y de la literatura del primer siglo de nuestra era, ya teníamos, por decir así, una pauta para poder juzgar con igual imparcialidad a los escritores de la época. Quedaba verdaderamente lo más ímprobo del trabajo por hacer, pero ya teníamos un plan, cuya realización, aunque difícil, era sin embargo factible.

A nuestro modo de ver, el género satírico tenií que predominar en esa época; era, por lo tanto, el verdadero representante de la literatura, de su tiempo. Pero la literatura es por excelencia la expresión de la sociedad, expresión exacta y verdadera, principalmente en todo lo que encierra de involuntario.

Estudiar, pues, al género satírico de entonces, es conocer íntimamente la sociedad de la época.

Tal es la idea que sirve de base a nuestro plan, el centro común hacia el cual convergen todos nuestros estudios en el presente trabajo.

Para estudiar convenientemente un género literario cualquiera, es preciso meditar las obras de sus representantes; luego entonces, para conocer el género satírico de aquella época, necesario era estudiar á sus verdaderos y legítimos representantes, á Persio y Juvenal.

Estudiando sus producciones satíricas, forzosamente teníamos que conocer hasta en sus menores detalles, las costumbres, las pasiones, las ridiculeces, las preocupaciones, de aquella sociedad. Solo teníamos que proceder con imparcialidad, y con el mismo criterio en ambos casos.

Indispensable es, para juzgar a un escritor, *sine ira et studio*, según la clásica expresión de Tácito, conocer su vida, las personas que le rodearon, los acontecimientos que en su carácter pudieron influir, y las causas que determinan la índole peculiar de sus obras.

Nos ha sido, por lo tanto, necesario indagar todas las particularidades de la familia, vida, relaciones, carácter y destino de Persio y Juvenal. Era preciso tratar de descubrir la verdad, en medio de los contradictorios juicios de sus numorosos biógrafos y críticos, siempre apasionados sin medida, en su favor ó en su contra. Examinar si los datos aducidos son verídicos, y consultar para ello las fuentes más puras: tal ha sido nuestro método. Hemos formado después nuestra convicción, que nunca formulamos, sin antes bosquejar la discusión crítica que la ha originado.

Numerosas fuentes hemos, pues, tenido que compulsar, y si aducimos únicamente algunas, es por lo fastidioso de semejante lujo de erudición, pero podemos garantir que no hemos avanzado un solo hecho sin apoyarlo, en competente autoridad.

Una vez que el estudio anterior nos hubo dado á conocer, la índole peculiar que caracteriza las producciones de ambos escritores, examinamos una por una, cada una de sus sátiras, con la mayor imparcialidad.

Hemos encontrado ocasión de estudiar las mas importantes particularidades de la sociedad romana bajo el imperio. Las sátiras nos han servido para ello de base, pero en numerosos pasajes hemos tenido que rectificar ó comprobar sus aseveraciones, con el testimonio de otros escritores tanto antiguos como modernos, y a los cuales nos fué forzoso recurrir.

Después de examinadas las sátiras, que consideramos mas especialmente como pintura histórica, que, como simples poesías, creímos deber formular un juicio exacto acerca de ambos poetas.

Ese juicio se deducía clara y lógicamente del estudio que habíamos hecho de su vida y escritos, pero así mismo lo hemos emitido, solo después de discutir las opiniones más autorizadas.

Al desarrollo de esta parte de nuestro trabajo, hemos consagrado los capítulos IV y V.

Al concluirlos, nuestro propósito estaba ya cumplido, pero creímos todavía deber examinar si nuestro nuestro plan habia sido realizado fielmente.

Hemos recapitulado ligerísimamente con ese objeto nuestro trabajo, y hemos deducido entonces las consecuencias que de nuestro *Estudio* se desprendían lógicamente. El cap. VI es, pues, el último de todos.

Tal es la idea que nos propusimos desarrollar, tal el plan que hemos tratado de realizar, Este trabajo modesto en su origen, tenía que serlo también en su desenvolvimiento; y en efecto, aspira solo á la veracidad en los juicios, y a la exactitud en las deducciones. Exponer nuestro plan, es mostrar cuán difícil era su buen cumplimiento.

El estudio que hemos hecho nos ha sido en extremo difícil, y no nos disimulamos las múltiples imperfecciones de que seguramente debe adolecer.

No pretendemos, pues, ni sincerarle de los ataques que se le podrán hacer, ni tratar tampoco de escusar sus defectos ú omisiones.

Para ello no aducimos ni la manera como ha sido hecho, ni nuestra falta de experiencia en trabajos de esta naturaleza.

La crítica, ha dicho Addison, es un impuesto que debe

pagar al público todo autor: querer sustraerse á ella, por eminentes que sean los méritos que se tienen, es una locura; y no poderla soportar, extrema debilidad.

Nos guía solo en nuestro trabajo un propósito sincero: el interés que ha despertado en nosotros el estudio de la antigüedad

Hemos querido solo hacer un estudio tranquilo de dos grandes poetas de Roma, porque participamos de la creencia de que el pasado es la enseñanza del futuro.

Casi nada pensamos en el presente, ha dicho con amargura Pascal, y si pensamos, es solo para prepararnos para el porvenir. El presente jamás es nuestro anhelo: el pasado y el presente son solo nuestros medios, el porvenir únicamente nuestro fin.

Buenos Aires, abril de 1878.

CAPÍTULO 1
EL PUEBLO ROMANO — SU GRANDEZA Y DECADENCIA

Te regere imperio populos, Romane, memento;
Hoe tibi erunt artes, pacisque imponere morem.

VIRGILIO — (ENEIDA VI 851.)

Seis siglos contaba de existencia la soberbia Roma, cuando sobrevinieron las discordias civiles de Mario y Sylla; seis siglos de lucha arditente continuada, ¡que cesaba en los campos de batalla para renacer encarnizada y terrible en los pacíficos combates del Fórum!

Durante esos seis siglos, el pueblo romano, pueblo de viriles y austeras costumbres, había conquistado el mundo entero conocido por los antiguos; y solo el Éufrates en el Asia, el Rhin y el Danubio en Europa, y los desiertos en África, habían podido detener la marcha triunfal de sus legiones.

Durante ese largo período, de simple colonia, habíase elevado aquel valeroso pueblo, al grado de soberano del mundo, conquistando palmo a palmo, ora a sus vecinos, ora a las mismas libertades que tan famoso le hicieron.

¡Qué historia fecunda en ejemplos dignos de imitarse! Por eso el espíritu se complace en el estudio de la historia del pueblo más extraordinario que jamás haya existido, primero por sus virtudes, luego por sus vicios.

De todas las literaturas antiguas y modernas, ha dicho Laurent, la de Roma ha sido la que más extensión y duración ha tenido, pues la lengua latina difundió la civilización greco-romana en la mayor parte de la Europa. La literatura latina ha sido, pues, uno de los más poderosos agentes de la civilización.

Aquel pueblo, conquistador del mundo, contaba entre sus hijos, valerosos soldados y viriles ciudadanos, pero no ilustres literatos. La brillante civilización de la Grecia lo transformó de tal modo, que hubo un momento en que parecía absolverlo. En vano hombres como Catón el Censor y Licinio Craso quisieron oponerse al invasor torrente: era este demasiado poderoso y el dique por demás débil, para que tan desigual lucha pudiera prolongarse mucho tiempo. El dique fue vencido, y el impetuoso torrente invadió a aquella sociedad de tal manera, que la historia no nos recuerda caso igual. La lengua griega era conocida no solo por los patricios, sanó hasta por el bajo pueblo.

Las ciencias y las letras tardaron mucho tiempo en adquirir el derecho de ciudadanía en Roma, dice un célebre escritor, pues puede decirse que eran unos extranjeros a quienes la espada fue a buscar al seno de la Grecia, y que habían por último de venir a reinar en la tierra de sus opresores.

La humanidad ganó con este cambio: el espíritu de división que perdió a la Grecia, impedía que su bello idioma fuese propagado, mientras que los romances difundieron su lengua por todo su imperio, gracias a su espíritu de cosmopolitismo y al triunfo de sus armas. Aquella civilización, griega en el fondo, romana en la forma, debía conquistar el mundo entero a la par de las legiones.

El año 723 de Roma separa completamente á la república del imperio: Augusto al vencer a Marco Antonio y Cleopatra en la célebre batalla de Actium, dejó definitivamente establecida la dominación de uno solo sobre el mundo romano.

Esa batalla, pues, marca un momento decisivo: la república, con sus grandes virtudes y sus hombres de extraordinario temple, dejó para siempre de existir; y desde entonces principió gradualmente el fatal período de la decadencia del mas poderoso imperio que la historia nos presenta.

El siglo de Augusto es el siglo de transición entre las severas costumbres de la Roma republicana y la repugnante disolución de la Roma imperial. Detengámonos un momento a contemplar los grandes tiempos que se van y á deplorar los funestos que se acercan.

Las cenizas de la republicana Roma están aún calientes sobre la tumba de Bruto y de Cassio: ellas nos revelan elocuentemente la magna grandeza de las pasadas edades. Ellas nos muestran cómo pudieron llevar a cabo tan colosales empresas, aquellos ciudadanos que abandonaban el arado para empuñar la lanza, y cuyas pacíficas conquistas en el Fórum precedían siempre a las sangrientas victorias de los campos de batalla.

El resorte que los movía es, en efecto, el nervio principal de los pueblos libres y viriles: relajado aquel, estos decaen.

El grande e incomparable historiador de aquellos tiempos, Tito Livio, no hubiera podido escribir esa historia tan elocuentemente como lo hizo, sino hubiera poseído esa virtud; y en efecto, Tito Livio era patriota, ¡pero de aquellos que hacen del patriotismo el culto de su vida entera!

Toda la indulgencia y la ciega fe en el porvenir, que tanto caracterizan al historiador de la Roma republicana, no nos han podido ocultar que ya aquella nación descendía rápidamente la escarpada pendiente de la gloria.

En efecto, no impunemente había podido subyugar Roma á tantos y á tan diversos pueblos, así a los de barbarie más completa como a los de civilización más refinada. Los pueblos vencidos se vengaron cruelmente de su irresistible vencedor, minando por su base aquel coloso que los oprimía tras el carro de triunfo de los vencedores, entraron, es cierto, en Roma, los tributos de los vencidos, pero con ellos se deslizaron los dorados gérmenes de una espantosa y sin igual corrupción. No tardaron mucho tiempo en dejarse sentir las funestas consecuencias de esto, pero ya era tarde: los lazos de patriotismo y sacrificio mutuo que sostenían la soberbia república, se relajaron para siempre, desapareciendo de la ciudad eterna esas virtudes que tan grande la habían hecho, y no quedando más que los frutos opimos de la traidora herencia que los pueblos vencidos legaban a su vencedor.

La corrupción es un monstruo insaciable que no se contenta con devorar la fortuna y la prosperidad de los pueblos, sino que hasta su reputación les quita.... Mas no, el pueblo romano tiene su reputación.... al través de los múltiples acontecimientos de diez y nueve siglos se le oye todavía pedir á gritos: ¡*Panem et Circences!* ..... ¡triste celebridad! Ya Juvenal se indignaba y exclamaba en elocuentes. versos:

...... *nam qui dabat olim*
Imperium, fasces, legiones, omnia, nunc se
Continet, atque duas tantum rés anxius optat,
Panem et Circences.[1]

El poeta tenía razón: ¡que, no era espectáculo bastante degradante ver a aquellos que en otro tiempo repartían las legiones y los honores todos, languidecer en infamante reposo, siendo el objeto de sus más ardientes deseos: ¡Víveres y juegos de circo!

El pueblo romano se había elevado por sobre todos los pueblos, ¡pero en cambio había descendido más que ninguno!

Aquellos indignos descendientes de Cincinato y de Fabio, eran incapaces de arrostrar la muerte heroica del valiente en los campos de batalla, y sin embargo cometían los más grandes excesos, ¡si no se les daban sangrientos juegos de circo para ahogar en ellos su abyección, y si no se les distribuían cuantiosas cantidades de víveres para alimentar sus vicios y su holgazanería!

¡Que severa lección para los pueblos!

Se nos objetará, quizá, que acabamos de hacer una pintura por demás triste de aquella época nefanda, —pero por desgracia, así nos pintan los historiadores a la Roma

---

1. Sat X, v. 78-81.

imperial de aquellos tiempos. ¿Qué era, pues, Roma en aquel siglo? Para profundizar la historia de una nación, es preciso estudiar sus leyes, creencias y costumbres, y esto no se encuentra en ninguna parte tan claro e indudable como en la metrópoli de ese pueblo. Por eso debemos tratar de formarnos una idea, aunque muy somera, de la Roma de los romanos, pues mal encaminado iría el que quisiera juzgarlo por la Roma *de los italianos.*

Hoy día, ha dicho un célebre escritor, Roma no está en Roma.

El Capitolio que terminaba la ciudad *de los romanos* por el norte, hoy cierra la *de los italianos* por el sud.

Los estrechos límites del presente *Estudio* no nos permiten describir aquí aquella maravillosa metrópoli, emporio de la civilización y de la corrupción de su época.

Hubiéramos podido echar una mirada a las siete colinas de legendaria fama, para contemplar después el Aventino,

Capitolino y Palatino, y desde allí dominar, profundamente impresionados ante tan grandioso cuán imponente espectáculo, al Fórum, con sus magníficos pórticos y con sus soberbios monumentos, templos los unos de las virtudes divinas, santuarios los otros de las glorias humanas.

¡La Roma *de los romanos* no era, en efecto, mas que un majestuoso é imponente anfiteatro de suntuosos palacios, admirables pórticos, soberbios templos, fastuosas termas, magnos acueductos e inmensos circos!

Si á esto agregamos que las riquezas todas del mundo entero se derramaban con insensata profusión en Roma,

¿cómo admirarnos entonces, que la ciudad eterna fuese bajo los emperadores, la metrópoli del Universo?

Roma, sin duda alguna, era la capital del orbe, y a ella concurrían todos los mas preclaros talentos de su época, pero también allí se asilaba la hez del resto del imperio.

Cada pueblo diferente tenía allí su religión particular, con su variedad de dioses y su diversidad de misterios: aquello había producido una mezcla deplorable de las mas absurdas creencias, y dado por resultado una incredulidad general, que de todo se burla porque en nada cree.

Por otra parte, las grandes familias curiales habían vinculado entre sí, ¡todos los cargos y magistraturas públicas! —¡irónicas sombras de su pasada grandeza!— y habían reasumido de tal manera la propiedad territorial, que á veces provincias enteras pertenecían a una única familia. Las consecuencias de este hecho al parecer poco importante fueron terribles: acarrearon la desaparición de los pequeños propietarios, de esa clase media que había sido siempre el sosten de Roma.

La gente que así se encontraba sin hogar fijo, acudió á Roma, y de ella se reclutaban las personas que mantenían los mas degradantes vicios en aquella ciudad. Esa gente sin pan con que comer ni techo bajo que albergarse, venía a engrosar la inmensa multitud de personas que, holgazanas y cobardes, como toda plebe, formaban el elemento principal de sediciones y revueltas. Entre ellas se reclutaban siempre las numerosas bandas de ladrones y asesinos que tan cruelmente asolaron en sus últimos tiempos al bamboleante imperio de Occidente.

Y esa corrupción profunda data desde el tiempo de Augusto, quien, si fue el que más contribuyó á favorecer el desarrollo de la literatura latina, fue también el que ocasionó la decadencia del imperio que fundara, ya sea por su ambiguo sistema de gobierno, como por su desordenada munificencia.

¿Cómo pudo Augusto corromper las ideas nobles del ciudadano romano hasta el punto no solo de hacerse respetar como emperador, sino de hacerse adorar como dios?

¿Tan degradados se hallaban los descendientes de los antiguos quirites?

El ilustre historiador de la Roma imperial, C. C. Tácito nos muestra en sus *Anales* como aquel cambio pudo efectuarse.

El partido republicano había quedado completamente aniquilado con la derrota de Bruto y de Cassio. Lépido y Antonio habiendo desaparecido de la escena, Octavio quedó como único jefe, y a fuer de hombre de talento, no dejó escapar tan propicia ocasión: —¡el orbe romano tuvo por vez primera un emperador autócrata!

Para obtener esto, dice Tácito, Augusto.... *ubi militem donis, populum annona, cunctos dulcedine otii pellexit, insurgere paulatim, munia Senatus, Magistratuum, legum in se trahere, nullo adversante.*[2] .... después de haber ganado a los soldados por su generosidad, al pueblo por sus distribuciones de víveres, y a todos por las dulzuras de la paz; animado por esto, poco a poco se atrajo todos los poderes, los del senado, de los magistrados y de las leyes: nada pudo resistirle.

Las provincias todas aplaudieron la caída de gobiernos

---

2. C. Cornelii Tacitii Annalium, liber I, 2.

débiles, que no sabían reprimir la avaricia de los magistrados ni la insolencia de los nobles, y cuyas impotentes leyes no resistían ni a la violencia ni al fraude. La guerra había desbastado cruelmente al imperio: hubo, pues, una reacción violenta en favor de la paz.

Augusto asumió el mando con hipocresía, puesto que gobernó despótica y autocráticamente, conservando, — como por ironía — las formas republicanas; olvidando por este acto que las instituciones nuevas requieren nuevas leyes, y que, por lo tanto, el sistema defectuoso que entonces inauguró no dejaría de traer graves males a sus sucesores.

En efecto, así fue: todo el mundo hablaba de libertad, aunque gobernados por monstruos, y, dice un historiador, algunos fiados en tan falaces apariencias, la buscaron con el puñal en la mano, pero perecieron todos, víctimas de su ceguedad. Cuando bajo Nerón la conspiración de Pisón estalló, hacía tiempo que las costumbres republicanas no eran más que un recuerdo en Roma.

Sin embargo, el reinado de Augusto fue una época de incomparable esplendor en las letras y en las artes, porque heredó muchos grandes genios nacidos bajo la república, y porque más bien les dio reposo que no libertad.

Por otra parte, el imperio de Augusto parece ser el de las leyes, si le comparamos con los recientes furores de las prescripciones bajo Mario y Sylla.

Tácito expresa enérgicamente el estado de la tribuna bajo el imperio, cuando dice: *Eloquentiam Augustus, sicut omnia, pacavit,*[3] Augusto pacificó la elocuencia como todo lo

---

3. De causis corruptæ eloquentiæ,

demás; pero la elocuencia era el nervio del republicano romano, al pacificarla, pues, la destruía, y al destruirla, no hizo Augusto sinó obedecer a su plan de gobierno.

Augusto era tan profundo político, que, al mismo tiempo que hacia la farsa de mantenerse en el poder solo por los ruegos del Senado, alababa el orgullo romano haciendo brillar con inusitado esplendor las letras latinas. La gloria de Roma y la inmensidad de su imperio hacían creer á los romanos que eran los soberanos del mundo, cuando en realidad eran solo los súbditos del emperador.

Así es que, dice M. Villemain,[4] con los elementos de genio que había dejado la república, debía formarse en Roma una literatura á le vez majestuosa y elegante. Por eso Augusto se mostró profundo político cuando la favoreció: sustituía a la antigua y peligrosa agitación de la república, el pacífico brillo literario del imperio.

Los sucesores de Augusto fueron poco a poco apropiándose las omnímodas prerrogativas imperiales, pero Augusto mantenía solo su poder y su preponderancia, sin atribuciones especiales, reuniendo en su persona los más importantes cargos públicos, fuesen políticos, administrativos o religiosos.

En ello, asegura un historiador, se mostró hábil político y gobernante de gran talento, pues la constitución republicana de Roma, si bien tardó mucho tiempo en formarse y completarse, en cambio estaba profundamente arraigada en las ideas, en las convicciones y en las costumbres de aquel pueblo singular. Lástima grande fué que los sucesores de Augusto tuvieron poco que hacer para destruir aquella

---

4. De la corruption des lettres romaines sous l'empire,

admirable organización: para ello les bastó solo detener su desarrollo. Aquella constitución, modelo en su conjunto y en sus detalles, y que aun hoy día nos impone, ¡desapareció olvidada de todos al ruido de las orgías y de los escándalos de los Césares romanos! Echó siglos en crecer y pocos años bastaron para hacerla caer y desaparecer; ¡tan cierto es, exclama M. Ozaneaux, que el momento supremo de la perfección no es mas que el primer instante de la decadencia!

El ambiguo sistema de gobierno que Augusto planteó dio por inmediato resultado la paz, tan ansiada por los pueblos del romano imperio, fatigados ya de guerras incesantes.

Después de las convulsiones de la anarquía, los espíritus cansados ambicionaban solo el reposo, aunque tuvieran que obtenerle en cambio de su libertad. Así sucedió bajo Augusto, y sin embargo, dice Laurent, mil veces más merece pasar por las agitaciones de la libertad que enterrarse vivo en la tumba del despotismo!

Razón sobrada tenía Tácito cuando exclamaba: *miseram pacem vel bello bene mutari,* pues para todo noble corazón y para todo espíritu recto, más vale la guerra que la servidumbre disfrazada irónicamente con el nombre de paz.

Ese ciego anhelo por la paz, aunque fue servil, dominaba en casi todos los poetas de la época, pero mientras que en unos era inspirado por el patriotismo, en la mayor parte era solo el resultado de una especie de decadencia moral, fruto de la corrupción que ya destrozaba al imperio.

Virgilio ha llamado a la edad de Augusto, «*el siglo de oro*», pero era solo porque la paz y el progreso eran sinónimos para aquel gran poeta, y ¡porque confundía míseramente la paz de los vivos con la paz de los muertos! Bajo el punto de vista literario, la posteridad ha confirmado el juicio de Virgilio, pero le ha rechazado completamente bajo el punto de vista político-social, pues ya entonces marchaban de concierto la decadencia moral, una corrupción fabulosa y un despotismo monstruoso.

Roma bajo el imperio es completamente excepcional, es brillante por su literatura y repugnante por sus vicios, y ella presenta fenómenos tan complejos que algunos permanecen hasta hoy en el misterio.

En efecto, los historiadores nos presentan los acontecimientos políticos, las peripecias de la vida pública, algunas veces también las de la vida religiosa; pero la historia social, la de las costumbres, usos y vida privada, quedaría sepultada para siempre en el olvido, si no hubieran escritores viriles que, sacrificando una vergonzosa timidez, satirizan enérgicamente las costumbres y los usos de la sociedad en que viven.

Gracias a ellos, es que podemos juzgar debidamente a los pueblos, pues los historiadores se refieren únicamente a hechos acaecidos, sin darnos clave alguna para indagar las causas íntimas que los produjeron.

Los acontecimientos no son ocasionados solo por la mera casualidad, sino que son, por el contrario, el resultado de los múltiples factores que componen tanto la vida política como la social de las naciones.

Para juzgar, pues, del carácter verdadero de una época, es preciso estudiarla bajo esa doble faz.

Ahora bien, la vida política de Roma bajo los emperadores ha sido admirablemente tratada, con mano maestra, por Tácito, mientras que su vida social se halla valerosamente descrita en las sátiras de Juvenal.

Grandes debieron ser, a la verdad, los excesos, cuando estos dos escritores se han visto obligados, principalmente el último, a usar los términos más duros para estigmatizar los vicios de su época. Cuando esos escritores, a pesar del dominante amor patrio inherente a todo romano distinguido, se vieron forzados a hacerlo, no podemos. nosotros menos de asentir a las semi-fabulosas descripciones que de la corrupción de la Roma imperial han hecho los historiadores.

A juzgar por este deplorable cuadro, cualquiera creería que el imperio se derrumbaba de por sí. Y, sin embargo, otras eran las causas que provocaban el hundimiento de aquel coloso.

Es difícil en extremo poderse formar una idea exacta del estado del orbe romano en aquella época. Casi todos los escritores latinos, no importa el género literario á que pertenezcan, han hablado siempre del imperio romano, pero refiriéndose únicamente a la capital y alrededores, pasando rara vez mas allá de la península itálica. Esto nos induce desgraciadamente en error.

La corte imperial daba el tono a Roma y esta, a su vez, al imperio, pero no por eso puede prejuzgarse de las costumbres de las provincias por la corrupción de la corte. Aun en esta misma, como en el resto del imperio, hubieron siempre hombres dignos, que supieron protestar virilmente contra los vicios de su siglo.

Pero no es esto solo: el nuevo régimen del imperio había ocasionado una revolución en la política y la provocaba en las costumbres. La revolución moral no se hizo esperar.

Todas las sociedades son solidarias unas de otras y ellas heredan sucesivamente de las que las han precedido en el teatro de la historia: la Roma imperial fue, pues, la heredera de la Roma republicana. Pero ¿qué pudo heredar? No fue ciertamente ni las libertades políticas, ni la perseverancia militar, ni la austeridad social, nó, —fue únicamente un gran desarrollo del lujo y de la riqueza, un deseo inmoderado de obtener todos los honores, no ya por medios legítimos, sanó por esas astucias e intrigas cuyos gérmenes se notan ya en los tiempos del ilustre Cicerón.

Bajo los emperadores, Roma estaba fabulosamente corrompida, pues en ella se asilaban los vicios y desórdenes mas increíbles, pero las provincias gozaban de tranquila paz y prosperaban grandemente bajo un gobierno que solo se ocupaba de locos extravíos pero que no les estorbaba. Este estado anómalo del imperio romano en el primer siglo de nuestra era, hacia que emperadores odiados en la metrópoli fueran respetados en las provincias.

Sin embargo, si esto es muy cierto en el primer siglo, no lo es tanto en los siguientes, en que subieron al trono. hijos de las provincias más remotas del imperio.

Entonces la corrupción de las costumbres y la perversión de las ideas, no se circunscribieron solo a Roma, sino que se extendieron por todo el imperio, precipitando de una manera espantosa su total decadencia.

El imperio era temido por todos sus vecinos, a causa de su excelente organización militar: esto fue lo que lo sostuvo tanto tiempo, mientras se conservó aquella en su primitiva fuerza, pero apenas se contaminó, fue por el contrario, el elemento que más contribuyó a la caída del coloso. Es preciso observar, además, que la organización militar del imperio era ya diferente de la de la república: eran tantos y tan diversos los pueblos subyugados, que, no pudiendo unificarlos por medio de leyes, lo hicieron por medio del ejército.

El patriotismo no podía, pues, existir en aquel heterogéneo imperio. Roma dejó de ser la ciudad de las legiones conquistadoras, para ser la metrópoli del orbe conocido.

Sin embargo, las tropas reclutadas en lejanas provincias venían de guarnición a Roma, y una vez en contacto con aquella deslumbradora civilización, no era lo bueno sino lo malo de ella lo que más fácilmente se asimilaban. Volvían, pues, a sus provincias natales, llevando consigo los inconvenientes, pero no las ventajas de la civilización de la metrópoli.

Aunque el haber suplantado por viles mercenarios a los ciudadanos romanos en la composición de las legiones fue una de las causas de la decadencia de Roma, según Montesquieu,[5] sin embargo, esas legiones eran mandadas por oficiales capaces y que conservaban todavía un resto de respeto por las sombras de sus antepasados. Los jefes se contentaban con defender, lo más hábilmente posible, las extensas fronteras siempre amenazadas por innumerables hordas; ¡porque ay! de ellos si intentaban mostrar su talento militar! Los emperadores romanos, enervados por los placeres y afeminados por la corrupción, conservaban todavía un resto de energía para castigar sanguinariamente a los que se distinguiesen por sus hechos de armas-véase sino a Germanicus y Agrícola, sin mencionar a Corbulon, quien pagó tal audacia con su vida.

---

5. Considérations sur les causes de la grandeur et décadence des romains.

El mérito militar era, pues, en aquellos tiempos *imperatoria virtus*.

Augusto al morir, aconsejó a sus sucesores, según es fama, que conservasen solo, —es decir– que renunciasen. á la gloriosa tradición de siete siglos, que no habían sido sino una sucesión no interrumpida de rápidos y brillantes triunfos. Este sistema de moderación forzada fue seguido demasiado estrictamente por los demás emperadores.

Por eso, dice Gibbon,[6] las principales conquistas de los romanos habían sido obra de la república. Los emperadores se contentaban, la mayoría de las veces, con conservar esas adquisiciones, fruto de la profunda sabiduría del Senado, de la emulación ardiente de los cónsules y del entusiasmo del pueblo.

Por este sistema, las legiones se encontraban ociosas, y no pudiendo luchar contra los enemigos exteriores, volvieron en cambio sus armas al interior, y se erigieron de tal manera en dueños y señores, que hicieron y deshicieron a su antojo.

Aquella fue la señal de la decadencia definitiva: el imperio romano en manos de esa desatada soldadesca duró apenas tres siglos y medio. Sin contar los denominados «treinta tiranos», y la multitud de jefes que ocuparon momentáneamente el trono en diversas ocasiones, hubieron en ese tiempo cuarenta y nueve emperadores, de los cuales treinta y uno perecieron á manos de sus súbditos rebeldes!

Y todos esos males tuvieron su origen en Augusto: impidió este que los romanos fueran verdaderos ciudadanos. y no marcó límite alguno al poder imperial, —sus suce-

---

6. Considérations sur les causes de la grandeur et décadence des romains.

se atribuyeron poco a poco las más omnímodas facultades y llegaron hasta considerar a sus súbditos como cosas.

Esta aseveración es hoy de indudable verdad, pero, por si duda alguna cupiera, apelamos al testimonio del autor que, mejor informado que todos, nos puede también merecer mayor fe. Seneca, el filósofo y político, en su tratado *De Clementiâ*, dedicado a su alumno Nerón, pone en boca de este príncipe un discurso, en el cual se hallan condensadas las doctrinas de la época acerca del emperador. Este discurso que se halla en el cap. I libro 1° de dicho tratado, es por demás extenso, razón por la cual no lo transcribimos. Baste solo decir, que, según esa teoría, el emperador es dios en la tierra, señor y dueño absoluto de todo lo existente, y facultado para hacer lo que mejor se le antoje, estando dotado de ilimitados poderes.

Ahora bien, bajo semejante régimen, ¿qué podía prosperar sino la corrupción, la degradación y los vicios más monstruosos?

Es solo de este modo que alcanzamos a comprender qué clase de paz reinaba en el imperio: --los súbditos de aquellos vastos dominios estaban todos á discreción del emperador, y ni sus vidas ni sus fortunas estaban seguras. La libertad individual no existía, y la libertad política hacía tiempo no era en Roma más que una mera palabra.

Y, sin embargo—¡triste es confesarlo! —sino hubiera sido por aquella paz, naufragio de las verdaderas libertades del ciudadano romano, no hubiéramos tenido una época literaria tan brillante, como la denominada «siglo de oro» de la literatura latina.

No hubiéramos tenido poetas como Virgilio, Horacio y Ovidio, historiadores como Tito Livio y Salustio, grandes hombres como Cesar, oradores como Cicerón y sabios como Terencio Varrón. Este brillantísimo período literario, se extiende desde la muerte de Sylla (78 a. J.C.) hasta la de Augusto (14 d. J.C.), y comparte la admiración unánime de la posteridad, con los siglos de Pericles, León X y Luis XIV.

Pero después de Augusto subieron al trono multitud de emperadores cuyo solo nombre nos trae a la memoria, todo lo mas infame, lo más pérfido y lo más monstruoso que imaginarse pueda —¡funesto ejemplo del abuso ilimitado del poder despótico!

La naturaleza misma, parecía que indignada, les negaba sucesión, y con toda la familia Julia se perpetuó en el poder hasta 68 d. J. C.: —Tiberio, Claudio, Calígula y Nerón reinaron bajo ese nombre, porque en Roma la adopción había reemplazado a la legitimidad.

Si es verdad que el reinado de la familia Julia fue desastroso para Roma, en cambio transformó a las provincias, tanto que de esa época datan las magníficas ciudades, los espléndidos circos, los soberbios acueductos y los fastuosos monumentos cuyas abandonadas, pero aun gigantescas ruinas, asombran todavía al viajero.

Después de la familia Julia viene la Flavia, inaugurada por Vespasiano, y que duró desde el año 69 hasta el 192 d. J. C.

El período literario que se extiende desde la muerte de Augusto hasta Adriano, ha sido denominado *edad de plata* de la literatura latina, y cuenta algunas notabilidades entre sus más conocidos escritores. Tiene filósofos como Seneca, épicos como Lucano, satíricos como Persio y Juvenal, epigramáticos como Marcial, historiadores. como Tácito, retóricos como Quintiliano y naturalistas como Plinio.

El despotismo del imperio, su estado político, y la creciente corrupción de las costumbres, contribuyeron a hacer más rápida la decadencia de las letras.

Casi todos los grandes genios que brillaron bajo Augusto, se habían formado bajo la república, mientras que los que ilustraron la segunda época literaria de Roma, habían nacido bajo príncipes como Tiberio, Calígula o Nerón.

Las producciones literarias, las obras maestras, no aparecen aquí o acullá, según el mero acaso, sino que obedecen todas á necesidades de la época: son simples resultantes de las influencias a que sus autores estaban sometidos. Ninguna grande obra aparece aislada en la historia literaria, pues si alguna parece así al observador superficial, un examen más detenido, muestra que ha sido precedida, rodeada por una multitud de obras secundarias, que explican de este modo su aparición, a primera vista algo misteriosa.

Además, hay que tener presente que en la historia literaria solo las obras maestras pasan a la posteridad, mereciendo ser mencionadas, —y aun de estas, muy pocas son las unánimemente estimadas.

Por eso, para poder juzgar imparcialmente *sine ira et studio*, según la clásica expresión de Tácito, á un escritor cualquiera, es preciso examinar detenidamente el medio en que vivió, para poder apreciar las causas que sobre él influyeron.

Si por lo tanto, hemos tratado en las líneas anteriores de bosquejar ligeramente el estado político y social del imperio romano en el primer siglo de nuestra era, ha sido solo para mostrar como siendo distintas las épocas, tienen que ser también muy diversas las producciones de cada una de ellas.

Acabamos, pues, de examinar rápida y brevemente el estado de la sociedad romana bajo Augusto, es decir, en su período más brillante, pero en el cual, ya se notan los gérmenes de los sucesos que tan inopinadamente se desarrollaron bajo los sucesores de aquel príncipe.

Es este desarrollo rápido y asombroso que trataremos de diseñar en el próximo capítulo, pues durante él, se dieron á conocer los satíricos más famosos, y cuyas producciones nos proponemos estudiar.

CAPÍTULO 2
RÁPIDO CUADRO DEL ESTADO DEL IMPERIO ROMANO BAJO LOS SUCESORES DE AUGUSTO.

Dedimus profecto grande patientiæ documentum: et, sicut vetus ætas vidit, quid ultimum in libertate esset, ita nos, quid in servitute, adempto per inquisitiones, et loquendi audiendique commercio: memoriam quoque ipsam cum voce perdidissemus, si tam in nostra potestate esset oblivisci, quam tacere.

—TACITO [AGRICOLÆ VITA. II.]

Cinco siglos necesitó el poder de Roma para conquistar la dominación de la Italia: ciento sesenta ¡y tres años le fueron solamente suficientes para dominar al mundo!

La constitución política, religiosa y social de Roma, echó siglos en crecer y formarse, y cuando ya no había nada que perfeccionar, solo pocos años fueron suficientes. para su caída y desaparición! Cuando llegó Syla, dice un historiador, ya no había nada que crear: y medio siglo más tarde nada había quedado por destruir.

La destrucción de aquella admirable organización principió lenta y silenciosamente bajo Augusto: bajo los sucesores de éste se desmoronó con estrépito y fracaso.

El hundimiento de aquella constitución modelo, trajo consigo la desaparición del verdadero ciudadano romano, y junto con esto, el aniquilamiento sucesivo de todo lo que había nacido al calor de las libertades del Fórum. Cuando la verdadera libertad desaparece de un pueblo, las ideas nobles que aquella naturalmente engendra, no se hacen ya más sentir: reinan solo las consideraciones vagas, los propósitos indeterminados y las convicciones inseguras, signos todos de la época de transición de una literatura, que pasa de un período brillante a uno más oscuro.

Esa perversión moral, característica de la primera época de toda decadencia, se refleja en los escritos de su tiempo, cual la imagen en brillante espejo.

Es en efecto una ley histórica inexorable, que cuando las sociedades se corrompen, las literaturas que ellas producen decaen notablemente, puesto que estas no son más que la expresión de aquellas.

Para poder, pues, estudiar las producciones del género satírico de la *edad de plata* de la literatura latina, tenemos que profundizar el estado social del imperio romano en aquella época, y nos hemos remontado al siglo de Augusto, porque en él se prepararon los acontecimientos que vinieron después a desenvolverse tan violentamente.

Vamos pues a seguir este desarrollo, asaz interesante en el conjunto, pero bastante repelente en los detalles.

Los sucesores de Augusto, hemos dicho que temían al ejército, pero que sin embargo se aprovechaban de él. La Italia entera estaba bajo el terror que inspiraban veinte mil legionarios, que, bajo el nombre de guardia pretoriana, formaban la escolta del jefe del imperio. Lo que hicieron aquellos legionarios, nos lo muestran elocuentemente las páginas ensangrentadas de la historia del segando período del cesarismo romano.

Los senadores, los hombres notables, todos los que conservaban elevación de alma, o ambición o algún recuerdo de los pasados tiempos, todos ellos sufrieron cruelmente bajo tan desastrosos reinados.

Hemos hecho ya notar, como los excesos mismos de los emperadores ocasionaron la prosperidad de las provincias estas, rara vez visitadas por aquellos, al principio casi nunca invadidas por los bárbaros (¡no-romanos!), gozaron de las ventajas de una paz profunda, de un inmenso comercio, de fáciles comunicaciones y de leyes equitativas y justas.

Los súbditos de Roma, dice Sismonde de Sismondi,[1] esforzábanse en aturdirse acerca del porvenir, de olvidar crímenes que no les alcanzaban, de desligarse de una patria cuyos jefes les hacían avergonzar, de separar á sus hijos de las carreras públicas, donde solo peligros encontrar podían, y al mismo tiempo, de gozar de las ventajas que las artes, las riquezas y el reposo, les ofrecían.

Esta funesta política hacia que las provincias del imperio no tuviesen ni libertad política ni fuerzas constitucionales, y sin embargo, si la distinción del nombre romano, encerrado en los estrechos límites de la metrópoli, no hubiera sido sino el privilegio de algunas familias, ese nombre inmortal habría sido privado de sus más ricos adornos. La república, al excluir á las demás provincias del privilegio de la ciuda-

---

1. Histoire de la chute de l'empire romain, etc., [cap. II].

romana, había obrado súbitamente, pues había extendido esa merced solo a los pueblos de la península itálica, que, por este medio, venía a ser el centro del gobierno y la base más sólida de la constitución. Augusto destruyó tan sensata política: la paz que hizo gozar al imperio acabó de desarraigar los restos que pudieron quedar.

Las provincias del imperio gozaron, bajo los inmediatos sucesores de Augusto, de una larga paz y de un gobierno uniforme: esto, hemos dicho, introdujo en ellas un veneno lento y secreto-los espíritus todos se encontraron en el mismo nivel, el fuego del genio desapareció, y hasta el valor militar disminuyó. Los habitantes de las provincias, dice Gibbon, conservaron siempre su valor personal, pero cesaron de inflamarse con ese valor público que inspiran el honor nacional, el amor de la libertad, la contemplación de los peligros y la costumbre del mando. Sus leyes y sus gobiernos dependían de la voluntad del soberano y su defensa estaba confiada á mercenarios. Las provincias, pues, sin fuerza y sin union, poco a poco cayeron en el languidecimiento estéril de la vida de tribu.

Tan embotados se hallaban los sentimientos nobles y patrióticos, que, durante un siglo, en que cuatro monstruos fueron emperadores, entre ellos un imbécil y dos locos, no hubo ninguna tentativa seria para recobrar la libertad perdida: ¡ni una revuelta, ni una guerra civil!

La constitución de la república romana no existía ya más: ¡la vasta ambición de un dictador la había derribado, y la cruel mano de un triunviro acabó de aniquilarla!

El imperio romano dominado por una multitud de pequeños tiranos gozó solo de la paz cuando tuvo por emperador a uno solo, que fuese el señor y no el cómplice de aquellos tiranuelos.

En los países monárquicos, donde la ejecución de las leyes, la renta pública y el mando del ejército se encuentran depender del capricho de uno solo, sino hay un cuerpo de protectores hábiles y cuidadosos que protejan la libertad pública, la formidable autoridad del monarca degenera fatalmente en despotismo. Esta es una observación muchas veces comprobada, pero que no por eso es menos cierta.

Ese cuerpo de protectores hábiles y vigilantes existía en el imperio romano bajo el nombre de Senado, pero si algunos senadores sabían morir con bastante valor para sustraerse á las infames bajezas porque les hacían pasar, la mayoría se arrastraba miserablemente a los pies de déspotas que se complacían en humillar lo que ya no era sino ridícula parodia de sus tradiciones gloriosas en tiempo de la república.

El pueblo de la metrópoli era apegado al gobierno que le alimentaba y le divertía, —el de las provincias era indiferente á todo gobierno con tal de no ser molestado, —y el ejército prefería siempre al más derrochador.

Los excesos de Nerón acarrearon finalmente su caída, y solo por falta de leyes especiales que señalasen sucesor al trono, tuvo lugar la guerra civil. Cada ejército nombró emperador a su jefe y cuando al cabo de año y medio, Vespasiano quedó solo como vencedor, todas las legiones le obedecieron.

El reinado de la familia Flavia es excepcional en la historia, nunca se ha visto una sucesión tal de buenos y grandes hombres en el poder, aunque fue desgraciadamente interrumpido por dos monstruos. Bajo el reinado de esta familia pudo florecer de nuevo la literatura, pues es el un período de paz y felicidad relativas.

En Roma la adopción había reemplazado a la legitimidad, y fue así como se sucedió la familia Julia en el trono, pero la familia Flavia fue todavía más extraña: no todos los emperadores conocidos por este nombre pertenecieron a dicha familia, muchos eran completamente extraños.

Solo el unánime respeto del mundo romano por las virtudes de Vespasiano, les hizo adoptar el nombre de la dinastía que fundara, y, dice un historiador, la mayor parte mostraron por sus bellas cualidades, que eran dignos de esa filiación.

Pero unos pocos buenos emperadores que subieron demasiado tarde al trono no pudieron salvar al imperio de su inminente ruina. El imperio se hundía: su caída era consagrada por *senatus consultus*. Algunos pocos conservaban todavía el sentimiento de la libertad, pero esta no era sino una palabra para la mayoría de los ciudadanos, y ni aun así se atrevían a invocarla.

En aquel siglo de triste recuerdo, los historiadores fueron crucificados y los filósofos desterrados. Cada cual, aterrado por tantas y tan múltiples desgracias, trataba de conjurarlas, encerrándose y aun delatando a los demás. Fue aquella la época de los delatores. Los hombres eran condenados á muerte por alabar a sabios o a filósofos. Tácito nos refiere con bastante elocuencia como Rusticus y Senecius perecieron a manos del verdugo, ¡por haber elogiado el uno a Thraseas, el otro a Helvidius!

Quisiéramos creer que Tácito se equivoca, cuando nos refiere que Lucano para salvarse delató a su propia madre.... pues cuando los hijos delatan a sus propios padres, ¡deben haberse pervertido ya profundamente las ideas y corrompido en extremo las costumbres! La sociedad caía a pedazos: ya no se creía más en las divinidades del Olimpo, y la filosofía no era respetada lo bastante ni lo suficiente para ocupar el lugar de la religión. Las costumbres habían llegado al supremo grado de disolución. ¿Cuál era, pues, el aspecto de la sociedad en aquel siglo?..........

Ancianos sin dignidad, dice M. Eugéne Talbot, audaces buscadores de herencias, muchedumbre a la vez supersticiosa e incrédula, aduladores y parásitos vendiendo su libertad por un asiento en la mesa de los ricos, retóricos ignorantes y habladores, y sobre todo esto, una multitud de espíritus flotantes, indecisos, abandonados a la indiferencia —a esa enfermedad mortal de las épocas en que falta la emulación de la virtud, el generoso deseo de practicar el bien, y principalmente la firmeza de las convicciones.

Este terrible estado social, que constituye la decadencia de una nación, está elocuentemente retratado en las sátiras de Juvenal y de Persio.

En aquellos tiempos aciagos había una institución bárbara, y que quizá fue la causa de que todas las guerras que los romanos emprendieran fuesen tan sangrientas y terribles: los prisioneros de guerra eran convertidos en esclavos.

Sin embargo, así en Roma como en todos los pueblos de la antigüedad, el derecho de hacer esclavos nació del de hacer cautivos: el esclavo, en derecho romano, era el caudal de su señor, su cosa (*res*) y por eso se le llamaba *mancipium*.

Pero es en Roma donde la esclavitud se nos muestra bajo su más repugnante faz. Si el súbdito romano con relación al emperador era solo «cosa», el esclavo con relación al amo era menos que el animal. Según M. Ozaneaux,[2] en el sentido de la ley y en la idea romana, el esclavo no era otra cosa que una cabeza de ganado, un animal doméstico, más inteligente, quizá, que el buey, el perro o el caballo, y por consiguiente mas capaz de ser castigado — *tergo plector enim!*

Los historiadores todos que se han ocupado de la decadencia del imperio romano, están acordes en pintar con los más vivos colores, la atroz suerte de los esclavos.

Apenas, dice Robertson, una soberanía ilimitada se hubo introducido en el imperio romano, la tiranía doméstica llegó a su apogeo: sobre ese suelo fangoso crecieron y se desarrollaron todos los vicios que mantiene la costumbre del poder entre los grandes, y que hace nacer la de la opresión entre los débiles....

Fuera de los límites del presente Estudio se encuentra el examen de esta interesante causa, que quizá fue de las que más contribuyeron a la decadencia del imperio, y que ha sido la ruina de todo país que la ha sancionado y admitido legalmente. Baste repetir con Guizot que sería fácil acumular los detalles más horribles, los más conmovedores, sobre la manera con que los romanos trataban a sus esclavos, pero que obras enteras han sido escritas con ese objeto.

Bajo los emperadores las costumbres romanas cambiaron completamente. En tiempo de la república, no llegó a variarse nunca el traje distintivo de los romanos: la toga, y verdaderamente este es uno de los rasgos característicos de aquel pueblo singular, «que, dice un celebrado

---

2. *Manual de antigüedades romanas*, etc.

escritor, parecía hacer estribar la eternidad de su duración en la inmutabilidad de sus costumbres.»

Espectáculo extraño, debiera ser, a la verdad, ver en las calles, paseos, templos y circos, ¡hombres vestidos uniformemente con la toga, que solo se diferenciaba en la calidad! Únicamente en el interior de sus casas solían cambiar traje los romanos, pero hay que tener en cuenta que ante todo eran ciudadanos, razón por la cual pasaban la mayor parte del día en los lugares públicos, ocupándose de los negocios de la patria.

Bajo Augusto, los trajes principiaron a ser cada vez más lujosos, y el lujo asiático amenazaba ya destronar la sencillez romana.

El pueblo en Roma, bajo la república, era soberano *de jure*, y pasaba su vida entera ocupado en la cosa pública, dejando el trabajo á les clases más inferiores: bajo el imperio, aunque cesó en sus funciones republicanas, el súbdito continuó al ciudadano, y las plazas, pórticos, templos y circos, estaban llenos de una muchedumbre ociosa y holgazana y a la que el emperador tenía que mantener y divertir. Este fue el foco de donde partían todos los escándalos y desórdenes que diariamente emocionaban a la gran metrópoli.

El emperador hacía que las naciones subyugadas sufragasen a los gastos que tanto la mantención como la diversión de aquel pueblo, demandaban, para lo cual había siempre en movimiento varias flotas y flotillas, que se ocupaban sólo en abastecer a Roma con los frutos y los efectos de los pueblos tributarios.

Es por eso que el ciudadano de Roma viviendo á

expensas del tesoro público, se sublevaba cuando no le satisfacían pronto sus caprichos.

En los primeros tiempos del imperio, dice M. Gastón Boissier, no había descontentos sino en Roma, pero allí eran numerosos e importantes. Para saber lo que querían, lo que condenaban, de qué manera y bajo qué forma se expresaban sus quejas o sus deseos, es preciso y forzoso darse una cuenta exacta de lo que era el poder imperial entonces, porque el carácter que revestía la autoridad de los Cesares nos hará comprender cual era el de la oposición.

Por eso hemos dedicado estos dos primeros capítulos á reunir todos aquellos datos que pudieran ilustrar este punto, y por eso también es que nos hemos detenido principalmente en la política de los emperadores.

Nos proponemos en este libro estudiar á los dos intérpretes más culminantes de la oposición romana, y no podremos en manera alguna comprender bien, ni la índole de su carácter, ni el mérito de sus obras, si previamente no nos hacemos una pintura exacta y clara del estado del imperio entonces, pero principalmente del carácter del gobierno imperial, que era la causa de la oposición.

No se extrañe, pues, que nos detengamos tanto en estos primeros capítulos. La incalculable divergencia de juicios acerca de Persio y Juvenal no reconoce más origen que este cada crítico concibe al imperio romano a su manera, y de la concepción favorable o desfavorable que del régimen imperial se forma, proviene la condenación o la alabanza de aquellos dos célebres satíricos.

Nos hemos propuesto ser imparciales y es por eso que a la vez que censuramos los malos resultados de aquel régimen, alabamos también los bienes que ha producido principalmente en la literatura. La mayoría de los escritores no han trepidado en calificar al cesarismo de tiranía democrática, y sin embargo, nada más inexacto, porque hemos visto que era esencialmente aristocrático, pues buscó siempre el apoyo de las clases elevadas. El pueblo había sido completamente relegado, y aun para la irónica parodia de la investidura imperial, se elegía al Senado, que sancionaba solo los hechos triunfantes. ¿Cómo podía ser una tiranía democrática un régimen que había logrado conducir al primer pueblo de la tierra, de envilecimiento en envilecimiento, hasta no desear más que «víveres y diversiones»?

Hemos visto como se conservaban todavía las antiguas magistraturas, pero este ha sido justamente el grave defecto que los historiadores sensatos encuentran en la política de Augusto: fundar un despotismo tratando de cubrirlo con el manto republicano.... Hemos visto también que resultados produjo semejante política.

Esa autoridad mal definida é incierta, más temible todavía por su oscuridad, paralizaba todo. Nadie sabía a punto fijo si las libertades habían cesado para siempre, o solo momentáneamente. Todo era hipocresía y desconfianza en aquella mísera sociedad. Se temían mutuamente y no sabían como atacarse. De ahí esos transportes súbitos, esas violencias inauditas.

El poder soberano, ha dicho un escritor, cuando no está seguro de sí mismo y teme todo, inevitablemente se vuelve cruel, ¡porque nada hay que ocasione tanto la ferocidad como el miedo!

La oposición a semejante régimen tenía que ser forzosamente indecisa, disimulada, inconstante, más gritona que eficaz, y sin consistencia ni principios.

Aquellos ciudadanos debían demostrar su amor al príncipe en presencia de éste, pero en cambio murmuraban de él, apenas se encontraban entre amigos.

Las comidas y las reuniones eran principalmente teatro de esas críticas acerbas, y cuanto más eran humillados públicamente, tanto más se desahogaban en privado.

El emperador y sus allegados eran duramente satirizados, flagelados sin piedad, en los salones de la sociedad mundana.

Pero tal oposición era por su naturaleza pacífica, cuando más, se desbordaba en panfletos o en admirables sátiras, como en el caso de Juvenal y de Persio, poetas que representan fielmente las dos clases de oposición en Roma: la tranquila y casi melancólica de los sabios y filósofos, y la ardiente murmuración contenida de la vida. mundana.

Los escritos de esas épocas están, por lo tanto, llenos de alusiones históricas, por cuya razón ya veremos cuán oscuras aparecen hoy las sátiras de Persio y algunas de las de Juvenal, pues la clave de las frecuentes alusiones encubiertas nos falta hoy por completo. En su época eran la expresión fiel de la sociedad romana, lo que nos explica perfectamente lo que el biógrafo de Persio nos refiere, que sus sátiras eran arrebatadas por el público impaciente, y leídas con avidez.

Las tragedias de Seneca, que tanto critica M..Nisard, son hoy día piezas sin mérito especial, pero están preñadas de alusiones finas, satíricas y epigramáticas, que debieron hacer las delicias de una sociedad que conocía perfectamente las personas y los hechos ridiculizados.

En el teatro, las piezas eran de doble sentido, de manera que el público al aplaudir se burlaba de sus opresores.

Aquella oposición constante y tenaz desaparecía aquí para volver allí, «no mataba como el halcón, pero sí picaba como el mosquito.»

Reasumiendo, diremos que la constitución de Roma era muy falsa bajo los emperadores, pues las formas republicanas y libres con los actos autocráticos y despóticos, no permiten la consolidación de los gobiernos. La corrupción social, las fabulosas riquezas, la general incredulidad, la perversión de las ideas y los vicios de los gobernantes fueron las causas que contribuyeron a acelerar el hundimiento de aquel imperio.

La prosperidad de aquella nación era solo aparente, como lo era también su unidad: la fusión completa de tan heterogéneos elementos no había podido operarse por completo: ¡la lengua latina y la corrupción de la metrópoli eran los únicos lazos que ligaban a aquel imperio!

En medio de una ruina tan profunda, tan deplorable, el observador imparcial no veía punto alguno que pudiera darle esperanza de una posible regeneración: —solo un grupo de hombres combatían sin cesar por el porvenir, combatían destruyendo lo existente, pero edificando sobre sus escombros al mismo tiempo. Estos hombres, despreciados y perseguidos por todos, se llamaban «cristianos. y eran los prosélitos de una nueva religión, más pura, noble y humanitaria que las que el pueblo seguía, y que, modesta en su principio, fue engrandeciéndose poco a poco hasta llegar a la cumbre del poder bajo Gregorio VII o Inocencio III.

Tal es el cuadro que el estado del imperio romano nos presenta, tales las causas que influyeron en la decadencia de su brillante literatura, ¡ta! es la época en que tienen lugar las últimas convulsiones del gentilismo agonizante.

Es verdad que la historia verdaderamente filosófica de una literatura debe mostrar como los diversos géneros han aparecido bajo diferentes circunstancias; pero no se concreta tan solo a eso, sino que indaga porqué causas se han producido esos distintos géneros literarios y como en diferentes épocas han predominado. Para esto es preciso tener un conocimiento bastante exacto de las circunstancias que mediata o inmediatamente han podido influir en su aparición, y han hecho que determinados escritores hayan impreso tal o cual carácter á sus respectivas épocas.

Por eso acabamos de mencionar sumariamente la multitud de consideraciones que sirven para explicar el verdadero carácter de los últimos tiempos del gentilismo. Es un tema vastísimo que hemos podido solo apuntar.

Es en verdad una triste tarea el tener que describir, aun á grandes rasgos, la depravación de aquella época.

La historia de los emperadores de aquel siglo, exceptuando a Vespasiano y a Tito, no nos muestra más que crueldades, atentados, crímenes y todo lo más repugnante que pueda imaginarse ¿pero esto hubiera acaso tenido lugar si las costumbres del pueblo romano no lo hubieran permitido? Tiempo hacía que sólo por irrisión se conservaba la antigua fórmula:

S. P. Q. R. Senatum Populumque Romanum

que, en mejores tiempos, había dominado al mundo. La gran mayoría era tan viciosa y degradada, y su estado era tan abyecto, «que, dice Becker,[3] ¡no merecían por emperadores sino Calígulas o Nerones!»

Ellos mismos forjaban sus cadenas, y es fama que hasta el sanguinario Tiberio se sorprendía de la profunda degradación del Senado. Al hablar de Juvenal, tendremos ocasión de observar hasta donde descendió el Senado bajo Domiciano.

Era entonces que se daban públicamente las gracias a los dioses por cada carnicería que se ejecutaba, y en que se llamaba héroe a Nerón ¡porque había hecho asesinar a su propia madre!

Los vicios más atroces eran considerados como lo más natural y extrañábanse de que todavía existiesen pobres de espíritu para practicar lo que en otro tiempo daban en llamar virtud. Cuando un Apicius se hacía célebre por haber gastado mas de 100.000,000 de pesos de nuestra moneda, en una sola comida, y un Octavius por pagar 50,000 sestercios por un pescado, ¿qué lugar quedaba para la caridad y la beneficencia? ¡La frivolidad y un insensato lujo, era lo único digno de ocupar la mente de los soberanos del mundo!

El lujo en Roma no era un arte como en Grecia, dice C. Cantú,[4] sino voluptuosidad; a la vez gigantesco y miserable, expresión de una civilización material fuera de proporción con la moral. La inteligencia servía solo para refinar los

---

3. Becker's Weltgeschichte. III.
4. Historia Universal II.

placeres sensuales, procurados por las inmensas riquezas del Universo, que todas iban a parar a Roma.

Los esclavos hábiles y adiestrados eran pagados por fabulosas cantidades. Parecía que toda aquella nación, grandiosa en apariencia, miserable en realidad, no hacia mas que idear los medios más extravagantes para procurar un fugaz y mísero aliciente a los sentidos.

El despotismo ocasionó la depravación, pero esta lo mantuvo: el gobernante, cuyo principal mérito, muchas veces, era solo el ser el más corrompido de sus conciudadanos, fomentaba el lujo a fin de que la molicie y los goces distrajesen a aquel pueblo de la servidumbre y le consolasen de la tiranía.

Los emperadores complacíanse en humillar a aquella nación por todos los medios posibles y de las maneras más degradantes. El miserable estado del imperio se halla, por lo tanto, admirablemente caracterizado por la elocuente frase del célebre historiador Tácito, que sirve de epígrafe a este capítulo:

«En verdad, hemos dado gran testimonio y ejemplo de singular paciencia: y así como las generaciones anteriores vieron lo más supremo de la libertad, así nosotros cuanto se podía imaginar del despotismo, habiéndonos quitado por medio del espionaje, el trato común y aun la facultad de hablar y oír. Y también hubiéramos perdido la misma memoria con el habla, ¡si estuviera tan en nuestra mano el olvidar como el callar!»

CAPÍTULO 3
LA SÁTIRA EN ROMA EN EL PRIMER SIGLO DE NUESTRA ERA

In diversis Satiree generibus auctoribusque dijudicandis ratio præcipue habenda est sæculi, quo poeta quisque vixit, et morum studiorumque, quæ eo viguerunt.

(DE DIVERSA SATIRARUM, ETC., INDOLE.)

Roma propiamente no tuvo literatura hasta el siglo sexto de su fundación, en que la necesidad primero, y la manía de imitar las obras maestras de una literatura que había llegado a su mas alto grado de perfección, como la griega, después, acomodó el idioma rudo e informe de los romanos a la expresión de todas las ideas. Cualquiera que sea la nación cuya historia literaria estudiemos, llegamos siempre a convencernos que las composiciones poéticas han sido las primeras, y aun que se han perfeccionado visiblemente antes de la prosa, ya sea porque la imaginación toma vuelo antes que la razón y el juicio, o ya porque los idiomas primitivos se prestan más a la expresión sencilla de los sentimientos del hombre.

Pero la revolución literaria iniciada por Ennio, Nevio, Pacuvio y Livio Andrónico, hizo rápidamente progreso, y dos siglos después brillaban a la vez el primero de los poetas con el primero de los historiadores.

Si es verdad que la historia literaria de Roma se desenvuelve paulatinamente de la griega, no lo es menos, que por más grande que sea la superioridad de los modelos. griegos, la literatura latina tiene una importancia propia, porque el genio de Roma, —de esa Roma única en el mundo, —imprime a todos sus monumentos un sello indeleble de dignidad y grandeza.

Es imposible, ha dicho Schlegel, que los pueblos no reciban como herencia de otros civilizados anteriormente, una gran parte de su cultura intelectual. Roma había subyugado á la Grecia por la fuerza de las armas, pero esta última triunfó por la civilización y las artes.

La literatura latina adquirió su desarrollo recién bajo Augusto, y hemos visto como este príncipe protegió su desenvolvimiento más por política que por inclinación personal.

Desde su origen fue la literatura latina especialmente retórica, es decir, erudita y aristocrática.

La literatura latina alcanzó su perfección bajo Augusto, y principió inmediatamente a declinar.

Hemos examinado en los capítulos anteriores, como y porqué tuvo lugar aquella aterradora decadencia. Además de las innumerables razones políticas y sociales que hemos mencionado, debemos señalar las siguientes causas puramente literarias. Así podremos comprender como inevitablemente tenia que preponderar un género especial, que fuese la expresión fiel del estado anormal de aquella sociedad. Este género fue el satírico, cuyo desarrollo tendremos ocasión entonces de estudiar.

Las causas literarias que principalmente influyeron en aquella rápida decadencia son, según el célebre Schlosser,[1] las siguientes: 1° la demasiada temprana existencia de los críticos, 2° la influencia, cada vez más absorbente, del helenismo, y 3° la erudición superficial tan en boga entonces.

Las obras literarias de mérito originan la aparición de críticas más o menos exactas, —bajo Augusto, más que en ninguna otra época, sucedió esto; solo que los críticos eran gente muy rica y aristocrática, e influyente en alto grado. Críticos de esta naturaleza, producían juicios infalibles, y decidían por lo tanto del mérito de las obras, obligando a los autores a conformarse completamente a sus opiniones, quitándoles por este medio toda libertad de producción. Los perniciosos resultados que esta costumbre producía son demasiado evidentes para necesitar una más detallada explicación. Sólo los nombres de los que en tiempo de Augusto fueron los árbitros de las producciones literarias, bastará para justificar plenamente nuestro aserto. Ellos eran Mecenas y Asinio Pollion: ¡la nobleza de la sangre y del dinero!

Por otra parte, la influencia del helenismo es demasiado palpable, para ser puesta en duda. Uno de los caracteres peculiares de la cultura de los romanos, era la manía que tenían, de usar en toda ocasión, frases y locuciones griegas, corrompiendo y adulterando así la lengua nacional. Tan

---

1. F. C. Schlosser's Weltgeschichte für das deutsche Volk. — tomo IV.

arraigada estaba esta costumbre, que las familias pudientes enviaban sus hijos a educarse a Grecia ó al Asia Menor. Los artistas en Roma no eran romanos, sino griegos. Las obras de arte que adornaban los suntuosos palacios y la modesta habitación eran todos griegos. En ciencias, eran los romanos completamente tributarios de los griegos. Si exceptuamos la agricultura, que era lo único a que se dedicaban, en todo lo demás dependían de los griegos.

El geógrafo más distinguido de entonces y el más célebre del imperio, era Strabon, y este escribió en griego, a pesar de que su obra estaba destinada para los romanos.

Y sin embargo, a pesar de que la mayoría de las producciones literarias latinas son imitaciones del griego, ellas tienen para nosotros un gran valor, dice un crítico célebre, pues son verdaderas obras maestras que nos sirven de modelo, no tan solo por el espíritu dominante de su clasicismo —el cual siempre será la más pura fuente del buen gusto y de la estética —sino también por la gran perfección que alcanzó la lengua de los Gracos.

Algunas ligeras consideraciones nos demostrarán la evidencia que hay en asegurar que la erudición superficial que invadió á la Roma imperial, debe ser considerada como una de las causas y de las más eficaces de la decadencia literaria.

Ya bajo Augusto entró en moda el coleccionar gran número de noticias históricas, y el discutir sobre los más insignificantes detalles del saber. Un ejemplo palpable de esto es el sabio Marcus Terentius Varro, quien según es fama, escribió sobre todos los ramos del saber humano.

En Roma sucedió entonces lo mismo que en Grecia después de Alejandro: entró un gran furor por bibliotecas.

Las provincias, los municipios y los particulares rivalizaban á cual coleccionaba mayor número de volúmenes. El salón de biblioteca habíase hecho tan indispensable en casa de todo romano distinguido, como un buen cuarto de baño: era un lujo imprescindible. Esas bibliotecas no eran como las nuestras, de lectura, consulta o préstamo, eran solo un lugar de reunión de hombres instruidos para discutir sobre temas de erudición.

El progreso no era real y profundo, sino ficticio y superficial. Pero esto fomentaba la erudición inútil, y acostumbraba a la gente a atender a la forma y a desdeñar el fondo.

César al hacer ciudadanos a los médicos y artistas, elevó aquellas profesiones al rango de ocupaciones libres, puesto que hasta entonces solo esclavos las habían ejercido. Vespasiano fue, sin embargo, el primero que rentó á los retóricos y gramáticos, y Adriano protegió en extremo las escuelas —«pero no basta tener escuelas, es preciso saber lo que ellas son».

Al estudiar a Persio trataremos más detenidamente este punto, pues fue la educación una de las causas que más influyeron en el carácter de este poeta célebre.

Debe observarse solo que, si era cierto que hasta en los más lejanos confines del imperio se extendía el amor de la erudición, era esta meramente superficial, limitándose la enseñanza a comentar las obras de los antiguos y a resolver sutilezas tales, dignas solo de los pedantes que las proponían.

Es por todo esto, que Schlosser ha dicho que los poetas latinos de la decadencia compusieron sus obras solo para el entretenimiento de la sociedad erudita: más para agradar al oído y provocar un lujo de erudición, que para impresionar al corazón y actuar sobre la razón. La erudición superficial era la educación que se daba a la juventud en las escuelas. En realidad, aquel ficticio progreso era un serio retroceso. Pero esa erudición era fácil y brillante, destinada para lucirla sin esfuerzo en el roce continuo de la sociedad.

Los romanos no se entregaban á la cosa pública, porqué de ella habían sido excluidos, y en resarcimiento quizá de sus pérdidas libertades, débanse con ardor a la erudición y bien estar.

Es pues por esta razón, que no hay período alguno en la historia, en que el lujo, el refinamiento de las comodidades materiales, haya llegado a tan alto grado. Magníficos palacios, soberbios jardines, riquísimas bibliotecas y espléndidas colecciones de arte: tal era el carácter predominante del lujo que entonces imperaba. La poesía, la declamación, la historia: tales las ocupaciones de la gente ilustrada.

La gente principal, fuese por su nobleza o por su riqueza, dividíase en dos categorías bien definidas.

Los unos se entregaban a los placeres de la vida, en brazos de un epicureísmo grosero: estos unían a las brillantes ocupaciones arriba mencionadas, los más increíbles refinamientos que la corrupción, ¡ayudada por la riqueza y dirigida por el talento, puede procurar! Esta era por desgracia la inmensa mayoría.

Los otros, la minoría, se entregaban con ardor al estudio, porque su filosofía les enseñaba que la felicidad del' hombre consiste en el saber. Estos despreciaban las voluptuosas comodidades de la vida, y se contentaban con deplorar horrorizados, los vicios de sus contemporáneos, retemplando su alma en los sanos principios de una severa filosofía. Estos eran los estoicos. Es entre ellos que se encuentran las pocas almas grandes que de cuando en cuando aparecen en aquella decadencia, como eterna protesta contra el envilecimiento de sus contemporáneos.

Este era el estado del siglo en que Persio y Juvenal aparecieron: —¡qué diferencia con la época en que Horacio floreció!

M. D. Nisard ha caracterizado perfectamente con una sola frase, el inmenso abismo que separa *la edad de oro de la edad de plata* de la literatura latina — la edad de Horacio de la de Juvenal.

«La sociedad en tiempo de Horacio principiaba á corromperse, dice M. Nisard,[2] en tiempo de Juvenal estaba podrida.»

En tiempo de Juvenal la corrupción había llegado a su apogeo: la fina burla de las elegantes sátiras de Horacio, su moral acomodaticia, eran imposibles en tiempo de Domiciano. Los excesos habían llegado a su máximum: la indignación solo podía servir al hombre que conservaba un resto de respeto por sus antepasados.

El látigo hiriente de las sátiras de Lucilio era demasiado suave para Juvenal: —era preciso estigmatizar esos inauditos vicios con ejemplar energía, y condenarlos virilmente en todas sus fases, describiéndolos con los colores más vivos, para hacerlos asi más detestables y repugnantes.

La sátira era, en efecto, el único recurso que tenían las almas grandes, para protestar contra la fabulosa depravación de su época.

Ya no eran posibles poetas como Virgilio y Horacio: los

---

2. Etudes sur les poëtes latins de la décadence, par M. D. Nisard — tomo V.

Mecenas habían sido reemplazados por viles histriones, y los Augustos eran monstruos repugnantes por su bajeza y por sus vicios.

Si es verdad que Horacio escribió sus sátiras cuando aún vivían las personas criticadas, no lo es menos la multitud de emblemas y alegorías que usa, para no herirles directamente.

En Horacio se refleja por completo el espíritu de su época: admirador apasionado de las antiguas costumbres, más de una vez quemó incienso en aras de las modernas; su grande y particular ingenio le permitió no corregir, pero sí suavizar, las costumbres invasoras, cautivando al lector por su elegancia y fácil versificación.

Juvenal descuida estos naturales artificios: «va directamente a su objeto, lo traspasa, lo anonada, sin perdonarle nada y usando de toda clase de armas, con tal de extirpar, de destruir, no á la persona, pero sí al vicio representado». Pero era tal el estado de su época, que las sátiras de Juvenal no lograron suavizar en nada las costumbres reinantes.

La alta misión de la sátira fué sin embargo, cumplida. ¿En qué consiste pues, éste género literario, que viene a ser el intérprete de esta época?

Entre los variados géneros de la poesía, no hay ninguno que sea más el producto de su tiempo, que la sátira, pues toma de él sus argumentos, y su energía característica.

La misión de la sátira dice M. Viennet, es atacar los vicios y las ridiculeces de su tiempo, denunciar los tiranos a la execración pública, destruir las falsas reputaciones usurpadas, desenmascarar el fraude, la mentira y los intrigantes que de eso viven, —he ahí lo que será siempre y en todas partes un acto admirable de justicia y de valor…. Por eso la sátira aparece siempre que la corrupción de un pueblo llega á un alto grado, porque la sátira no es más que la expansión de un poeta, hombre siempre de corazón, algunas veces de talento, y que quiere vengar a la sociedad de los vicios que la degradan.

Por eso el poeta satírico debe tener el coraje de afrontar de frente la tormenta, debe herir sin piedad, debe ser enérgico y vigoroso.

Por eso nos inclinamos más a Juvenal que a Persio, por eso es que estamos con los críticos que proclaman a Juvenal: «el príncipe de los satíricos latinos.

Juvenal flagela sin piedad a los vicios y a los hombres de su tiempo, mientras que Persio diserta sobre los males inherentes a toda sociedad.

Para Juvenal todos los hombres son iguales ante la ley moral, en nombre de la cual, ataca los vicios, descubre los abusos y destruye las preocupaciones de su tiempo.

A Juvenal pudiera muy bien aplicarse lo que M. E. Talbot dice de Luciano: «...... turba de advenedizos, vanidad de los príncipes, cálculos miserables e hipócritas de los necesitados o de los aduladores, sórdida pasión de los avaros, turpitudes de los crápulas, pedantescas pretensiones de los eruditos a la violeta, indignos manejos de los cortesanos, —todo, todo lo flagela desapiadadamente con su ensangrentada pluma.»[3]

Desgraciadamente es muy cierto el dicho de un célebre escritor, «que el placer de la crítica nos impide el ser vivamente impresionados por la belleza.»[4] El oficio de crítico

---

3. Oeuvres completes de Lucien, etc.^ — tomo I.
4. La Bruyère.

imprime un sello especial, una dirección dada a las facultades morales, que las aleja en parte de la emoción y de la simpatía, para acercarlas a la frialdad y a la sequedad.

Este reproche que ha sido hecho más especialmente a Juvenal que á Persio, por aquellos que solo ven en él un sofista ó un simple retórico, no es en manera alguna compatible con las nobles ideas, las palabras generosas, y el lenguaje franco, que se notan en la mayor parte de las sátiras de aquel célebre poeta. Será quizá una ilusión, pero con muchos visos de verdad, el considerar a Juvenal como un hombre generoso, convencido, y firme en sus opiniones.

En Roma, el género satírico había siempre ocupado un rango elevado y noble. Nacido con Ennio, se convirtió poco a poco en el sacerdocio de los corazones fuertes y de las almas generosas.

Decimos que este género es de origen romano, porque aunque algunos críticos le atribuyeron un origen griego, suponiéndole creado por Arquiloco, nosotros nos inclinamos a la opinión de que ni las diatribas de Arquiloco ni los insultos de Hippoponax de Éfeso, ni los de Aces de Lesbos, pueden propiamente clasificarse como producciones satíricas.

Ennio y Lucilio fueron los representantes del género satírico en el primer período de la literatura latina, —al primero, repróchenle las bizarras frases y las expresiones ridículas, pero el segundo es considerado como más elegante e insigne poeta.

Horacio, siempre pronto a denigrar los poetas latinos, atribuye un origen completamente griego a la sátira, pues dice que Lucilio es solo un discípulo de Eupolis, Cratinus y Aristófanes y le acusa de ser un versificador insigne, pues dice que escribía hasta 200 versos de una sola vez, y agrega con este motivo:

Scribendi rectè; nam, ut multum, nil moror[5]

Pero un juicio tan denigrante como este, es del todo contrario al que los demás críticos han hecho del amigo de Metello y de los Scipiones.

Tan cierto es esto, que aun entonces fue tan viva la oposición que se le hizo, que Horacio tuvo que escribir su sátira X expresamente para justificarse.

Lucilio escribió sus sátiras cuando Cartago había sido destruida, y los Cimbrios y Teutones vencidos por Mario, a la sazón cónsul, y ante aquellos magnos acontecimientos, inflamado por la lectura de los autores griegos, principalmente Menandre, pudo escribir sus ardientes críticas.

Pero, sean las guerras civiles que siguieron, sea el advenimiento de César y más tarde de Augusto, el hecho es que de Lucilio a Horacio no se tiene ningún poeta satírico.

Horacio es un poeta esencialmente distinto de Lucilio: es tan suave y elegante, como este violento y áspero. Las épocas eran distintas: los tiempos guerreros de Mario y Sylla, no pueden compararse con los pacíficos de Augusto.

Por eso tiene razon uno de los clásicos más célebres cuando exclama: *Nulla enim inter varia genera poesis est, quæ magis sit filia temporis, quum Satira, quia inde depromit argumenta et omnem fere succum atque colorem ducit.*

Hemos ya dicho cuál es el carácter distintivo de las sátiras de Horacio, comparándolas con las de Juvenal.

Ya en tiempo de Horacio las cosas habían cambiado de aspecto: lo extraordinario en tiempo de la república era

---

5. Sát. IV. V. 13.

común en el imperio, —la corrupción se profundizaba y echaba raíces tan poderosas, que Horacio se contentó con condenar solo los excesos, pero sin tratar de extirpar los vicios.

Las causas políticas y sociales que precipitaban aquella decadencia se aumentaban diariamente: —cada vez se hacía más difícil la existencia de aquellos géneros de poesía, que para florecer requieren una civilización moralizadora y progresista. Ya no era posible el cantar las virtudes, pues no las había, ni celebrar hechos heroicos, que tampoco tenían lugar: los pocos que no cedían al torrente, no tenían sino palabras para condenar aquel degradante espectáculo. Ahora bien ¿hay acaso género literario alguno, que se preste á una condenación enérgica y viril del vicio —como aquella época lo requería —que la sátira? Ninguno. Ninguno como la sátira tiene tantos recursos para emprender valientemente tan noble cruzada. Ninguno como la sátira ha florecido tan brillantemente en esas épocas tristísimas, que son el naufragio de los sentimientos nobles y elevados, y que generalmente no son sino el preludio de grandes trastornos sociales, ¡que con frecuencia cambian la faz del universo entero!

Social y políticamente hablando, el género satírico era el único que debía predominar en la época nefanda que estamos estudiando: —la historia confirma plenamente esta deducción teórica. Sin embargo, el brillo literario de Roma en tiempo de Augusto, había sido tan grande y tan puro, que parece imposible que no ofreciese resistencia alguna al hecho que acabamos de comprobar. Y no solamente no le opuso resistencia alguna, sino que aún le favoreció mucho

—esta aserción, al parecer, paradójica, será clara y evidente, después de algunas ligeras consideraciones.

Horacio en su sátira X liber I dice:

......*neque, te ut miretur turba, labores,*
Contentus paucis lectoribus[6]

lo que indica que ya las lecturas públicas estaban en boga en Roma, y empezaban a dar sus malos frutos, pues el legislador del Parnaso latino aconsejaba a los escritores noveles el no correr tras los aplausos fugitivos de la multitud, y contentarse solo con pocos, pero escogidos lectores. Razón sobrada tenia Horacio para hacer semejante prevención: esa institución funesta fue la que ocasionó la rápida decadencia de las letras, la que malgastó centenares de verdaderos talentos, y fue la que falseó el buen gusto literario que Virgilio había hecho imperar.

¿En qué consistía, pues, tan funesta institución? Conviene examinarla, puesto que a su influencia se debe, en gran parte, el predominio del género satírico en esa época.

Las lecturas públicas en Roma constituían una ceremonia *sui generis*. Se reunía un número considerable de gente en un local a propósito, y subido el poeta o escritor a una tribuna, recitaba desde allí sus elucubraciones. Si el poeta era rico, convidaba a su auditorio con exquisitos manjares, si pobre, con buenos refrescos. Es claro que los aplausos que obtenían, eran unánimes, ¡y estaban en razón directa del modo de agasajar a tan benévolo auditorio!

A semejantes reuniones no podían concurrir los severos

---

6. Sát. X, v. 73.

críticos, aquellos a quienes solo leería sus poesías Horacio; ellos eran solo frecuentados, o por desocupados, o por clientes o por deudores del poeta: gente toda que aplaudía frenéticamente, aunque se recitase un disparate, -los primeros por aburrimiento, los segundos por adulación y los últimos por temor. ¿Cuál era el resultado de semejante farsa? Que los poetas, engreídos con los falaces aplausos de un auditorio tal, se creían los favoritos de las musas, y ambicionaban elevarse aún más a las altas regiones del Parnaso.

Tan alto se elevaban, que se perdían de vista: tan originales se mostraban, que rayaban en el ridículo.

Sus producciones se consideraban tanto más profundas, cuanto más sin sentido, y tanto más originales, ¡cuanto más absurdas!

Agréguese a esto que los retóricos y los gramáticos se aprovechaban de aquella confusión literaria, para dictar leyes y preceptos, con el loable objeto de hacer un divino. poeta de quien era solo un infeliz; y así se comprenderá como pululaban en las calles de Roma poetastros que citando ciertas y determinadas reglas, probaban al que escucharles quería, ¡que sus detestables versos eran mejores que los de Sophocles o Virgilio....!

¡Que decadencia! Plinio el joven, el periodista de la literatura de su época describe en una de sus cartas,[7] con minuciosos detalles, una lectura pública en casa de un rico literato. Esa curiosa carta caracteriza bien á aquella época, y consideramos útil citarla para que se aprecie así *prácticamente*, lo que antes hemos expuesto sobre el particular.

---

7. Liber Octavus-Epistola XXI. Arriano.

...... *utque jam nunc adsuescerent et ab otiosis et in triclinio audiri, Julio mense, quo maxime lites interquiescunt, positis ante lectos cathedris, amicos collocavi.*

Y para acostumbrar a los desocupados a oirlas (sus producciones), dice Plinio, en la mesa, he elegido el mes de Julio, en que están de vacaciones, y he colocado a mis amigos en sillas puestas ante los lechos del comedor.

En seguida les leía toda su obra, sin suprimir nada, por más larga que fuese, y sin consideración ninguna para con sus oyentes, porque, como el mismo dice: *¿Alioqui quid præstant sodales, si conveniunt voluptatis suæ caussa?*

Ya hemos visto si los oyentes se reunían *voluptatis suæ* como dice Plinio, o si otro era el móvil que a ello les impulsaba.

Y los mismos literatos no hacían gran caso de semejantes auditorios. Plinio dice que en un año han tenido poetas hasta la saciedad: no ha habido un solo día de Mayo sin poemas y poetas para declamarlos.[8]

Allí mismo confiesa Plinio como los romanos estaban ya cansados de tales farsas. El asistir a las lecturas públicas era no solo un objeto de cortesía, sino una especie de carga incómoda. La mayor parte de los oyentes opulentos, se divertían en la plaza pública más cercana, y enviaban esclavos, de tiempo en tiempo, para que les advirtiesen de que era preciso ir, pues ya había llegado el momento del aplauso.

Se aburrían tanto en aquellas fastidiosas recitaciones, que, dice Plinio, «no todos aguardaban el final para irse,

---

8. C. Plini Cecilii Epistolae. — Liber primus. — Epistola XIII.

unos lo hacían disimulada y furtivamente, otros desvergonzadamente y sin escrúpulo.»

Tan desastrosa como funesta institución, tenía indudablemente que acarrear graves males al progreso literario de aquel pueblo.

Asi es que de Ovidio á Persio encontramos solo a Fedro como poeta de transición: ¡más de cincuenta años de esterilidad verdadera! .... parecía que la nación romana se había agotado completamente, para producir los numerosos cuán brillantes ingenios, que han hecho memorable el reinado de Augusto.

Verdad es que entonces imperaba el tirano de Rodas, el sanguinario Tiberio: el hombre que, nacido en medio de una deslumbrante civilización, se propuso durante su reinado, destruir las letras y extirpar los literatos.

Por otra parte, bajo Augusto, les era permitido todavía a los poetas recrearse en las virtudes republicanas: todavía vivían en medio de una generación que había conocido la república.

Después, bajo crueles tiranos, ni este recurso les quedó. Rechazados de la vida pública, los genios —más bien dicho, los talentos-se concretaban a estudios privados, en los cuales naturalmente, los clásicos griegos eran lo más absorbente. La literatura, pues, en vez de ser una accion era solo un estudio-del Fórum pasaba al gabinete. Fue entonces que la plaga de los gramáticos y retóricos cayó desapiadada sobre Roma.

Es por esto, que hemos señalado el principio de la decadencia de las letras latinas, bajo Augusto. Al finalizar este su reinado, ya el mal gusto comenzaba a imperar: las lecturas públicas y las escuelas de declamación estaban a la moda.

El sanguinario Tiberio, el loco Calígula, el imbécil Claudio y el monstruo Nerón, concluyeron completamente con la brillante literatura latina del *siglo de oro*.

La imaginación, depravada por la tiranía, había cesado de producir: el sentimiento de lo bello y de lo grande, había sido destruido — la vivacidad de las almas estaba embotada.

La imaginación, dice M. Villemain, no podía ser libre, sino á condición de perderse entre fábulas monstruosas; las letras no eran ya mas que un arreglo de palabras o una combinación de caprichosas metáforas.

Así es que la literatura de la brillante época de Augusto no decayó gradualmente, sino de golpe, «prueba, dice Cantú, del poco mérito que tuvo aquel hombre afortunado, en la gloria del siglo que conservó su nombre, y de los ingenios de que fue contemporáneo, pero no creador.»

La regia protección dispensaba a los literarios por Augusto y sus favoritos, acostumbraba a aquellos a considerar los estudios, no como aplicación noble del ánimo y desahogo de los sentimientos puros y elevados. Sino como una profesión, «de suerte que, dice un historiador, habiéndose disminuido las casas de campo, los regalos y las comidas, ¡perdían las musas el habla!»

En efecto, la elocuencia y la historia, —las producciones más brillantes de la literatura latina —tuvieron que callar bajo el despotismo, o tomar una dirección completamente distinta de la que hasta entonces habían seguido; «pues, dice Becker[9] a la primera le faltaba materia digna que tratar,

---

9. Becker's Weltgeschichte — tomo III.

puesto que ya no podía ocuparse libremente de los asuntos públicos; y la segunda solo podía existir, degradándose a vil adulación, pues la verdad era entonces crimen de ¡*lesa magestad!*»

Bajo Tiberio, hasta la institución de las lecturas públicas languideció, nadie se atrevía a elevar su voz ni siquiera para recitar cobardes alabanzas; su cabeza hubiera seguramente peligrado.

Si algún poeta de talento hubo, juzgó más conveniente callarse, y a fe que obró bien, pues antes de que hubiera hecho lo bastante para merecer la gloria, ¡su existencia habría pasado a ser solo un recuerdo!

Calígula, el monstruo que dominó al imperio durante cuatro años, trató no solo de impedir el florecimiento de las letras bajo su reinado, sino que hasta intentó destruir los ejemplares que existían de las obras de Homero, Virgilio y Tito Livio, «lo que era todavía más difícil en aquella época que hacer de su caballo un cónsul» dice Nisard.

El imbécil Calígula, el hombre que sirvió solo de escudo para las rapiñas de unos cuantos, no pudo ser de ninguna manera protector de las letras, por más que Suetonio nos diga que hasta escribió libros.

Viene Nerón, el monstruo más grande que recuerda la historia, el incendiador de Roma y el asesino de Séneca, Lucano, Corbulon y Thráseas. Fue entonces que llegó a su colmo la corrupción de Roma.

El desorden era horrible en todas las clases, dice M. Batteaux. Jugaban los hombres todos sus bienes; se robaba; había un excesivo lujo en los trajes, en los edificios, en las comidas; se calumniaba; se emponzoñaba. El crimen era lo único en que se pensaba; triunfaba este por todas partes; ¡y la virtud gemía!

Y sin embargo, «bajo Nerón, el estado de poeta será lucrativo y bastante seguro; y mientras no se conspire, dice M. Nisard, habrá poesía y poetas por la gracia de Nerón!»

¡Que extraña anomalía! Las lecturas públicas estuvieron de nuevo a la moda, ¡pues el emperador las convocaba para leerles sus *inmortales* versos! Mientras aplaudían y adulaban, podían los poetas ejercer su talento, —pero ¡ay de ellos, si no acataban a su señor como el príncipe de los poetas!…..

La historia nos cuenta como supo morir el autor de «*la Farsalia*», ¡el poeta que se había atrevido a vencer a su imperial adversario en un concurso público!

CAPÍTULO 4
AULO PERSIO FLACO — SU VIDA Y ESCRITOS — ANÁLISIS DE SUS SÁTIRAS

Pascitur in vivis livor: post fata quiescit,
Cum sus ex merito quemque tuetur honos.

OVIDIO *(AMORES)*.

Séneca, Lucano, Thráseas: he ahí tres de las víctimas mas ilustes del sanguinario Nerón. Cayeron bajo sus golpes, porque tuvieron la osadía de no someterse a los extraños caprichos del tirano.

En esa misma época florecía en Roma un joven poeta, cuya vida fue un modelo y cuya filosofía fue de las más austeras. Recto por carácter e intrépido por convicción, no titubeó en censurar enérgicamente las costumbres de su tiempo, ridiculizando con toda la ironía de que es capaz el corazón humano, al tirano opresor. Por faltas de menor consideración habían dejado de existir otros, pero nuestro poeta, extraordinario en su vida como en sus escritos, lo fue también en su muerte; murió tranquila y pacíficamente,

¡rodeado de su familia y de sus amigos! Se llamó en vida Aulo Persio Flaco, y la posteridad, haciendo justicia a sus méritos y talento, le ha contado entre los grandes poetas satíricos que su historia registra.

Su vida se halla envuelta en el más completo misterio; los únicos datos que de ella poseemos, son los que la crónica de Eusebio y una antigua biografía nos trasmiten. Son estas, simples indicaciones sobre su vida, su familia, sus maestros, sus amigos. Sin embargo, a pesar de todo, siguiendo estos ligeros vestigios, reuniendo de aquí y de acullá todo lo que se sabe sobre los personajes conocidos que le han rodeado, no solamente ha podido reconstruirse, por decirlo así, la sociedad en que ha vivido, sino que se ha penetrado en el misterio que encubría la intimidad del poeta, y de ahí se han deducido datos importantísimos, que arrojan gran luz sobre su vida y sus obras.

La crónica de Eusebio nos dá solo el año de su nacimiento y muerte; —la biografía nos comunica, es cierto, detalles de mayor importancia.

Algunos críticos han atribuido esa biografía a Suetonio, entre cuyas obras generalmente se imprime; otros a Cornutus, mas ambas son suposiciones arbitrarias y destituidas de todo fundamento.

Un distinguido profesor de la Universidad de Glasgow, Mr. William Ramsay,[1] ha demostrado que los más antiguos y valiosos códices mss. que de esa biografía tenemos, llevan todos uniformemente el título de *Vita Auli Persii Flacci de Commentaria Probii Valerii sublata*. Luego entonces es fuera de duda que ella es solo un extracto de una obra de Valerio

---

1. *Dictionary of Greek and Roman Mythology*.

Probo, y que de ninguna manera puede atribuirse a Suetonio o a Cornutus.

Pero se presenta la cuestión de saber que Valerio Probo es el autor de esta *Vita Persii*. ¿Es acaso M Valerius Probus, de Berytus, que floreció bajo Nerón, o simplemente algún oscuro gramático de la decadencia?

La crítica moderna no ha podido aun resolver definitivamente esta cuestión, pues Probus es un nombre perteneciente a varios celebrados gramáticos, a quienes es en extremo difícil distinguir entre sí.

Además del M. Valerius Probus, de Berytus, que acabamos de mencionar, hay otro gramático de idéntico nombre, que floreció en tiempo de Aulo Gelio, es decir, a principio del segundo siglo de nuestra era.

Macrobio llamaba a este gramático: *vir perfectissimus*, y es afamado a causa de sus eruditos comentarios sobre Virgilio.

Ahora bien, los códices citados mss. de la *Vita Persii*, según la opinión de un crítico notable, dan a conocer evidentemente que han sido escritos en tiempo de Persio, y por alguien que con él tuvo relación, de manera que es muy plausible que el verdadero autor sea el M. Valerio Probo, comentador de Virgilio.

Pero, por otra parte, las palabras de *Commentario Probii Valerii sublata* indican aparentemente que la presente biografía no fue obra original, sino un comentario ó un extracto de alguna obra más extensa de Valerio Probo.

Los latinistas modernos aún no han resuelto el punto, a pesar de lo mucho que ha sido estudiado. Este hecho demuestra, sin embargo, el grande interés que la crítica científica tiene en indagar hasta los menores detalles, que con los clásicos y sus obras se relacionan.

Sea de ello lo que fuere, el hecho es que esta biografía es la única base sólida sobre la que ha podido reconstruirse la vida del poeta estoico.

La vida de Persio abarca los tres últimos años de Tiberio, los reinados de Calígula, de Claudio y los ocho primeros años de Nerón, es decir, una de las más tristes épocas del romano imperio, cuando la tiranía cruel y caprichosa de los príncipes y de sus ministros libertos, junto con el horripilante cuadro de costumbres degradadas, formaban un conjunto tal, que provocaba violentamente los sentimientos republicanos de las grandes familias, y las protestas silenciosas ó audaces de los filósofos.

En semejante época floreció Persio.

Aulus Persius Flaccus fue caballero romano, ligado por la sangre y parentesco á las familias de más elevado rango. Nació en Volaterra, antigua ciudad de la Etruria, hoy Toscana. Acerca del lugar y año de su nacimiento, se han suscitado ardientes controversias. Suetonio, San Jerónimo, Scaligero, Casaubon y Bayle, son los que más se han ocupado de ello.

Bayle aduce[2] tan bien fundadas razones, que nos inclinamos a su opinión, según la cual, Persio nació el 4 de Diciembre del año 34 de J. C. 20 de Tiberio y 786 de Roma, bajo el consulado de Fabius Persicus y Lucius Vitellius.

La Toscana y la Etruria se disputan su cuna, y Bayle relata minuciosamente el pró y el contra de tan intrincada controversia.

---

2. *Dictionnaire historique et critique.*

Sin embargo, posteriormente algunos críticos han creído hallar la solución de esta cuestión en los siguientes versos de la sátira VI:

...... *Mihi nunc Ligus ora Intepel,* ....

....

Luna'i portum est operoe cognoscere, cives.[3]

Es fundado en este pasaje, de dudosa interpretación, que se pretende que Persio nació en Luna.

Según la crónica de Eusebio, nació Persio el año 2050 del mundo.

Hemos dicho ya que su familia pertenecía al orden de los caballeros, y ligada por vínculos de parentesco y de alianza, con las principales de Italia. Ahora bien, las familias que más sufrieron fueron las principales, y por esta razón conservaban más fielmente las tradiciones republicanas.

Según la *Vita Persii*, a los 6 años, es decir a los 40 d. de J. C. y 793 de Roma, perdió Persio a su padre, pero permaneció hasta los 12 años en su ciudad natal.

Como su familia era pudiente, recibió una esmerada educación de su madre Fulvia Sisennia, matrona distinguida, y de su hermana, personas por quienes conservó grande afección durante toda su vida.

La educación que en el seno de su familia recibió Persio, «fue, según M. Despois, de las que dejan una profunda

---

3. *Sát. VI. v. 9.*

huella en el hombre, pues conmueven más al corazón que instruyen a la inteligencia.»

Su madre se había casado en segundas nupcias con el poeta Fusio, caballero romano. En aquella misma época nacía en Córdoba en España, el celebrado autor de *La Farsalia*, Lucano, quien después, según Suetonio, fue ardiente admirador de Persio. Nació también entonces Arria, la valerosa esposa de Poetus, y cuya frase: *Pætus, non dolet*, al traspasarse el corazón con un puñal, no ignora hoy día estudiante alguno.

A los doce años, es decir el año 46 de J. C. y 799 de Roma, se trasladó Persio a Roma, con el laudable objeto de perfeccionar su educación, cosa para él fácil, gracias a su fortuna y posición social.

Los hombres que llegan a producir obras de arte, que inmortalizan su nombre, como Persio, no son apariciones aisladas, que no pueden explicarse lógicamente.

La historia ha demostrado ya evidentemente la verdad de la ley siguiente: «la obra de arte es determinada por un conjunto formado por el estado general del espíritu y de las costumbres de la época.»

Hemos ya aducido acerca de tan importante ley, algunas consideraciones en los capítulos anteriores, y consecuentes con las deducciones que lógicamente se desprenden de ellas, vamos a bosquejar ligeramente el carácter peculiar de la enseñanza que Persio iba a tener.

En aquella época de grande decadencia literaria, pululaban en Roma los gramáticos para purificar y profundizar el idioma patrio, y los retóricos para enseñar su uso, y sujetar la versificación a leyes métricas.

En otras épocas, cuando brillaban en Roma grandes

ingenios, la filosofía y las letras se aliaban al ejercicio de las funciones públicas, y tanto una como otra carrera eran igualmente estimadas. Como la elocuencia era el principal estudio, el joven romano cuyo talento mucho prometía, era confiado por sus padres al orador más notable: le seguía en todas partes, le imitaba en todo, asistía a todos sus discursos y se familiarizaba así con las luchas del Fórum.

En tiempo de Persio sucedía lo contrario: ya hemos señalado la causa porqué, y creemos que, si las lecturas públicas fueron uno de los más poderosos agentes de la decadencia, la institución de los gramáticos y retóricos no contribuyó menos a acelerar aquel fatal resultado.

No había poetas verdaderos, pero abundaban insulsos versificadores. El gusto literario se falseaba y las ideas se pervertían: la erudición, pues, que los jóvenes sacaban de tales maestros, era mas de forma que de fondo.

¿Por qué las escuelas de gramáticos ocasionaron tan gran mal en Roma? A causa de la importancia histórica que rodeaba el origen de aquella institución, benéfica al principio.

Los romanos daban á la palabra «gramática» un significado distinto del que actualmente tiene, pues comprendía «la explicación de los poetas, el estudio de la historia, el valor de las palabras y su pronunciación,» segua la definición de Cicerón.

Los retóricos enseñaban, por otra parte, la declamación.... pero como! Ya veremos hasta que punto llegó esta ridícula parodia de la elocuencia, en tiempo de Juvenal, en cuya carrera tan poderosa influencia logró ejercer.

Persio al llegar a Roma fué puesto bajo la dirección del

gramático Remmius Paloemon y del retórico Virginius Flaccus.

Remmius Famius Paloemon floreció en tiempo de Claudio, pero, aunque liberto, había nacido esclavo. Escribió un tratado de *Summa grammatices*, muy estimado durante la Edad Media.

Hombre de costumbres deprava das al decir de Suetonio, era sin embargo pedagogo ilustrado, de elocuencia subyugadora y asombrosa memoria. No necesitaba mas para atraerse las mas vigorosas inteligencias de su tiempo, a pesar de los vicios degradantes que le afeaban. Era además fácil versificador, cualidad inherente á todo retórico de la primera época de la decadencia.

El otro maestro de Persio, el retórico Virginius Flaccus, autor de un *arte dicendi*, es casi desconocido, y sábese tan solo que murió bajo Trajano.

Críticos distinguidos hay, que aplicando al caso presente el proverbio «de tal maestro, tal discípulo», deducen que aquellos dos primeros maestros de Persio echaron a perder su juicio recto, y le volvieron fraseólogo, pero no erudito.

El uno le enseñó la versificación, el otro la elocuencia, pero solo como podían hacerlo aquellos «insignes declamadores, de lenguaje rebuscado, enfático, y tanto más sonoro cuanto menos sentido encerraba.»[4]

Los jóvenes en Roma hasta los diez y siete años llevaban la *toga pretexta*, y la *bulla*. Llegados a esa edad, hacia una gran fiesta en la casa paterna, la *bulla* era colgada al cuello de uno de los dioses lares, se ponía al joven la toga viril, llamada *toga pura*, y con gran pompa iba a ofrecer su

---

4. D. Nisard, loc. cit.

pretexta en el Capitolio en medio de un sacrificio: en seguida, dice un historiador, le presentaba su padre en el Fórum, donde era obsequiado por todos los clientes y amigos de la familia saludándolo con el glorioso título de ciudadano, desde cuya época gozaba las prerrogativas de tal.»

El año 50 d. J. C. y 803 de Roma, tuvo lugar para Persio tan solemne ceremonia, pero con menor magnificencia, pues era huérfano de padre, y su familia se hallaba ausente.

Sin embargo, esa fecha tiene en la vida de Persio una importancia capital: cuando los jóvenes romanos · se emancipaban, según tradicional costumbre, eran entregados à hombres distinguidos, cuya palabra y conducta pudiera servirles de ejemplo.

Persio fue entonces colocado bajo la dirección de un filósofo de reconocida fama, del cual fue discípulo y amigo hasta su muerte.

Cuando la elocuencia fue pacificada, según la bella expresión de Tácito, y que por la fuerza de las cosas y de las instituciones, había degenerado en inocente y estéril retórica, las más nobles inteligencias se entregaron a los filósofos: «entonces el deseo de la perfección moral reemplazó a la ambición política, y se soñaba en ser un sabio como en otros tiempos se aspiraba á ser gran orador.»[5]

Sin embargo, siguiendo en esto la viril costumbre del carácter republicano, la virtud no era solo buscada como tranquila satisfacción del corazón, sino como arma propia a un nuevo género de lucha y capaz de servir de escudo a la dignidad del hombre y del ciudadano.

---

5. *Los Moralistes sur l-empire romain.*

Por eso Persio se entregó enteramente á Cornutus, «como a un director espiritual y a un guardián de su alma, según la expresión de uno de sus biógrafos.

Ahora bien, es hoy reconocida por todos la influencia decisiva que Cornutus tuvo sobre la vida y escritos de Persio— ¿quién era, pues, aquel sabio filósofo? L. Annæus Cornutus, esclavo de origen, nacido en África, fue emancipado, como su nombre lo indica, por la distinguida familia de los Annoei, y por su saber y conocimientos fue uno de los primeros hombres de su época. Sus comentarios sobre Aristóteles le han conquistado un puesto eminente en la literatura universal.

Era uno de los filósofos más notables de la escuela estoica, de esa filosofía que consideraba blanda a la virtud sino hacia sentir sus asperezas: «ridículo verdadero de la secta, que Tácito ha criticado, pero que no debemos condenar con severidad, porque bien caro fue pagado bajo los emperadores; ridículo eterno, por otra parte, en todas las sectas austeras, á causa de la falsa idea de que la fe no obra sino daña, que el orgullo sienta bien a la verdad, que la insolencia es el verdadero aire de la virtud, la modestia un deplorable abandono de los principios y la condescendencia persuasiva una debilidad mundana.»[6]

Verdad es que semejante filosofía era la única apropiada para época tan nefanda como aquella: esos principios condujeron a Cornutus a hacer un desprecio público al tirano, y este, irritado, le desterró.

Cornutus, como Virginius Flaccus, como todos los maestros, los amigos, los parientes de Persio, tarde ó temprano

---

6. M. Martha. loc. cit,

fueron condenados al destierro o a la muerte por la fiereza de sus sentimientos o de su lenguaje.

¡Extraña coincidencia!... Todos los que han rodeado á Persio han sido futuros proscriptos.

La íntima amistad que pronto contrajo con Cornutus, Segun claramente lo demuestran estos versos de su sátira V.

........*quantaque nostroe*
Pars tua sit, Cornute, animæ, tibi, dulcis amice,
Ostendisse juvat,[7]

le salvó de la corrupción á que parecía destinado.

Joven, bello y de familia bien relacionada, Persio pudo entregarse a la disolución como lo hacía la mayoría de la juventud de Roma.

Pero la educación que había recibido, su carácter sobre todo, tal cual nos lo pinta Lemmoinier, es decir, una rara modestia, con gran talento, sobrio y casto, le permitieron conservar casi intactas las dulces costumbres de la niñez·

La amistad con Cornutus le confirmó en esto, pues, si le hemos de creer,[8] de él aprendió la sabiduría, en él es donde ha encontrado la felicidad y hasta llega a invitar a sus compañeros que aprendan en la misma escuela la ciencia de la vida......

Petite hinc, juvenesque, senesque
Finem animo certum, miserisque viatica canis

---

7. *V. 24.*
8. *Sat. V. v. 65.*

Lo cierto es que consagró desde entonces el resto de sus días, demasiado cortos, al culto de las musas y de la filosofía, «que fueron, dice Dussaulx, sus primeras y últimas afecciones.»

Alrededor de Cornutus, que fue un grande hombre o que tal pareció a sus contemporáneos se agrupaba un cierto número de jóvenes distinguidos, de temprana gloria y fama, pero unidos con su maestro y entre sí, por una especie de amistad filosófica.

Filósofos y poetas eran sus discípulos.

En casa de Cornutus, dice M. Dussaulx, Persio no hizo más que merecer la estimación y el bienquerer de todos los que la frecuentaban, y fue allí donde trabó amistad. con Cassius Bassus, «el más grande poeta lírico de Roma después de Horacio,» al decir de Quintiliano, y quien fue más tarde el piadoso editor de sus obras.

Sus primeros maestros habían hecho de él un versificador y un fraseólogo insigne, —Cornutus tuvo la debilidad de fomentar esta tendencia.

Siguiendo en esto el ejemplo de Séneca, Cornutus también se dedicó a escribir tragedias, según se desprende de un párrafo de la *Vita Persii*.

Persio, Lucano, Basso y demás jóvenes que frecuentaban la enseñanza del filósofo, se ejercitaron no tan solo. en ese género, sino que hacían versos á porfía.

El impetuoso autor de La Farsalia, con su acostumbrada hipérbole de lenguaje, exclamaba al oír recitar los versos de Persio: «¡hé aquí verdadera poesía!

De este hecho narrado por el biógrafo de Persio, parecería deducirse lógicamente que una estrecha amistad unía á los dos poetas.

¿Mas, es esto posible? ¿Acaso la solidez moral del satírico, no debía juzgar con severidad el ardor inconstante y aun las contradicciones inexcusables del autor de *La Fursalia*? Lucano es la personificación de la enseñanza de Séneca: severo en las palabras, más en los hechos.....

El carácter austero y recto de Persio no podía armonizarse con aquella falsa filosofía: por esta razón, *sero cognovit et Senecam, sed non ut caperetur ejus ingenio*. Le conoció tarde, dice su biógrafo, mas no se dejó arrastrar por las seducciones de su talento.

Séneca, en efecto, austero y rígido moralista en sus escritos, en los cuales brilla el más severo estoicismo, no por eso dejó de ser ministro de Nerón, y de transigir con todos los crímenes de su época.

Como ministro, dice M. Martha, traicionaba sus principios; como filósofo, daba la mano a todas las escuelas; como escritor, su manera fácil y brillante, y su rica abundancia, se alejaban mucho de la rígida condición aconsejada por la secta.

¿Podía acaso contarse entre sus amigos, el moralista y satírico ejemplar?

En aquella época, en que frecuentaban la escuela de Cornutus, á más de los poetas ya mencionados, hombres como Calpurnio Statura, Claudio Agathemeres, el conocido médico de Lacedemonia, Petronii Aristocrates y Servilio Nonnano, imbuido Persio de la filosofía estoica, escribió un elogio en verso á Arria, su parienta. Esa poesía, que desgraciadamente no ha llegado a la posteridad, debiera ser un elogio bien elocuente de la matrona cuyo heroico ejemplo de todos es conocido, y cuya última frase ha merecido pasar á la posteridad.

Además, Arria era parienta cercana de Persio y suegra de uno de sus amigos mas queridos, del filósofo Thráseas, - razones todas que demuestran con evidente claridad cuán inverosímil es la suposición de M. Moreri, de que aquella sátira tenia por objeto ridiculizar á Arria.

Según las palabras de su biógrafo, ligaba á Persio íntima amistad con Thráseas, de quien era en extremo estimado, y a quien acompañaba frecuentemente en sus diversos viajes.

Thráseas, filósofo estoico distinguido, era miembro del Senado: era pues el político de una secta, cuyo teórico era Cornutus.

El más bello ejemplo de moral en acción que los anales del paganismo recuerdan, es sin duda alguna la vida de Thráseas, de un hombre que Tácito en sus Anales (XVI) caracterizaba diciendo simplemente que Nerón le hizo morir ¡cuando quiso extirpar del mundo a la misma virtud!

Su vida entera fué ejemplar, su instrucción vasta, su filosofía pura, y su fama ha sido imperecedera. ¿A qué más puede aspirar razonablemente un hombre? El solo elogio que Tácito hace de Thráseas sería suficiente para inmortalizar su nombre, si la historia no nos recordara la admiración que por él tenían sus contemporáneos, hasta el punto de preocuparse no solo de lo que hacía, ¡¡sino aun de lo que no hacía!!

Su muerte que nos refiere admirablemente Tácito al final de sus *Annales* (libro XVI), es una de las más bellas páginas de la historia de la humanidad...... ¡había en aquella muerte tanta grandeza, como virtuosa fue su vida!

La posteridad restituye a cada cual el honor que le es

debido, dice Tácito, pues es grande la ignorancia de los que con la potencia presente, piensan que han de borrar la memoria de las cosas en los tiempos venideros. Antes, por el contrario, con el castigo de los buenos se aumenta más su autoridad.

Semejante hombre vivió familiarmente con Persio por mas de diez años, y la influencia que sobre él ejerció es incalculable. Persio, filósofo por doctrina, austero por carácter, forzosamente tenía que ser estoico intransigente, cuando tan de cerca le era dado observar la encarnación viva de los principios que aceptaba.

Y sin embargo, ¡qué diferencia entre los dos!

El ardor sombrío, la rigidez poética de Persio, eran frutos de un joven nutrido de severas máximas, amante de la soledad, aislado del mundo y estudioso; mientras que la intrepidez natural y tranquila de Thráseas, denotaban ser de un hombre de experiencia, mezclado á los negocios y que sabia plegarse honradamente á las necesidades de la vida y de la política……

Las mujeres que rodeaban á Persio, su madre, sus hermanas, por quienes conservó siempre la mayor ternura, al decir de su biógrafo, su tía y sus admirables primas, formaban un conjunto de graves matronas, de aquellas que la historia conoce con el nombre de mujeres estoicas.

La influencia que sobre el carácter y escritos de Persio ejercieron, es incalculable y de trascendente importancia.

La dulzura de sus costumbres dice uno de sus biógrafos, su vírginal modestia, lo demuestran con evidencia, tanto más cuanto que su débil salud exigía esos mil cuidados, que solo las mujeres pueden prodigar.

Su familia entera era estoica por costumbre y tradición,

los nombres de Arria, tanto la mujer de Pœtus como la de Thráseas, y de Fannia, la esposa de Helvidius, son de ello suficiente prueba.

Así Persio encontró a su alrededor al estoicismo bajo todas sus formas, en las doctas conversaciones con los filósofos, sus maestros y amigos, con los políticos como Thráseas, y con su familia entera.

Tácito, el severo historiador, ha hecho de esta familia, el mas bello elogio que jamás mereció estirpe alguna. Semejante familia, con costumbres tales, formaba un centro de refugio para la virtud y la honradez, en medio de la horripilante depravación de la sociedad de aquella época.

Persio fue criado en esta sociedad intrépida, era joven, bello y puro, mimado por su talento, amado por la dulzura de sus costumbres, enfermizo, rodeado de nobles matronas y distinguidos filósofos, y su modestia, su candor y débil salud le retenían lejos de los vicios degradantes de su tiempo. ¿Cuál podía ser la sátira de este joven poeta, sin experiencia, honrado y de costumbres sedentarias? «Repetirá con fe las máximas de sus amigos, dice un crítico célebre, tendrá la rigidez y tristeza de un solitario; se complacerá en aquellas alusiones encubiertas que solo sus allegados podían comprender; hablará con la exageración virtuosa y la inocencia atrevida de un adepto, de un neófito, que contempla y juzga la vida desde el retiro seguro de un claustro estoico......»

Retirado a su villa, situada en la octava milla de la viâ Appia, murió allí tranquilamente de una enfermedad al estómago, rodeado por su familia y amigos, en las octavas kalendas de diciembre, bajo el consulado de Publio Mario y

L. Asinio Gallo, o sea el 24 de Noviembre del año 62 de J. C. y 816 de Roma, poco tiempo antes de cumplir 28 años.

San Jerónimo y el erudito Scalígero, opinan, sin embargo, que Persio murió a los 30 años, pero Bayle refuta esa aseveración demostrando que entre los consulados de Fabius Persicus y Lucio Vitellio (cuando Persio nació) y de Publio Mario,[9] y Asinio Gallo, medían solo 28 años.

Persio murió amado de todos, porque «fue leal amigo, buen hijo y mejor hermano,» según la expresión de Bayle.

La educación de Persio, sus estudios tenaces, su carácter y sus relaciones, dice un crítico afamado, le hicieron extranjero en su propio país, según se puede juzgar de su manera y de sus ideas. Contra las reglas de su secta, y contra el inveterado uso de Roma, que exigía servicios públicos de todos sus ciudadanos, y sobre todo de los nobles, vivió como observador y más con los libros que con los hombres, y fue así como logró perpetuar la memoria de su inocencia.

La opinión es hoy día unánime, que ningún escritor, en las mismas o distintas circunstancias, ha legado a la posteridad la memoria de una vida tan inocente y tan pura, por cuya razón, debe convenirse en justicia con Dussaulx que su más bello elogio, seria este simple y modesto epitafio colocado sobre su tumba: *¡Vivió sin reproches y murió sin remordimientos!*

La vida de Persio es un raro ejemplo, pues los literatos, en su mayor parte, viven y mueren como si tuvieran solo rivales y no amigos.

Tal fue la vida del poeta, cuyas obras vamos a examinar.

Hemos sido quizá exageradamente minuciosos en los

---

9. *Segun los Fastos Capitolinos es Rubrio Mario.*

datos y observaciones que hemos aducido, pero ellos no solamente honran su memoria, sino aun atenúan las violentas diatribas que contra él se han escrito. Ellos nos sirven para justificar una vez más nuestra aseveración, de que el escritor y el hombre son dos entidades diversas de una misma persona, pues que del uno no podemos deducir el otro.

En efecto, la vida privada de un escritor puede ser muy depravada, muy borrascosa, y sin embargo sus obras serán inmortales por su fondo y por su forma — por ejemplo: Salustio.

Por el contrario, la vida privada de un escritor puede ser muy pura, muy moral, y sin embargo, sus obras contendrán inmoralidades y aun pasajes obscenos-por ejemplo: Persio.

Persio había sido iniciado en las doctrinas de una de las más severas sectas filosóficas de la antigüedad: las máximas del estoicismo y la vida ejemplar de su familia, todo concurría á hacer más evidente el contraste con la disolución reinante.

Y en efecto: el estoicismo, esa moral heroica que despreciaba las miserias y los goces de este pobre mundo, por creerlos indignos de ocupar por un momento el pensamiento del sabio, grababa en su divisa, estas máximas ejemplares: *Semper idem velle et idem nolle — Sustine et abstine......* Poca mella podían hacer los más degradantes vicios a un sabio de esa naturaleza. El desdeñaba fijarse en pequeñeces tales, y si alguna vez descendía, era solo para anatematizar al ignorante, que no sabía honrar como era debido, a la dignidad humana.

Siempre hemos profesado un gran respeto por esa austera y viril moral del deber, por la moral de Thráseas y de Marco-Aurelio. Pero ella tenía el defecto de ser eminentemente generalizadora, pues ante su magna grandeza desaparecían las míseras pequeñeces de la vida. Es este a nuestro modo de ver, el gran defecto del estoicismo: «el estoico, ha dicho un escritor distinguido, ¡es un ser razonable a quien para ser hombre le falta solo ser humanitario!» Todos los extremos son igualmente falsos, y no se debe olvidar, que «se puede muy bien obedecer a la naturaleza, sin comprometer la dignidad humana,» según la bella expresión de Séneca.

Persio, como buen estoico, poseía las buenas y las malas cualidades de su filosofía. Por eso como satírico es inferior á Horacio y Juvenal: sus sátiras son una condenación del vicio en general y los remedios que aconseja, son máximas universales.

A la muerte de Persio, su fortuna era considerable: legó á su madre y a su hermana 2.000,000 de sextercios, que son cerca de dos millones de pesos moneda corriente, y a su amigo querido, Cornutus, legó 100,000 sextercios y su biblioteca, que ascendía a unos 700 vols.

Sin embargo, algunos comentadores, al interpretar el *Prólogo* de las sátiras de Persio, han presumido que este poeta era tan pobre, que escribió solo para sacar provecho de su talento. Esta aseveración es no solo infundada, sino en alto grado calumniosa, pues está en abierta contradicción con todos los datos que acerca de Persio tenemos. ¡Lo hemos mencionado solo, para demostrar hasta donde puede cegar la pasión literaria a hombres ilustrados!

Cornutus no quiso aceptar el dinero, pero sí los libros.

Se hizo cargo además de sus manuscritos, y según refiere Valerio Probo, aconsejó a la madre de su discípulo que suprimiera algunas poesías, que éste había compuesto en su juventud: «digno modelo que debieran imitar aquellos que publican tantos malos libros póstumos, esperando que la gloria del difunto les servirá de pasaporte,» añade con razón el celebrado Bayle.

Esas producciones juveniles, eran, además del elogio a Arria, que ya hemos discutido, una comedia del género Prætexta, un itinerario, libro único, varias poesías cuyo contenido se ignora, y otras piezas de menor importancia.

Todo esto fue completamente suprimido, y la madre de Persio entregó a Cornutus, a fin de que las publicase, seis cortas sátiras formando en todo 700 hexámetros. Sátiras escritas en la primera juventud, cuando aún conservaba frescos los recuerdos de Lucilio y de Horacio, a quienes había estudiado mucho, tanto que su celebrado comentador Casaubon, uno de los más distinguidos críticos del siglo XVI, ha encontrado que de los 700 versos que de Persio nos restan, unos 200 son de Horacio.

Según la opinión más aceptada, Cornutus hizo varias correcciones, principalmente en la sátira primera, al tratar de la cual discutiremos el punto. En seguida las hizo publicar por Cœsius Bassus, el poeta que en vida había sido amigo íntimo de Persio.

Publicar en Roma, significaba hacer sacar gran número de copias, las cuales se ponían en venta en lugares adecuados. ¿Cómo se publicaban en la antigüedad las ediciones de obras clásicas? ¿Cómo explicarse la adulteración y falsificación de los ejemplares de una misma edición, y aun las diferencias entre sí? ¿Por qué razón los críticos están divididos en cuanto a la autenticidad de ciertas obras, como veremos al tratar de la décima sexta sátira de Juvenal?

Vamos a ensayar de responder breve, pero satisfactoriamente a estas cuestiones.

Sabido es que en Roma se conocía el *papyrus*, que venía en grandes cantidades del Egipto, y como solo se escribía de un lado, se enrollaba la hoja y esto formaba un volumen.

Pero, los *volumina* eran las más veces escritos por libertos instruidos, y solo excepcionalmente por los autores mismos.

Estos tenían, pues, que dictar sus producciones, y por lo tanto, los amanuenses tenían que ser muy hábiles para que su *stylum* igualase la rapidez del dictado.

La rapidez en la escritura era, pues, considerada como una cualidad preciosísima. Este uso trajo, sin embargo, por consecuencia, que, para escribir con rapidez suma, se empleasen contracciones o signos convencionales, que en su origen parece significaban solo letras, después sílabas, y por último palabras enteras.[10]

A las obras escritas con signos convencionales, fuesen estos del autor o de sus libertos, se acostumbraba a llamar *notatæ* en Roma, y por el contrario *prescriptæ* á los copiados para la venta.

Estas copias eran hechas por amanuenses muy experimentados, llamados *librarii* y consistían en la traducción al lenguaje común de las abreviaciones estenográficas de los ejemplos *notatæ*.

Estos *librarii* eran empleados por los *bibliopolae*, algo parecido a nuestros actuales editores, quienes, después de procurarse un regular número de ejemplares, los ponían en venta bajo los suntuosos pórticos del Fórum.

---

10. J. Dunlop. *History of roman literature, vol. II.*

Pero, a causa de que las abreviaturas eran completamente arbitrarias, según la opinión de Kopp,[11] que es de gran peso en esta materia, sucedía que la copia de los libros era en extremo dispendiosa, pues los buenos *librarii* eran muy escasos. Si a esto agregamos el prolijo cuidado que exigían, tanto la conservación como el orden de los volúmenes, podremos formarnos idea de lo caro que debían ser los buenos ejemplares de libros en aquella época. Era un artículo de lujo, a causa, quizá, de su gran costo. Por eso es que una bien surtida biblioteca nunca faltaba en los fastuosos palacios.

Mas el mismo procedimiento empleado en las ediciones de libros, nos demuestra cuán inevitable es la adulteración de ejemplares que debían forzosamente sufrir tan delicadas manipulaciones. Es debido a esta causa, que ha sido necesario un prolijo y detenido examen crítico de varios códices de obras antiguas, para poder restituir el texto primitivo, lo que por desgracia no siempre se ha podido conseguir.

De ahí provienen las interpolaciones, los cambios de frases, la adulteración de las ideas, y el cambio completo que han sufrido las obras de los clásicos antiguos, y de cuyos defectos es muy difícil, sino imposible, poderlos purificar.

Idéntica cosa ha pasado con las sátiras de Persio, que aun hoy día no se consideran como restituidas del todo a su pureza original, a pesar de los extensos y prolijos comentarios de escritores como Casaubon y otros.

Según refiere su biógrafo, hicieron las sátiras de Persio,

---

11. *Palæographia critica I.*

recién publicadas, tal furor en Roma, que hasta se las arrancaban de las manos.

M. Dussaulx opina que Persio no había escrito sus sátiras para un reducido círculo de amigos, sino para el pueblo, lo que explicaría a la vez su popularidad y su oscuridad. De cualquier manera, que sea, sus sátiras merecen una especial consideración, tanto por su mérito intrínseco, como por los increíbles trabajos y contradictorios juicios que han provocado desde el Renacimiento.

Durante la Edad Media, Persio fue muy leído, quizá a causa de la multitud de máximas filosóficas que en sus escritos abundan, y por esta razón fueron sus sátiras también muy copiadas.

Estas copias manuscritas, contienen casi siempre *scolias*, ó sean noticias referentes al texto; que es errado atribuir a Cornutus, como algunos lo han pretendido, pues en general están llenas de errores, y probablemente han sido hechas por algún oscuro gramático de la decadencia.

Las glosas antiguas, publicadas por Pithou, en Heidelberg en 1590, in 8°, encierran todo lo más importante que se nota en las scolias aludidas, según el Dr Hoeffer.[12]

La edición *princeps* de Persio es un in 40, sin fecha, impreso en Roma por Ulrich Hahn, probablemente en 1470.

Los bibliógrafos mencionan veinte ediciones incunables. Las anotaciones de Fontius fueron publicadas en Venecia, 1480, las de Britannicus, en Brescia, 1481 y por último las scolias del pseudo-Cornutus, en Venecia, 1499. Las muy numerosas ediciones de Persio durante los siglos XVI y XVII no tienen gran valor, según los críticos modernos, si se

---

12. *Nouvelle Biographie générale, etc.*

exceptúa la monumental obra del famoso erudito, Isaac de Casaubon, Paris, 1605, in 8°, cuyo sabio comentario ha sido la base de todas las críticas posteriores. Entre las muy excelentes ediciones de Persio en este siglo cuéntense más de diez, y son consideradas como las mejores las de O. Jahn (Leipzig, 1843, in 12) y la de Heinrich (Leipzig, 1844, in 8°).

Persio ha sido uno de los autores clásicos más frecuentemente traducidos, y aunque conocemos varias traducciones en inglés, francés y alemán, solo una en español hemos podido encontrar, con la particularidad de que los críticos modernos parecen no conocerla, pues no la citan a la par de las otras.[13]

Cuando una obra ha sido objeto de tan numerosos y variados juicios críticos, como la de Persio, es en extremo difícil, no solo conciliar y reasumir tan contradictorias opiniones, pero aun únicamente mencionarlas.

Esta asombrosa divergencia en las ideas, que por otra parte parece ser inherente al espíritu humano, depende, a nuestro parecer, de que no se examina nunca una obra bajo todas sus fases, tanto favorables como desfavorables, sino que por el contrario cada uno se apasiona por el lado que más conformidad tiene, ¡sea con sus creencias o hasta con su interés!

Vamos, pues, a examinar imparcialmente estas sátiras y

---

13. Creemos de interés el dar noticia de esta traduccion, cuyo ejemplar que hemos podido consultar, se halla en la Biblioteca de la Universidad de esta ciudad.

Su título es: *Declaración Magistral sobre las sátiras de Juvenal Persio, príncipes de los poetas satíricos, etc., por Diego Lopez.*-Madrid 1642, in 8°, perg. buen estado, con comentarios.

Sin embargo, Graesse en su *Trésor des livres rares et précieux*, cita una traducción especial de Persio por Diego Lopez, edición de Burgos 1609.

después analizaremos los juicios más notables que la crítica científica ha emitido.

Las sátiras de Persio son seis, y tienen por objeto:

1° las letras,
2° el culto divino,
3° la educación,
4° la vida del hombre de Estado,
5° la verdadera libertad.
6° los bienes de fortuna,

Las cuatro primeras datan del fin del reinado de Claudio, de la tutela de Agripina, y de los primeros años del reinado de Nerón: están, por esa razón, preñadas de alusiones a las ocupaciones de la corte y a los sucesos de la vida romana.

Rigorosamente hablando, la 3a y la 4a sátira no son más que una representación alegórica de la vida del joven César, de aquel Nerón que comenzaba ya a rebelarse a los sabios preceptos de Séneca, y por eso es que ya dejan entrever los preludios de las infames atrocidades de aquella tiranía. De este cálculo resulta que Persio debió componer sus cuatro primeras sátiras a la edad de 20 á 25 años.

Por el contrario, la 3a y 6a sátira parecen ser sus últimas producciones, compuestas al final de su vida.

Las sátiras están precedidas de un pequeño prólogo, en que el poeta expresa su admiración de verse tal y exclama:

Neque in bicipiti somniasse Parnasso

Memini, ut repente sic poeta prodirem.[14]

La sátira primera es una pintura fiel de la literatura en los reinados de Claudio y de Nerón: ella está escrita en forma de diálogo entre el autor y un interlocutor, quien le sostiene que es un pobre oficio el de la crítica, y le muestra lo peligroso que es.

Es el hombre de la «opinión á la moda», partidario de la bizarra decadencia literaria, ardiente sostenedor de la versificación enfática, y que, con la mejor buena fe, pregunta:

«Arma Virum», *¿nonne hoc spumosum et cortice pingui?*

¡Creer que el comienzo de la inmortal Eneida, «sea ya anticuado y de grosero molde»!

Es la más fina crítica que Persio pudo hacer para poner en transparencia el gusto literario de su época.

¡O curas hominum! ¡o quantum est in rebus innane!

principia exclamando por eso Persio.

Es el espectáculo miserable de aquella decadencia literaria de Roma, son las ridículas pretensiones y los tontos cuidados de sus conciudadanos, los que arrancan al poeta esa reflexión.

Roma en efecto, presentaba entonces un espectáculo bien triste: a las fogosas pasiones políticas, había sucedido la manía de la poesía, —y los descendientes todos de aque-

---

14. «Ni recuerdo haberme adormecido en Parnaso de doble cima, para hallarme convertido de repente en poeta.»

romanos cuya virilidad era sin igual, hacían ahora solo versos y todavía más versos,... aunque careciesen de sentido común: todos querían leerlos en lecturas públicas, darlos a los cuatro vientos de la publicidad.

Las bellas letras no eran ya más que el juguete del amor propio y de la tonta vanidad de aquellos pseudo-literatos.

Ya hemos hecho notar este hecho en otro lugar, como una de las principales causas de aquella increíble decadencia literaria.

Es en esta sátira, donde Persio hace una magnífica descripción de una lectura pública. En esos versos se puede ver cuán moderada ha sido la pintura que hemos hecho nosotros en el capítulo anterior de tan vana costumbre.

Allí ridiculiza el poeta esa manía, esos fingidos aplausos, esas exclamaciones aprobatorias tan frecuentes: manifestaciones más bien del servilismo y de la adulación, que no verdadero tributo al mérito.

Cuán natural es aquella invocación a Jano, el dios de las dos caras, para que pueda juzgar como los aplausos por delante, ¡se convierten en burlas por detrás!

Su contrincante le objeta que solo aquel es el verdadero camino que conduce a la gloria, «mas, agrega con este motivo, uno de los comentadores de Persio, cuando las letras no son más que el juguete del amor propio y de la vanidad, ¿qué pueden producir de bueno?» La hinchazón y la trivialidad, el neologismo y la afectación de palabras anticuadas, la mezcla de tonos y de estilos, todas las aberraciones del mal gusto, señalan esta época de la decadencia romana: la poesía, la elocuencia y aun el mismo idioma desaparecían.

Persio, que por su carácter y por sus estudios no puede

menos de censurar tan deplorable manía, lo hace sin miramientos, y es así que ridiculiza los célebres versos.

Torva Mimalloneis implerunt cornua bombis,
Et raptum vitulo caput ablatura superbo
Bassaris, et lyncem Mœnas flexura corymbis,
Evion ingeminat: reparabilis assonat Echo.

que según la autorizada opinión de Casaubon y de Scaligero, formaban parte de una trajedia del emperador Nerón, sobre la muerte de Atys ó de Pentheus, destrozados por los Menados.[15]

Esos cuatro versos tienen una verdadera importancia histórica, pues que demuestran bien que Persio criticaba lo malo donde lo hallaba, sin tener para nada en cuenta al regio autor.

Mas, ¿cómo se concilia eso con lo que el autor de la *Vita Persii* nos refiere, cuando dice que Cornutus cambió las alusiones demasiado transparentes por otras más oscuras?

En los versos siguientes:

---

15. Como estos versos, como se verá más adelante, tienen grande importancia, para aclarar ciertos puntos oscuros de la vida de este poeta, vamos á explicar su significado, según la versión adoptada por M. Perreau.

La fábula dice que Agyale, madre de Pentheus, enloquecida por Baco, cuyo culto había despreciado, le persiguió con las amazonas tebanas y le cortó la cabeza tomándole por un buey.

Casi idéntica cosa cuenta la fábula de Atys, amante de Cybeles, y que fue destrozado por los Menados por orden de aquella diosa. Esos Menados eran llamados Mimalloneos, del monte Mimas, situado en el Asia Menor. *Monos* y *Bassaris* son nombres sinónimos de Bacantes. *Evion* es el apodo guerrero de Baco.

Y es por último sabido que el lynx le había sido consagrado.

Men' mutire nefas, nec clam, nec cum scorbe? —
  Nusquam.
—Hic tamen infodiam: vidi, vidi ipse, libelle:
Auriculas asini Mida rex habet.[16]

Cornutus según es fama, transformó este último verso en este otro:

Auriculas asini quis non habet.

Si es cierto que Cornutus tomó tan sensata precaución, pues las iras del tirano eran muy de temerse; ¿cómo es que dejó pasar impunemente los cuatro versos anteriores, sacados de una tragedia de Nerón, y que son propuestos como modelo de poesía ridícula?

Nos encontramos pues ante un dilema que no admite controversia. —O los cuatro versos torva *Mimalloneis*, etc. no son de Nerón, y entonces la única alusión hiriente, que era la de *Auriculas asini, etc.*, fue cambiada justamente; ó los versos citados pertenecieron a Nerón y entonces es incomprensible que Cornutus haya modificado la segunda alusión, dejando la acerba crítica anterior.

En el primer caso, hay primeramente que examinar si está probado que los versos *torva Mimalloneis*, etc. son ciertamente de Nerón. Bayle[17] estudia con detención esta cuestión, critica los argumentos aducidos por Casaubon, y opina, por último, que esos versos no son de Nerón. ¿Pero

---

16. «¡Qué! ¿yo no podré decir nada, ni en secreto ocultarlo? —De ninguna manera. —Esto nada me lo impedirá, entre mi libro lo pondré, sí, yo lo he visto; ¡el rey Midas tiene orejas de asno!»
17. *Loc. cit.*

con todo, por qué razón cambió Cornutus las palabras *Mida rex por quis non*, que desfiguran completamente el sentido? La historia del barbero Midas, a que se mezcló Nerón, era demasiado conocida por todos entonces, para que este príncipe tomase á mal una alusión que personalmente no le causaba gran daño. —¿Cómo explicarse entonces una prudencia tan exagerada en Cornutus?

Mas hay una solución: críticos notables opinan que el párrafo de la *Vita Persii*, donde se refiere la modificación introducida por Cornutus, es un pasaje interpolado durante la Edad Media, por algunos copistas o comentadores.

Pero si resultare cierto que los versos criticados han pertenecido á Nerón, entonces es del todo punto difícil la explicación de este pasaje: pues todo hombre ama sobre todas las demás, sus producciones propias, y aquel príncipe se hizo en esto notable, puesto que por haberle criticado Cornutus su propósito de escribir en verso la historia de Roma, en 400 libros, le desterró por largo tiempo, e hizo perecer á Lucano por haber hecho competencia á sus poesías. ¿Cómo es entonces posible que dejase pasar impunemente la crítica de Persio?

Menos podríamos adoptar esta opinión, si tenemos en cuenta lo que Persio dice, principalmente en la sátira IV, cuando se refiere casi directamente a Nerón.

Hemos entrado en esta discusión, porque la sátira I es considerada como la más oscura, y como superior á todas las demás, tanto en la forma como en el fondo.

Pero, séanos permitido exponer las consideraciones que acerca de las ideas literarias de aquella época se deducen lógicamente de esta sátira. Estamos haciendo un estudio detenido de la sociabilidad romana del primer siglo de nuestra era, a la luz de las obras de los satíricos de la época. Cada sátira es la pintura fiel de una de las fases de la sociedad de entonces. Justo es, pues, que ellas nos sirvan para examinar la sociedad que las produjo. Por esto nos detendremos en aquellas sátiras, que a nuestro juicio puedan darnos cuenta verídica del estado social de Roma.

La cuestión no es tan abstracta como parece. La historia nos demuestra como la existencia de las sociedades obedece a reglas uniformes, como su nacimiento, grandeza y decadencia, ofrecen una serie de fenómenos similares, casi diríamos, idénticos. El estudio, pues, del estado social de una nación, en uno de esos tres grandes períodos de su desenvolvimiento, encierra lecciones severas para el presente y para el porvenir: cuando idénticos antecedentes se observan, los resultados son forzosamente similares. El pasado es el maestro del porvenir. Estudiar, pues, la decadencia literaria de una sociedad, e investigar las causas que la produjeron, es dar el alerta á las sociedades actuales y futuras, para que puedan ahogar á tiempo los malos gérmenes que irremisiblemente la conducirán á un abismo, si se les deja desarrollar.

Para este examen, para este estudio, nada más conveniente ni mas útil, que las producciones satíricas de la época.

Estas razones, someramente apuntadas, nos servirán de escusa por los detalles á que nos vemos obligados a descender.

Persio además tiene un interés especial: hay que tener en cuenta que no son las opiniones individuales del poeta las que encontramos en sus sátiras, sino algo como una profesión de fe, de todo un círculo cuya bandera filosófica era el estoicismo.

Los estoicos formaban un partido en las letras, que no separaban de las costumbres, y por lo tanto perseguían la corrupción hasta en el estilo.

La filosofía estoica, dice M. Martha, depositada por un maestro en el corazón ingenuo de un joven poeta, se escapa en alusiones ardientes, admiradas por Cornutus, los Thráseas, los Helvidius, los Arria, y por toda una familia valerosa, proscrita más tarde, y que, en las más trágicas circunstancias, ha podido repetir algunos de esos versos como símbolo de su fe; pues no debemos olvidar que Persio era el hijo de una raza fuerte por su inteligencia, el joven prodigio de la familia, el aplaudido intérprete de sus desprecios y de sus odios, el poeta amado de un partido político!

La metromanía reinaba entonces por doquier, á la sombra del emperador poeta. Persio fué el primer escritor que atacó valerosamente toda aquella literatura cortesana, cuyos ejemplos contagiosos depravan el gusto público. La manera como describe las ridiculeces de aquellos simulados torneos poéticos, muestra bien que ha asistido a algunos de ellos, que ha palpado el mal de cerca: por eso, dice un crítico, en ninguna parte se ha mostrado más finamente original que en esta sátira.

Curioso e interesante es leer la crítica sagaz que hace de aquella manía literaria, en los cincuenta primeros versos, y entraríamos á un análisis más detenido, si no hubiésemos estudiado ya este punto, á la luz de las cartas de Plinio el joven.

Persio distingue perfectamente aquellos defectos que

tenían que contribuir á acelerar la decadencia literaria. Además de la frivolidad de las lecturas públicas, la literatura de aquella época empezaba á infestarse de una cierta manía de lo rebuscado y lo sublime, que Persio caracteriza perfectamente al principio de esta sátira, cuando respondiendo á su interlocutor, exclama:

Grande aliquid, quod pulmo animæ prælargus anhelet.

La recitación se conformaba con el estilo, y se ahuecaba la voz para declamar versos enfáticos y pomposos. Se consideraban sublimes, dice un crítico, y no eran más que gongóricos.

Persio ridiculiza también otra manía, que es propia de las literaturas algo agotadas, y que consiste en rebuscar los arcaísmos, y en regocijarse en las mas antiguas y más bárbaras tradiciones nacionales. Y todo, ¿por qué? Simplemente por que esperan encontrar alguna originalidad en la pintura de costumbres que están lejos de nosotros, y cuya rudeza primitiva hace un contraste picante con la elegancia conteraporánea.

De ahí provenía un nuevo género de poesía, lleno de lugares comunes, y repitiendo siempre las mismas cosas sobre los mismos héroes.

Al lado de apóstrofes épicos y de expresiones enfáticas, se arriesgaban los más bajos términos y las más rústicas trivialidades, so pretexto de color local; y esta mezcla de pompa y de bajeza, no podía menos de producir el efecto más discordante que es dable imaginar.

La lengua latina, como el gusto literario, sufrieron mucho con aquella vuelta á lo antiguo, cuanto más reculado é inculto era.

Los viejos autores estuvieron de moda, y las locuciones

anticuadas eran usadas con preferencia en las reuniones elegantes.

Y este ejemplo no es peculiar a la literatura latina: una ligera consideración sobre las modernas literaturas bastará para convencernos de lo contrario.

La literatura francesa sufrió una reacción inmensa, cuando entró de moda preferir Montaigne á Pascal, Regnier á Boileau.

La literatura alemana ha pasado por igual fenómeno, y son conocidos los esfuerzos de Simrock y su escuela, para poner de nuevo en boga, los *«Niebelungenlied»* y *«Gudrun»*.

Idéntica cosa podríamos decir de la literatura española, con motivo de los viejos romanceros castellanos; y de la inglesa, con los bardos escoceses.

Así también en tiempo de Persio se prefería Ennio á Virgilio, Lucilio á Horacio.

¿Qué razón explica este fenómeno que se reproduce en todas las literaturas y en todos los tiempos?

Fácil es la explicación.

La imitación continuada y banal de los más puros modelos, concluye efectivamente por cansar del arte regular, y llega un momento en que con placer se entrega uno a la negligencia, a la barbarie, por decirlo así, de lo anticuado, y entonces la rudeza es considerada como fuerza, ¡las maneras primitivas como gracias!

La sátira segunda trata del culto divino, y contiene una especie de resumen de las ideas morales del poeta. Este aprovecha el aniversario del nacimiento de Macrin, su amigo, para disertar sobre religión,

¿Cuáles son las oraciones de la gente mundana? —sabiduría, honor, virtud: he ahí lo que se pide en alta voz, para que los vecinos lo oigan.

Este es el voto hipócrita de los grandes en sus oraciones, especie de tráfico vergonzoso con el cielo; mas ¿cuál es el verdadero deseo del corazón?

«...... O si
Ebullit patrui præclarum funus!.....»

«O, ¡si los funerales de mi tío se me apareciesen de repente en toda su magnificencia!»

Esta picante oración, llena de movimiento, es uno de los golpes dramáticos de más efecto de todas las sátiras de Persio.[18]

Muestra en seguida con elocuencia lo absurdo de las supersticiones; la inconsecuencia de los devotos entre sus súplicas y su vida; las ideas miserablemente pequeñas que se forman los hombres de la divinidad, considerándola a su semejanza.

Por eso exclama:

Quid juvat hos templis nostros inmittere mores,
Et bona dis ex hac scelerata ducere pulpa?

«¿Por qué llevar de tal manera al santuario la depravación de vuestras costumbres, y juzgar de lo que agrada a los dioses, según vuestros gustos criminales?»

---

18. Boileau lo ha imitado con menos perfeccion en el pasaje de su Epistola V, que comienza así:
    ¡Oh! que si cet hiver un rhume salutaire
    Guèrissant de tous maux mon avare beau-père, etc.

En vez de esas ofrendas ociosas, que demuestran bien cuán poco elevada idea nos formamos de la divinidad, pues creemos que nos es igual, por cuya razón le ofrecemos lo que a nosotros nos agrada; ¿cuál debe ser el verdadero voto, la súplica digna del corazon humano?

Compositum jus fasque animo, sanctosque recessus
Mentis, ¡et incoctum generoso pectus honesto!

«Un alma sabiamente regida por las leyes del cielo y de la tierra, un corazón puro hasta en sus pliegues más recónditos, ¡un carácter fortificado al calor de los generosos principios del honor!»

¿En qué difiere esta súplica estoica, de una cristiana? ¿No es esto una prueba mas de los numerosos puntos de contacto que unen a ambas morales?

Persio no ataca solamente las prácticas de algunos particulares: condena con energía muchas ceremonias del culto público. Busca noblemente separar el sentimiento religioso, de las tonteras y absurdidades de que lo rodean la debilidad o la perversidad del hombre: ¡tarea aun hoy día no concluida, y cuyos campeones han sido todos los espíritus elevados de la humanidad!

Pero esta sátira, no es meramente la declamación de un filósofo sobre religión: está, por el contrario, preñada de alusiones históricas.

El voto del poderoso, que pedía en alta voz la sabiduría, y con el corazón deseaba la muerte de su tio; la súplica del rico que con los labios deplora la muerte de un pariente, y con el corazón se alegra; —todo esto hace recordar las intrigas que quitaron la vida a Claudio, y a Británico el trono, para dárselo a Nerón. El poeta ataca, pues, con alusiones encubiertas, los crímenes y las vergüenzas de la corte, y no sería difícil que la mordaz crítica que hace de las fastuosas cuantas hipócritas rogaciones públicas, no se refieran a los sacrificios y oraciones de Agripina y Nerón, cuando, según la feliz expresión de un poeta francés:

> *Du prince dejà mort demandaient la santè!*

Los versos 12 á 14 de la misma sátira son indudablemente una alusión á Nerón, quien, según la expresión de Persio, le dio su despedida (*¡expungam!*) a su hermano Británico, quien

> *namque est scabiosus, et acri*
> *Bile tumet....*

lo que también confirman Tácito y Suetonio.

Pero, dicen tanto Scaligero como Koenig y otros, este pasaje no es más que una imitación servil de Horacio.

Preciso es, sin embargo, no considerar en Persio la forma sino el fondo de sus ideas: es la letra de Horacio la que imita, pero el sentido y el alcance son propios, originales.

Persio al deprimir las costumbres actuales, ensalza las antiguas se queja (v. 60) de que el oro reemplace al vaso tosco de los Etruscos....

En esto no hace más que obedecer fatalmente a una ley de la literatura.

Los escritores de los bellos siglos literarios de Roma, están todos llenos de elogios para el «buen tiempo de antaño.»

Aún hay algunos, —error funesto en que Tácito incurrió! —que parecen profesar la doctrina de que los hombres se corrompen y degeneran, a medida que se instruyen y civilizan.... ¡Tésis sostenida diez y siete siglos más tarde, ante una academia de provincia en Francia, por uno de los más elocuentes cuanto paradójicos escritores del siglo pasado!

Por eso uno de los escritores más fecundos del siglo XVIII, Voltaire, se burla desapiadadamente de esa tendencia de los escritores latinos á negar el progreso humano, y compara las virtudes de los viejos tiempos a la ignorancia y la pobreza.

Esta sátira, como la quinta y la sexta, son las que tienen forma epistolar: pero Persio diserta en general sobre aquellos vicios que en todas partes se encuentran. Sus disertaciones han sido, por esa razón, consideradas mas

bien como trozos escritos por un filósofo, en el silencio de su gabinete, sobre temas dados; y de ninguna manera como los desahogos de un corazón indignado por los sucesos que ha presenciado, como inmediatamente se nota en las sátiras de Juvenal. Con todo, hemos ya demostrado que las alusiones históricas no escasean, y la opinión que acabamos de enunciar, bien podría ser considerada como un poco absoluta.

La sátira tercera está escrita en forma dialogada, y representa una escena entre un maestro y su discípulo, entre un profesor pedante y un alumno perezoso.

El profesor entra a medio día en el cuarto de dormir de su discípulo, y le encuentra todavía en cama. El joven, cuya vida disipada y libertina deja entrever el poeta, se levanta al fin y se pone al estudio. Mas, perezoso por índole y por costumbre, inventa todas aquellas escusas que la indolencia aconseja para sustraerse al trabajo. Es joven, de buena familia y regular fortuna: ¿para qué necesita trabajar?

Esto acaba de enfurecer al profesor, quien le dirige entonces uno de aquellos largos y bien elaborados sermones, donde están expuestas con admirable precisión, las doctrinas y teorías del Pórtico acerca de la educación de la juventud.

El joven es, para emplear la expresión del poeta: «*udum et molle lutum*», es preciso, pues, dar forma lo más pronto posible á materia tan maleable. El hombre crece y la arcilla se endurece: ya no es más maleable, ni el hombre es ya de fácil transformación. Los más poderosos árboles se enderezan cuando jóvenes: una vez crecidos, no hay fuerza que lo logre. La educación de la niñez es, pues, el termómetro que marcará el grado de cultura de una generación: por eso todas las escuelas, todas las sectas han dado la mayor importancia a este punto.

Los jóvenes que por su nacimiento o su riqueza se creen exentos del trabajo, y se entregan en brazos de los placeres ¿a quién engañan?

Ad populum phaleras! ego te intus et in cute novi

«Al pueblo todo ese aparato! por mi parte te conozco y bien a fondo,» exclama el profesor.

Llena de vivacidad es la comparación que hace el poeta, del joven estudioso y del haragán: las privaciones y la contracción del primero, sus trabajos y constante aplicación; mientras que al haragán se le aplica con precisión, la alocución siguiente del profesor a su discípulo:

Stertis adhuc? laxumque caput, compage soluta,
Oscitat hesternum, ¡dissutis undique malis!

«¿Duermes todavía? tu cabeza vacilante no puede ya mas sostenerse, tus repetidos bostezos y tus mandíbulas que parecen amenazar caerse, ¡traicionan los excesos de anoche!»

En seguida le apostrofa:

Est aliquid quo tendis, et in quod dirigis arcum:
An passim sequeris corvos testaque lutoque,
¿Securus quo pes ferat, atque ex tempore vivis?

«¿Tenéis un fin y pretendéis alcanzarle?; ¿o bien marcháis al acaso, persiguiendo aquí ó acullá los cuervos a pedradas y cascotazos, sin cuidaros donde vais, viviendo con el día?»

Y en efecto, sin duda alguna que la falta constante de un propósito determinado no es más que la fuente de todos los vicios y de todos los errores. Todas las sectas filosóficas, por diversas que entre sí sean, están contestes en ello y se dividen solo en lo que debe tenerse por propósito.

Los estoicos acostumbraban a decir, que la vida se dirige á su fin, como la flecha al blanco.

Es en este vivo apóstrofe a la juventud romana, donde reasume los más grandes principios del estoicismo en versos notabilísimos, que San Agustín ha reproducido en su magna obra, como un epitome de moral cristiana. Los Padres de la Iglesia han leído mucho á Persio, dice un crítico moderno, le citan con frecuencia, y muchas veces se sirven hasta de sus propias expresiones. En los primeros tiempos del cristianismo los escritores eclesiásticos cultivaban mucho esta filosofía, y San Jerónimo ha ido hasta decir «*stoïci in plerisque nostro dogmati concordant.*»

Y esto tiene una confirmación elocuente, en las palabras siguientes, que el profesor estoico dirige a su educando.

«El enfermo, dice, cuando la hidropesía ha hinchado todo su cuerpo, pide encarecidamente la *cllebora*; más ya es demasiado tarde......»

Y agrega estas célebres palabras:

Disciteque, ô miseri, et causas cognoscite rerum:
Quid sumus, et quidnam victuri gignimur; ordo
Quis datus,……..
………; patriæ carisque propinquis
Quantum elargiri deceat: quem te Deus ese
Jussit, et humana qua parte locatus es in re.

«Desgraciados, instruíos: estudiad las leyes de la naturaleza. Indagad lo que somos y con que objeto nos hallamos en el mundo, cual es el orden establecido.... que sacrificios debéis a la patria y a la familia: ¡lo que Dios ha querido que seáis y el rol que os ha confiado en la sociedad!»

Un poeta cristiano, ¿haría versos más elocuentemente religiosos que estos? ¿No parece acaso que ambas morales se confunden?

¿Acaso ese Dios indefinido de Persio, no podría ser el de los cristianos? Esa suprema necesidad del panteísmo estoico: «*causas cognoscere rcrum*», ¿no hace acaso recordar la Providencia divina?

Por el fondo y por la forma, estos versos han logrado conquistar la inmortalidad.

Mas adelante relata el poeta, las disputas que se promovían entre los oficiales del ejército y los filósofos estoicos. — En los v. 77 adelante, se desborda contra los centuriones, que solo sabían oler mal y obrar peor, y que se burlaban de las meditaciones de aquella secta austera, y de los mas sagrados principios de filosofía.

¿Este antagonismo, de qué provenía? ¿Era acaso el desprecio de la gente mundana por los filósofos? Era algo más que eso.

El estoicismo no era solo una secta filosófica en tiempo del imperio: era un partido político, en el que se asilaban los restos del heroísmo romano.

Los oficiales del ejército al atacar a los filósofos no iban tan descaminados: aquella secta, hostil al gobierno, alimentaba, a la sombra de los privilegios de la ciencia, un profundo e incurable desdén por el régimen de los pretorianos y de los lictores.

De esa secta, discutidora y militante, salieron en definitiva los pocos grandes hombres que honraron aquel período, y sobre todo el corto número de personas valerosas que supieron morir dignamente en aras de las libertades perdidas. «Solo allí se conspiraba, dice M. D. Nisard, solo allí los hombres se abrían las venas.»

Como el estoicismo en Roma era la oposición, la corte, con su ejército de cortesanos y funcionarios, y los militares, se burlaban despiadadamente de ellos. Por eso Persio no puede menos de condenar enérgicamente aquel exceso, y aun de vengarse un poco. Las burlas de los centuriones eran las más celebradas en el momento, pero solo la venganza del satírico ha pasado a la posteridad.

En ninguna parte se revela más claramente el talento dramático de Persio, que, en esta, y en la quinta sátira.

Uno de los trozos más bellos de Persio, según opinión unánime de los críticos, es el que principia (v. 94).

Heus, bone, tu palles-Nihil est-Videas tamen istud....

Es un diálogo rápido y lleno de ironía, entre un enfermo, que no quiere considerarse tal, y un médico, que tiene muy buenas razones para convencerlo de ello.

«Pero, querido mío, estáis pálido. —No es nada. —Tened cuidado a ese nada......» Mas el enfermo contesta:

— *At tu deterius palles; ne sis mihi tutor:*
Jam pridem hunc scpelî; tu restas........

«Pero si vos estáis todavía más pálido que yo; creedme: no hagáis como tutor. —Ya he enterrado a uno ¡y ahora os toca a vos!»

Y aquel enfermo incrédulo, cuyo género todavía existe— especie de tísicos que se consideran robles —despreciando los consejos prudentes de su médico, se levanta y obra, cual si nada tuviese. La conclusión, aquella enfermedad que sobreviene, y la rápida muerte que la sigue, están descritas con mano maestra.

Boileau, aunque suprimiendo las circunstancias de la enfermedad, ha imitado casi hasta la letra de este pasaje, en su *Epitre* III.

Persio, a juicio de M. Nisard (quien sin embargo no perdona ocasión de encontrarle defectos), es muy superior a

Boileau en este trozo, como en todos los demás pasajes en que el satírico francés ha imitado al poeta latino.

La crítica moderna aduce numerosas razones, en favor de la opinión que considera a esta sátira, como una alusión á Nerón y a su maestro Séneca. Las scolias que se notan en los códices antiguos, y cuyo origen hemos ya discutido, consideran esta sátira como una imitación de una del libro 4 de Lucilio, y cuyo título *es de castigantis luxuriam divitum et vitia*. Un comentador moderno de este poeta[19] demuestra, sin embargo, el poco fundamento de esta opinión, adoptada con demasiada ligereza por algunos críticos, pues que de todos los fragmentos que de Lucilio nos quedan, solo un verso ofrece puntos de contacto; más nada que permita afirmar que la sátira de Persio fue una copia servil. Algunos pasajes de dicha sátira, convencerán, por el contrario, de que es original.

En la sátira III, Persio había ya expuesto las doctrinas del Pórtico acerca de la vida privada: necesario era, pues, aplicarlas a la vida pública; y es esto lo que constituye el fondo del argumento de la sátira IV. En algunos códices antiguos lleva esta sátira por título: *De eis qui ambiunt honores*, y por su forma representa un diálogo. entre Sócrates y Alcibiades.

La sátira trata de los deberes y de los vicios de los príncipes; ¿más es ella una simple disertación filosófica, o una pintura fiel de su época? A primera vista parecería ser una simple disertación, tanto más cuanto que está casi calcada sobre el diálogo de Platón: Prior Alcibiades.

Príncipes inexpertos toman las riendas del Estado, sin

---

19. *A. Persius Flaccus cum interpretatione latina, lectionum varietate adnotationibusque novis.*

poseer las cualidades necesarias para su manejo, y sin embargo, se creen grandes hombres, á causa de las adulaciones de sus cortesanos, aunque por sus vicios sean los mas despreciables.

Mas adelante, el maestro revela al príncipe su ignorancia, su loca presunción, sus excesos, sus correrías nocturnas. La sabiduría, dice, es tan necesaria para la vida privada como para la pública: lo que distingue verdaderamente a un hombre de otro, es la cultura de la inteligencia y las virtudes del carácter.

Hasta aquí bien podría aceptarse que Sócrates amonesta á Alcibiades, pues todos los hechos aducidos son simples generalidades.

Pero no es posible comprender como Persio habría escrito tan vaga disertación de moral, sin aplicación práctica alguna. Si esto fuere cierto, claro está que habría perdido el augusto carácter de satírico, y sería un simple versificador.

Pero por el contrario es evidente que en la persona de Alcibiades, Persio ha querido representar al joven Nerón, quien, en los primeros años de su reinado, estaba todavía sometido á los sabios consejos de Séneca, pero cuyos malos instintos ya se dejaban entrever.

Todos los hechos, detalles y noticias a que se refiere el poeta en esta sátira, se encuentran confirmados casi textualmente en pasajes de Tácito (*Annales* lib. XIII), Dion Casio (lib. LXI) y Suetonio, como muy claramente lo demuestra Casaubon en sus comentarios célebres.

El Sócrates de esta sátira mas parece un magistrado romano que ateniense, puesto que a los ciudadanos los llama *Quirites* (v. 8), habla de un *Vectidius* (v. 25), que es nombre romano, se refiere a *Curics* (v. 26), que era un municipio itálico, hace mención de los *Compitalia* (v. 28), dias de fiesta desconocidos en Grecia, y menciona el *Puteal*, que era un lugar del Fórum en Roma.

Todas estas son demostraciones suficientes, y prueban que Persio flageló duramente a Nerón; no solo ridiculizó sus versos, execró sus hipócritas oraciones, y condenó sus excesos privados, sino que ¡infamó para toda una eternidad su repugnante vida pública! Y se pretende después, que «....falto de imaginación, observador más que distraído, no ha añadido nada propio a lo que se le había enseñado, ha atacado los vicios que conocía solo por los libros y por las referencias de sus profesores, en vez de estudiar lo que tenía a su vista!» Así se expresa con la más notoria injusticia, uno de los profesores más distinguidos del Collège de France, M. D. Nisard, quien parece haber agotado todos los mil recursos de la crítica, para negar a Persio el más insignificante mérito.

Esta sátira es además muy oscura, por la cantidad de frases irónicas, de alusiones de doble sentido y aun por su significado encubierto.

Así, los primeros versos, en que supone el poeta que Sócrates habla á Alcibiades, están escritos con esa ironía punzante y terrible, que la literatura ha bautizado con el nombre de *socrática*, en honor del que aún no ha sido sobrepasado en la manera de emplearla.

¿Quae tibi summa boni est?

pregunta el sabio. Al decir de los estoicos, era esta la cuestión fundamental de la filosofía. No defiende el poeta al estoicismo, pero más adelante describe con colores un poco demasiado vivos, los excesos á que conduce el epicureísmo mal entendido, especie de descendencia degenerada de las sublimes máximas inmortalizadas por Lucrecio, en su poema *De rerum natura.*

Los versos en que se refiere a Vectidius, el propietario de tierras, no dejan entrever con claridad si son irónicos o sinceros, y si Vectidius era un hombre sobrio y económico, o simplemente un avaro despreciable. Como la pintura es hecha por uno de esos epicúreos, cuya fastuosa prodigalidad ha pasado a la historia, nada seria de extrañar que fuera una crítica irónica de la manera como los derrochadores consideran a los económicos.

Describe el poeta en seguida todos los increíbles refinamientos sensuales a que se abandonaban los romanos sin pudor alguno, y usa de frases, de términos y aun de ideas, que herían ruborizar a un libertino.

La lubricidad que describe con tan pocos ambages, horroriza por lo degradante.

Y sin embargo, ¡esos pasajes han sido escritos por un poeta casto y puro! ....

Por eso dice con justísima razón el celebrado crítico Mr. Pierre Bayle,[20] « ....tan cierto es que no se puede juzgar de las costumbres de un hombre por sus escritos, pues las sátiras de Persio son desvergonzadas, y llenas todas de hiel y de amargura.»

Este hecho confirmará una vez más la opinión que hemos emitido más de una vez en el curso de este *Estudio,* — que no se puede juzgar a un autor por sus obras, ni a las obras por su autor.

---

20. *Loc. cit. Loc. cit.*

Por lo demás, hay trozos en esta sátira, escritos admirablemente, y que no dejan atrás los magistrales cuadros de Theophrasto y La Bruyère.

La sátira V es una de las más notables por la forma y por el fondo; su primera parte es dialogada, y la segunda, una disertación. Las teorías literarias y morales del estoicismo se encuentran bellísimamente expuestas.

La primera parte de esta sátira, que sirve de introducción a la segunda, es un diálogo entre Persio y Cornutus, donde éste da a aquel consejo de gusto literario, y entonces el discípulo aprovecha la ocasión para alabar á Cornutus, y darle una especie de testimonio de reconocimiento por la enseñanza que de él ha recibido.

Cornutus compara al poetastro con el poeta verdadero, y con este motivo alaba á Persio.

….. pallentes radere morcs
Doctus, et ingenuo culpam defigere ludo,

«tú, que eres docto en el arte de hacer palidecer el vicio, y castigar ingenuamente á la tonta vanidad,» le dice;-lo que demuestra, cuando menos, que Persio tenía de sí mismo y de su talento una alta idea, que su proverbial modestia no le impedía en manera alguna expresar.

Cornutus le encarece use siempre verba toga, concejo de grande necesidad en una época de decadencia literaria, en que estaba de moda afectar arcaísmos y locuciones anticuadas. En general, en todo país es muy reducido el número de los que hablan su idioma con elegancia y pureza. En Roma era este número más pequeño que lo que naturalmente habría debido ser. Ya en tiempo de Plauto dividiese la lengua latina en lengua *nobilis* y *plebeya*. Cuando la decadencia literaria comenzó a sentirse, la *lingua nobilis* de Plauto, quedó como el *idioma clásico*, y la *plebeya* se mezcló con los idiomas diversos de las naciones subyugadas, para formar las *lenguas romances*, madres de los idiomas actuales de origen latino. En tiempo de Persio, solo las denominaciones eran diferentes, pues la *verba togoe* de Cornutus, era la *misma lingua nobilis* de Plauto.

La *toga*[21] era, en efecto, el vestido de los romanos de Italia, a quienes por eso llamaba Virgilio *gentem togatam*; por lo tanto, *verba togoe* significa: palabras, locuciones latinas, es decir, de quienes más castizamente hablaban aquel idioma.

Persio, aceptando este sabio consejo de Cornutus, le contesta:

Non equidem hoc studeo, bullatis ut mihi nugis,
Pagina turgescat, dare pondus idonea fumo.

«No es mi objeto aumentar mis páginas con futilezas pomposas, para dar, como se dice, peso al humo.»

Y a pesar de esto, aunque con la excusa de probar mejor

---

21. Constaba el traje romano de la túnica y la toga. Era la toga, según un escritor antiguo, una ancha capa que bajaba desde el hombro izquierdo hasta la cadera derecha, dejando el brazo del mismo lado descubierto y libre para todos los movimientos. La parte que caía sobre el brazo izquierdo, formando pliegues flotantes (*sinus*), podía levantarse sobre la cabeza à fin de preservarla tanto de la lluvia como de los rayos del sol, pues en la ciudad no era costumbre llevar nada en la cabeza. El ciudadano estaba obligado à vestir este traje en todas partes y en todo tiempo, excepto en el interior de su casa. Sin embargo, los extranjeros que no gozaban de la ciudadanía romana, no podían en manera alguna usar el traje nacional.

a Cornutus el afecto que por él abriga, a renglón seguido cita a los astros, a las Parcas, a los Gemelos, a Júpiter y a Saturno, ¡para decir que estima mucho a su maestro! ¿No es esto caer en el defecto antes censurado? ¿o como el mismo Persio dice: *dure pondus fumo?*

Los sentimientos naturales estaban de tal manera con. fundidos con las formas escolásticas, que no ha podido siquiera celebrar con elegancia y naturalidad, la amistad que le unía a Cornutus.

M. Batteux pretende que este poeta no simpatiza con nadie, y en efecto, dice un crítico, ¿si amaba sinceramente a aquel filósofo, á que venían esas protestas, llenas de metáforas, que parecen haber sido rebuscadas con el objeto solo de llenar vacíos? ¿por qué recurrir a palabras técnicas, y auxiliarse de la fábula y de la astrología, para expresar un pensamiento, cuya sublimidad ha condensado Horacio en este único verso:

Nil ego contulerim jucundo sanus amico.

(LIB. I SÁT. 5 V. 44)

«Mientras goce de mi razón, ¿nada consideraré más que la amistad»?

Persio declara aquí que pasó su vida con Cornutus, sin atreverse a recorrer el camino trillado por la juventud de su época, que, apenas vestía la toga viril, se entregaba a los placeres de los sentidos.

La segunda parte de esta sátira es una verdadera disertación filosófica: es la exposición de la doctrina del estoicismo acerca de la libertad.

Mille hominum species, et rerum discolor usus:
Velle suum cuique est, nec voto vivitur uno.

Nada más cierto en efecto, «mil variedades hay en el hombre y en el diverso uso que de su vida hace: cada uno tiene sus gustos, y los deseos no se parecen los unos a los otros.»

Los hombres se entregan en brazos de la ambición, a empresas locas, su vida entera la pasan nunca satisfechos y siempre anhelando algo, y cuando sobreviene la vejez con todos sus achaques, entonces se arrepienten del mal empleo que de su tiempo han hecho, y, cuando ya es tarde, gimen de haber olvidado vivir, exclama Persio:

Et sibi, jam seri, vitam ingemuere relictam.

¿No es este un trozo digno del mejor escritor? Persio compara las tinieblas que las pasiones arrojan sobre la vida y que ofuscan la inteligencia, a las neblinas que se elevan sobre los lugares cubiertos de fango y de pantanos.

Vitam ingemuere relictam es una de las figuras más felices con que Persio sostiene al estoicismo, «porqué, dice M. Perreau, los estoicos consideraban la vida como un puesto que nos ha sido confiado, y que por lo tanto no se debe abandonar, ni olvidarse uno de su misión.»

Es preciso ser libre para ser feliz, pero ¿qué es la libertad? La mayor parte de los hombres, dice Persio, no entienden por libertad más que el título y derechos del ciudadano: los derechos políticos; y olvidan la libertad moral, que es la única verdadera libertad.

Non prætoris erat stultis dare tenuia rerum
Officia, atque usum rapidæ permittere vitæ

«El poder de un pretor no se extiende hasta dar a un necio el arte de conducirse en las delicadas circunstancias, ni de hacer buen uso de los momentos de la vida,», añade el poeta.

Los ignorantes no pueden hacer esta distinción: el vulgo repite lo que oye, y no se toma el trabajo de pensar por sí, sino que acepta lo que otros quieren presentarle.

El sabio, el hombre que se instruye, con el objeto de «*cognoscere causa rerum*», según la expresión de Persio, comprenderá bien la importancia que hay en distinguir la verdadera de la falsa libertad: cultivará la primera, dejando al vulgo la segunda........

Solo teniendo en cuenta la época que tal máxima produjo, puede aceptársela; pues si los hombres por cultivar la libertad moral abandonasen la libertad civil, todas las tiranías estarían por este hecho justificadas. No habría más que establecer un rudo despotismo, suprimiendo todos los derechos políticos, y ¡dejar solo que los ciudadanos buscasen la felicidad en abstractas meditaciones filosóficas!.....

Si la libertad civil tiene peligros, la libertad moral no basta por sí sola para satisfacer las necesidades de la inteligencia; y los filósofos, cuya doctrina se basaba en el principio de la dignidad humana, no debieron formular nunca una máxima que tan abiertamente la ultraja, ¡pues olvidaban que son mil veces preferibles los excesos de la libertad al sepulcral quietismo de las tiranías!

*Publica lex hominum naturaque continet hoc fas,
Ut teneat vetitos inscitia debilis actus.*

«Todas las leyes positivas y humanas, exclama el poeta, están contestes en este hecho: que la ignorancia no es capaz de hacer lo que no sabe.» Es pues la doctrina estoica pura: ser dueño de sus pasiones es ser verdaderamente libre el imperio de la razón es el de la libertad. Pero el estoicismo quiere que este imperio de la razón se extienda a los menores actos de la vida física y moral; todo ignorante es un insensato, un esclavo; «y, añade el poeta (v. 129) todo el que está sometido a una pasión, está sometido a una servidumbre tan dura, como el esclavo que tiembla ante un patrón imperioso.»

Y en seguida para probar esto, pasa revista á las pasiones principales que nos tiranizan: 1° la avaricia, 2 la pereza, 3° el amor, 4© la ambición, 5° la superstición.

El trozo más bello, quizá, de todas las sátiras de Persio, es aquel en que la avaricia, que nos obliga a enriquecernos a fuerza de trabajos y a costo de múltiples peligros, viene al amanecer a despertar al pobre mortal.

Mane, piger, stertis: surge! inquit avaricia....

«Duermes todavía con profundo sueño por la mañana, cuando ya la Avaricia exclama, ¡levántate! te resistes, —ella insiste, —¿y para qué? —para buscar las mercaderías mas finas, todo aquello que más produce: —*verte aliquid, jura*, le dice la Avaricia, —¿y si Júpiter lo sabe? —¡Pobre tonto! ¡nunca serás más que un mendigo, si piensas conformarte a

Júpiter!»[22]

El pasaje es bellísimo y el diálogo en extremo vivo.

Por último, parte la víctima a lejanas tierras, a fin de conquistar las anheladas riquezas.

Este trozo es reconocido por todos los críticos como una obra maestra, y los escritores modernos más célebres, no lo han sobrepasado.

La Bruyère, cuyo talento es tan superior en la pintura. de las costumbres, que de él se ha dicho «que conoció rivales, más nunca superiores», a pesar de la casi inimitable perfección de sus cuadros, vivos y picantes, no ha logrado producir un trozo que sobrepase a este pasaje de Persio.

Boileau, el gran satírico francés ha tratado de imitar no solo el pensamiento sino aun las palabras de Persio, en su sát. VIII.

Pero el cuadro todavía no es completo: la Avaricia había ya conquistado a nuestro hombre, cuando la Voluptuosidad se presenta a disputar la conquista, y en términos animados le dice: ¡Para ganar un miserable dinero vas a matarte con fatigas, anda, créeme: solo vive el hombre cuando goza y se divierte!» Persio ha querido personificar en esta pasión al epicureísmo, llevado del ciego fanatismo de secta contraria: más solo la injusticia rebosa de sus versos, porque el fanatismo de cualquier clase que sea, nunca puede inspirar sino arbitrariedades.

cinis, et manes, et fabula fies.

---

22. Todavia Persio es mas enérgico: *Eheu!*
   Baro, regustatum digito terebrare salinum
   Contentus perages, si vivere cum Jove tendis.

Vive memor leti; fugit hora: hoc, quod loquor, inde est.

«Mañana solo serás un poco de ceniza y polvo: nadie hablará de ti. Piensa en la muerte y en el tiempo que huye: ¡el momento en que te hablo, ya no existe!»

Aquel hombre colocado entre estas dos pasiones, cuyo dominio aspira a ser exclusivo, tiene que decidirse por la una o por la otra, porque no puede obedecer a dos dueños a la vez.

El catolicismo nos presenta idéntica alternativa: o seguimos a Dios considerando este mundo como un camino, cuya última etapa es el cielo,[23] o por el contrario seguimos á Satanás, y no pudiendo saber si existe otro mundo en ultratumba, tratamos de hacer del que habitamos, el cielo de nuestro ideal.

La forma varía, más la cuestión es la misma: su solución aun todavía no la conocemos: el problema religioso es por eso quizá, el más serio de todos los que preocupan a la humanidad.

Las dos escuelas, sin embargo, que tienden a resolver esta cuestión, de dos modos diametralmente opuestos, están ya tan diseñadas, que los términos medios no sor ya posibles: o se pertenece a la una o a la otra.

Y no por haber sacudido el yugo una vez, por el hecho de no haber obedecido ciegamente a las prescripciones de una de ellas, puede exclamarse: he roto mis ligaduras; el

---

23. *Finem animo certum,* el fin que debe proponerse el hombre en la vida: alcanzar á Dios, idea que los estoicos expresaban cumplidamente en una de sus máximas, tan bien interpretadas por Persio en la sátira III, verso 60.
Est aliquid quo tendis, et in quo dirigis arcum,

error no es tan fácil de vencer, por ese solo hecho no se habrán roto del todo las ligaduras que le ataban.

Nam et luctata canis nodum abripit: attamen illi,
Quum fugit, a collo trahitur pars longa catenæ

«El perro que lucha y se atormenta, concluye por romper un anillo y se escapa: ¡pero aun en su fuga arrastra tras de sí un largo trozo de su cadena!» exclama con elocuencia Persio. Esta imagen del perro es muy espiritual, ha dicho un crítico.

¿Acaso un predicador católico habría podido encontrar imágenes más apropiadas, ni expresiones más fieles, para incitar a los católicos a huir del error y a perseverar en la verdad?

Y como para comprobar su aserto, describe el poeta en seguida, la sujeción en que está un hombre de su querida, es decir, cuán poderoso llega a ser el imperio del amor.

Por eso, dice Persio, solo es libre el hombre que tiene el coraje necesario para no dejarse avasallar por las pasiones que agitan su corazón, —porque, en efecto, ¿dónde está la libertad de un ciudadano que goza de todos sus derechos políticos y civiles, y que sin embargo es mísero juguete de audaces pasiones, tanto más desenfrenadas y tiránicas, cuanto menos se las resiste?

Con no menos fuego describe en seguida el poeta la imagen de un hombre, esclavo de la ambición, que corteja y adula a las multitudes, que se olvidan de él tan pronto. como sus larguezas disminuyen.

La superstición, que nos llena de tontos temores y que nos prescribe prácticas ridículas, sigue después, ... más de repente el poeta se detiene.... las cínicas carcajadas de estúpidos soldados que en medio de orgías brutales se burlan de los filósofos, hieren su oído puro é ingenuo.... ¿de qué sirve predicar cuando el auditorio es insensible?

Por mejor que sea una simiente, si el terreno en que es plantada no es fértil, no dará fruto alguno: es, pues, no solo inútil, sino en cierto modo insensato, el sembrarla.

Así concluye una de las sátiras más interesantes por su forma y por su fondo, por las teorías filosóficas que expone, y por las bellezas literarias de que abunda.

La sátira sexta trata del arte de usar de los bienes de fortuna, generalmente ignorado en tiempo de Nerón, Dos extremos igualmente perjudiciales eran los que se observaban: o la sórdida avaricia, que todo lo mezquinaba, so pretexto de frugalidad antigua, y que condenaba por consiguiente todos los progresos de la cultura y civilización romana, porque ocasionaban demasiados gastos; ó una fastuosa prodigalidad, que parecía ser un deseo tan insensato como inagotable del lujo y del refinamiento. Un corazón viril, patrimonio siempre de una clara inteligencia, unida a un carácter independiente, no podía menos de condenar aquellos extremos igualmente viciosos y perjudiciales. La filosofía no podía menos de condenar tal estado de cosas: Persio, fiel a su doctrina, lo hizo con singular energía.

La avaricia siempre fue proverbial en Roma: el pueblo romano siempre fue avaro: primero de gentes, después de naciones, y por último de gloria. Los medios de que se sirvieron los romanos no siempre han merecido la aprobación de la posteridad. La historia refiere que en su origen necesitaban poblar su naciente ciudad —para lo cual robaron violentamente a las mujeres sabinas; que más tarde codiciaron los territorios vecinos —y en consecuencia diezmaron a sangre y fuego las naciones que los habitaban; y que por último quisieron monopolizar la gloria —¡a cuyo fin no trepidaron en sacrificar pueblos enteros, usando para ello de todos los medios posibles!

Adversus hostem æterna auctoritas esto, decían las antiguas leyes romanas, y por consiguiente no tenían escrúpulo alguno en robar las riquezas del enemigo, y aun de convertir los amigos en enemigos, siempre que algo pudiesen arrebatar.

Los frutos que tal política produjo, ya los hemos expuesto; más en la vida íntima de la familia fue el origen de una sed inagotable de riquezas, engendrada por la avaricia y aguijoneada por el lujo.

Persio, pues, atacaba en esta sátira, uno de aquellos defectos casi imposibles de extirpar en una sociedad, porque sus raíces datan de los orígenes mismos de esa nación.

Principia dirigiéndose a su íntimo amigo Cressius Bassus, de quien ya hemos hablado como poeta lírico notable y como editor de estas sátiras, recordándole que ya la estación lo obligaba a retirarse a su quinta del monte Sabino.

La sociedad literaria de Roma, siempre que su fortuna estuviese a la par de sus gustos, acostumbraba a tener quintas en los alrededores de la ciudad, para retirarse a ellas, lejos del bullicio y de los placeres de la metrópoli, a fin de dedicarse á los trabajos o escritos que entre manos tenían. Persio siguió también esta moda, y su quinta, situada en la via Appia, fue también el lugar de su muerte.

Esta costumbre le conduce a explicar que su posición de fortuna le permite entregarse a sus labores literarias, sin preocuparse para nada de ganar el pan cotidiano ni de prever el día de mañana.

«Preciso es vivir según su haber, exclama, gasta lo que tienes, que mañana ya tendrás.» Mas esto es evidentemente falso, pues la sana razón aconseja guardar siempre algo de lo de hoy, en previsión de mañana.

Pero, ¿de qué nos sirve la fortuna si de ella no hacemos buen uso? Por eso los estoicos decían: «es preciso que los intereses basten para el gasto personal, más se debe tocar al capital siempre que se tenga que socorrer a la desgracia o a la amistad.»

Describe Persio con vivos colores el naufragio de un amigo, cuyo haber y cuyos votos no atendidos, yacen, para siempre quizá, en el fondo del mar, y cuyo cuerpo, abrazado aun a las imágenes sagradas de la popa, cuya falaz protección no experimentó, se encuentra extendido exánime en la ribera.

Aquel amigo, opulento ayer, en la miseria hoy, se encuentra en la dura necesidad de mendigar el pan cotidiano.... entonces el poeta se siente inflamado de una noble caridad y dice:

....Nunc et de cespite vivo
Frange aliquid, largire inopi, ne pictus oberret
Cærulea in tabula.

«Cortad en lo vivo para socorrer a semejante infortunado; y no sufráis que vaya á mendigar, llevando consigo el cuadro de sus desastres.»

Este desenlace es digno del más celoso cristiano, y mejor no habría contestado en igual caso un ministro del Señor.

Pero ¡ay del rico si tal cosa hace! —sus herederos le harán solo mezquinos funerales, escaseándole tal vez hasta el lugar donde reposen sus cenizas.

¡Mísero de aquel que cree que las riquezas sirven para alcanzar el poderío y afianzar la libertad! Su mismo haber les hace esclavos de todo, desde el temor de que les sea arrebatado, hasta la codicia de hambrientos herederos, que solo desean su muerte, para gozar más pronto de riquezas, cuya adquisición solo malos deseos les costó.

Mil veces más libre vive el pobre en su miseria, olvidado de todos, que el rico en su opulencia, codiciado por muchos.

Los herederos son, en efecto, insaciables; fundados solo en su brutal codicia, ¡llegan hasta tachar de prodigalidades y despilfarros los gastos mas necesarios!

¿Acaso el rico no es dueño exclusivo de su haber? A tanta codicia, mayor prodigalidad, exclama Persio.

Y aquel rico ordena espectáculos públicos, representaciones en que figuran centenares de gladiadores, ¡y por último distribución de víveres a todas las tribus de Roma! Tanto quisieron economizar los ávidos herederos, que solo fastuosos despilfarros provocaron.»

«Pero, vuestras tierras han disminuido de valor, dicen los herederos. —Sea, exclama él, entonces instituiré como heredero al primer venido, Manlius, quien seguramente no tendrá nada que objetar —Manlius, ¡le dicen, un hombre de ningún valer! —¿Y quién me asegura que mi quinto abuelo no haya sido lo mismo? ¡O tonta vanidad!

¿Qui prior es, cur me in decursu lampada poscis?

«Acaso porque sois mis herederos, ¿tenéis derecho a exigir que os trasmita más pronto la antorcha aun encendida de mi vida? ¿No queréis contentaros de lo que resta? —Pero el capital ha disminuido.... Por Júpiter, ¡que tenéis exigencias!. ¿Qué os importa lo que yo gaste? La herencia es solo lo que os dejo. —Pero, ¿qué es lo que queda?........

Tal insistencia, incalificable y denigrante en sí, concluye por exasperar al rico, a cuyo buen sentido escapan las futilezas en que pretenden basarse sus herederos para esclavizarle de tal modo, e indignado exclama: «que se preparen suntuosos banquetes y fastuosas fiestas, que se gaste á porfía y que el lujo reine por doquier, —porqué es locura probada, que los padres sufran privaciones para que los hijos después crean todavía hacerles un favor, en permitirse dilapidar una fortuna reunida a costa de tanto afán!»

Este pasaje, cuyo diálogo animado, mantiene siempre vivo el interés, está escrito con facilidad y elegancia, y pasa, con razón, por uno de los mejores trozos de Persio.

La doctrina de Persio, de que es preciso preferirse a sí mismo antes que a esos buitres de herederos, es la misma que con muy ligeras variantes, predomina en los moralistas latinos. Pero, poner a un lado, amontonar riquezas solo por el placer. de aumentarlas, es condenarse a continuas fatigas y á sentimientos inhumanos. Cuanto más se tiene más se desea.

....Depunge, ubi sistam.
Inventus, Chrysippe, tui finitor acervi!

«decidme, dónde detenerme?.... ¡es este el montecillo de Crisipo, que no concluye jamás!»

Con estas palabras concluye Persio la última de sus sátiras.

Tal es el rapidísimo análisis de estas sátiras, que tanto trabajo han causado a la posteridad, tanto por la oscuridad de su redacción, cuanto por las vivas controversias que han provocado.

Han sido estudiadas y vueltas a estudiar por todos los espíritus esclarecidos de las escuelas todas, y juzgadas diversamente en cada caso según la ilustración del crítico, han originado los juicios más variados, las opiniones más contradictorias.

Los unos, las ensalzan sin medida, los otros, las rebajan sin piedad.

La violencia misma de estos juicios ha contribuido a hacer más célebre el nombre de su autor. Los escritores profanos como los sagrados, todos le han estudiado con igual atención, y casi puede asegurarse que ningún escritor ha merecido tanto que la posteridad se ocupase de una manera tal de su vida y de sus obras.

Nada ha contribuido tanto a este hecho singular y único en la historia, como la oscuridad de Persio, que ofrecía a los comentadores todo el atractivo de enigmas que era preciso descifrar: aquellos que han encontrado la solución, han declarado admirable á Persio, y aquellos que tras largo y laborioso estudio nada han podido hallar, ¡han proclamado, por el contrario, que la oscuridad era afectación, y que la concisión era rudeza!

La dificultad que se experimenta en remover esos inconvenientes dice un crítico, y la continuada atención que es menester para seguir la hilación de las ideas y los numerosos cambios de personas, necesariamente imprime profundamente en nuestra memoria las palabras y las ideas que se ha estudiado en esas páginas, y de ahí, que ningún autor es tan favorito después de leído, ni citado con tanta frecuencia, como Persio.

Las sátiras de Persio son hoy día poco leídas y aun de difícil acceso, y solo pueden entretener un tiempo la atención, tomándose el trabajo de deducir el sentido o de desarrollar alguno de esos pensamientos demasiado encubiertos en versos en extremo compactos.

Es esta una tarea temeraria, dice un crítico célebre, porque se arriesga el hablar demasiado extensamente de un poeta conciso, y de no decir bastante de un poeta oscuro; siendo preciso tratar de amenizar la monotonía de una materia siempre severa, y que rechaza toda diversion como una inconveniencia y como una infidelidad. Pero los pensamientos y los deseos de las grandes almas deben ser explicados, y si es verdad que este autor parece a primera vista tener más doctrina que pasión, no puede ser indiferente conocer cuáles fueron los sentimientos que agitaron el espíritu de un poeta, cuyos versos fueron el Evangelio de la familia más heroica, y de la escuela filosófica más pura, que recuerdan los anales del imperio romano, y en los cuales están reflejados por decirlo así, todos los grandes y viriles corazones que iluminaron un momento a costa de su vida, las tinieblas en que las orgías y ¡los excesos hundían á las producciones de la inteligencia en aquella época nefanda!

Uno de los críticos latinos más notables ha dicho de este poeta: *Multum et veræ gloriæ quamvis uno libro, Persius meruit:*

Aunque con un solo libro, Persio ha merecido mucha y verdadera gloria.[24]

Marcial le menciona también con consideración, y San Agustín ha dicho de Persio, «que antepuso a todas las penas, que los tiranos o la crueldad humana imaginaron, la de contemplar y conocer los vicios, sin poderlos sin embargo aniquilar.»[25]

Persio, sin duda alguna es muy oscuro, y este defecto ha sido universalmente reconocido. Generalmente las oscuridades de los poetas dependen de alusiones a enigmas contemporáneos, cuya clave, fácil entonces, es hoy imposible de hallar. Pero Persio, según Diderot, «no es tan oscuro en las cosas como en el estilo, en el fondo como en la forma: su oscuridad consiste en una fatigosa acumulación de metáforas disparatadas, que hacen duro su estilo.»

Bayle llega basta llamarle el Lycophron latino, aserción que M. Pierron refuta evidentemente.[26]

Por otra parte, es de todo punto inadecuado creer que · esa oscuridad proviene de que no quiso ser comprendido por Neron, dice M. F. Schoell,[27] muy al contrario, tenemos que confesar que ella es debida al carácter de Persio, a causa quizá de la exagerada concisión que afecta y de la fútil erudición que ostenta.

Según lo hemos hecho notar repetidas veces en el curso del breve examen que de las sátiras de Persio hicimos, la oscuridad de este autor consiste principalmente en una multitud de términos extraños, derivados de locuciones

---
24. M. F. Quintilianus—Institutiones Oratorie, X. 1.
25. S. Agustinus —Lib. De Magistro.
26. Histoire de la litterature romaine.
27. Histoire abrégée de la litterature romaine.

familiares, frases proverbiales, metáforas rebuscadas, y sobre todo esas violentas transiciones de una materia a otra que se suceden tan rápidamente, y que contribuyen siempre a hacer muy difícil la acertada inteligencia del pasaje.

M. Nisard opina que Persio está lleno de defectos y vacío de méritos, cuando en realidad tiene solo los vicios. de un escolar y las cualidades de un filósofo. Había estudiado con profundidad a los filósofos y a los poetas, y su memoria, llena por demás de recuerdos asez frescos, frecuentemente no domina la materia de qué trata. Persio ha intentado revestir a las máximas severas del estoicismo, con el manto poético de Virgilio y de Horacio. Para desfigurar sus imitaciones, muchas veces les ha dado formas singulares, y a fuerza de querer hacerlas aparecer como originales, las ha hecho las más de las veces ininteligibles. Ha querido inocular una energía desconocida y dar un alcance imposible, a esas verdades que tan caras le son. De ahí proviene esa rígida concisión y esa brevedad exagerada.

Persio, bajo todos respectos, dice M. Martha, es el poeta del Pórtico, cuya doctrina recomendaba el esfuerzo, la tensión del alma y la energía sostenida. Parece que, aun escribiendo, haya querido obedecer a tan austeros preceptos, y que haya transportado a su estilo, las reglas de su vida moral.

Sus bosquejos de los hombres y de las costumbres son incomparablemente inferiores a los de Horacio o Juvenal, como ya lo hemos demostrado en el capítulo anterior. El frio formalismo y el intrincado estilo de Persio, no puede en manera alguna competir con el jovial buen sentido de Horacio, ni con la fiera indignación y sonora retórica de Juvenal.

Sus pinturas, dice Mr. W. Ramsay, aunque hábilmente

dibujadas, agrupadas con destreza, y a menudo concluidas con minuciosa paciencia, son en realidad deficientes: no han sido hechas para seres humanos actualmente existentes y que se agitan en los negocios mundanos, —son piezas de imaginación, vivamente coloreadas y creadas por el filósofo en su gabinete, más bien para ilustrar algún principio abstracto o alguna paradoja sutil, que para estigmatizar los vicios y describir las costumbres de su época.

Este es el defecto principal que los críticos adversos aducen y si en efecto fuera así, Persio habría perdido mucho de su valor como satírico.

Mas ya al examinar algunas sátiras, hemos tenido ocasión de hacer notar lo exagerada que es esta opinión.

Desde el siglo XVI, dos son las escuelas que han juzgado con pasión sin igual a este poeta: los unos, con Scaligero, no ven mas que declamaciones escritas en un estilo rebuscado y de mal gusto, digno de un escritor de escuela, que ignora al mundo, y le juzga solo con las máximas exageradas del estoicismo; los otros, con Casaubon, no tienen más que elogios por la forma y por el fondo, y quieren que se dé al poeta del Pórtico, toda aquella consideración que la antigüedad le dispensaba.

El P. Vavasseur declara que Persio le ha llamado la atención solo por su insigne oscuridad, «y, añade, es probablemente eso lo que lo hace considerar como un autor profundo.»

Otros, por el contrario, opinan que cada palabra de Persio es una perla y que su oscuridad encierra solo joyas. Un crítico moderno, célebre por sus juicios finos y mordaces, ha dicho que las sátiras de Persio encierran a las joyas, como el rudo carbón al diamante fino.[28] Boileau que tanto ha imitado á Persio, como ya lo hicimos notar en otro lugar, dice en su *Art poètique*:

Perse, en ses vers obscurs, mais serrés et pressans,
Affecta d'enfermer moins de mots que de sens.

o como dice García de Arrieta:

En sus versos, lucónicos y obscuros
Afecta mas sentido, que palabras.

Este juicio ha sido sostenido por una y por otra escuela, como una alabanza y como una crítica de este poeta, pero, si tenemos en cuenta las imitaciones de Boileau y el caso que por lo tanto hacía de Persio, tenemos que considerar ese juicio más bien como favorable.

Los críticos más imparciales hacen notar que si bien su lenguaje no siempre es bueno, pues usa dicciones raras, en cambio su versificación es muy cuidada y sus hexámetros bastante armoniosos. Sus defectos, son más bien culpa de la escuela filosófica cuyas máximas exponía, y la crítica moderna ha declarado ya que no hay poeta latino, al decir de M. Perreau, que haya llevado tan lejos como Persio la precisión en el razonamiento, la rapidez en la expresión, y la originalidad de la frase o de las figuras.

Sin embargo, un crítico notable, pero cuyos juicios

---

28. Hoy día los químicos están contestes en que el diamante es solo carbón *puro*.

adolecen, a nuestro modo de ver, de cierta parcialidad, ha escrito un estudio interesante y erudito,[29] para demostrar que Persio ha compuesto sus sátiras sin tener imaginación ni siquiera un fondo suficiente de ideas adquiridas, porque, dice, «la naturaleza no le había hecho poeta, y la muerte no le dio tiempo para adquirir la experiencia.»

Por eso opina M. Nisard que el mejor juicio que la posteridad pudiera emitir sobre Persio, seria conceder, «¡que habría podido tener mucho talento!».... ¡Triste consuelo, justicia mezquina! Felizmente el fallo pronunciado es muy diverso. La posteridad ha sabido siempre hacer justicia al verdadero mérito.

Las seis sátiras de Persio costaron a su autor ocho años de trabajo, según lo hemos ya demostrado al principio de este capítulo. Preciso es no asombrarse que tan corta obra haya requerido tanto tiempo: este libro está escrito con una perfección que no se adquiere jamás trabajando con precipitación.

Lleva en sí la señal de un talento ya formado, pero todavía no gastado: supone una extensión de conocimientos y una madurez de juicio, que difícilmente se adquieren á tan temprana edad, y al mismo tiempo un calor de sentimientos, y una audacia poética que solo pocos poseen.

Es incuestionable que es el más dramático de los antiguos satíricos, y sus diálogos son eminentemente vivos y espirituales.

Todos los satíricos latinos se procuraron un protector altamente colocado para que les prestase ayuda y auxilio: Lucilio a los Scipiones, Horacio á Mecenas, Turnus, que

---

29. M. D. Nisard-*Perse, ou le stoïcisme et les stoïciens.*

atacó a Nerón, aduló á Domiciano, y aun el mismo Juvenal, como veremos en el capítulo siguiente, declara que solo atacará á los muertos. Persio fue el único que tuvo el coraje de atacar de frente, de ridiculizar todo lo malo, desde el emperador hasta el labriego, enseñando a todos su deber, en medio de aquella universal depravación…. Tácito, sin embargo, ha criticado acerbamente la manía de aquellos que han intentado adquirir la fama con la muerte, por medio de una vana ostentación de la libertad.

Mas Persio al atacar al despotismo, lo ha hecho siempre de una manera tan encubierta, que a veces son incomprensibles sus alusiones.

Ha generalizado de tal modo sus pinturas, que hay críticos que solo consideran a sus sátiras, como meras disertaciones filosóficas. Ya hemos examinado antes esta opinión, como también hemos podido demostrar en muchas sátiras, como algunos pensamientos no eran más que el cuadro de acontecimientos históricos recientes entonces.

La crónica contemporánea se encuentra esbozada, aunque ligeramente, y ayudándonos de los escritos de Tácito y Suetonio, pronto llegaríamos a descubrir al lado de los preceptos de moral y bajo las formas simbólicas del estilo, las verdades audaces que el autor ha dicho a los grandes potentados.

La familia imperial con sus bajezas y sus crímenes, la literatura de sobre mesa, la pereza y las orgías de los jóvenes educandos, contra las cuales tanto se exalta en la sátira tercera, las rogaciones sacrílegas de Agripina y de Nerón, contra los parientes cuya herencia codiciaban, tan bien descritas en la sátira segunda, las locuras de Nerón, pintadas en la cuarta sátira, el simulacro de triunfo de Calígula, ridiculizado en la última todos, todos estos hechos cuya exactitud y veracidad nos comprueba la historia, se presentan en casi todos los versos de las sátiras, bajo la forma de irónicas alusiones, encubiertas en ingenuosas combinaciones de frases que parecen no decir nada, mientras significan mucho. Por eso dijimos anteriormente que si el idioma de Persio era oscuro para la posteridad, no lo fue para sus contemporáneos, pues estos entendían seguramente sus medias palabras, sin necesidad de comentarios.

Las sátiras de Persio son un cuadro completo de las costumbres del pueblo y de la corte, en aquella época. Todo está allí representado: costumbres ridículas, tontas supersticiones, depravación moral.

Sería necesario examinar cada palabra, interrogar todos los autores antiguos, e ilustrar cada frase con los pasajes correspondientes de los autores clásicos, para lograr darse exacta cuenta de su alcance.

Este trabajo inmenso, cuyo solo plan asombra por su gigantesca audacia, ha sido sin embargo realizado por el celebrado crítico Isaac de Casaubon. Ningún escritor en época ni país alguno ha merecido comentarios iguales. Era esto preciso en un hombre, singular por su vida, por sus escritos, por sus amistades. Justo era que fuera hasta singular en su fama. En su vida como en sus obras, en sus amistades como en su gloria póstuma, ha sido único en la historia, el poeta cuya influencia acabamos de apreciar.

La posteridad ha pronunciado ya su veredicto sobre Persio y sus obras, y ese veredicto, resultado de trabajos inmersos, le proclama: *Uno de los primeros satíricos de la humanidad.*

CAPÍTULO 5
JUNIO DECIMO JUVENAL — SU VIDA Y ESCRITOS — ANÁLISIS DE SUS SÁTIRAS

Non tamen adeo virtutum sterile sæculum, ut non et bona cxempla prodiderit.

TACITO. [HIST. I. 2.]

Acabamos de examinar a un filósofo digno de la estimación de sus contemporáneos y de la admiración de la posteridad, pero que, como escritor, a causa quizá de sus mismas cualidades, no ocupa el primer rango entre los poetas viriles de la antigua Roma. Su vida y sus escritos han sido para nosotros objeto de comentarios bien diversos, teniendo, por último, como sucede en la generalidad de las cosas, que alabar bellezas y que criticar defectos.

Al tratar ahora de estudiar al primer satírico latino, nuestro trabajo tiene que ser mucho mayor, pues tenemos necesariamente que conocerle a fondo, para poder así apreciar los diversos y aun contradictorios juicios que sobre él ha emitido la posteridad. Las indagaciones tienen que ser más pacientes y mucho más laboriosas, por razón de la inmensa divergencia de opiniones sobre el particular.

Unos le rebajan hasta lo más ínfimo, y se complacen en revolcarle, aunque imaginariamente, en el cieno; otros por el contrario, le ensalzan hasta lo sublime, y no se cansan de prodigarle las más aduladoras alabanzas.

Este fenómeno presenta demasiadas analogías con el que hemos hecho notar al estudiar á Persio, y sin embargo, los escritores que tan idéntico resultado produjeron, son de índole bien diversa y de carácter poco similar.

Persio pertenecía, junto con ambos Plinios, a esa clase de escritores latinos de la decadencia, que ni eran exageradamente retóricos, ni «escribían simplemente para llenar papel» según la expresión de un crítico contemporáneo.

Aquella época literaria que tan acertadamente ha calificado Schoell[1] de edad de plata de la literatura latina, puede dividirse según Schlosser,[2] en cuatro clases principales, bajo las cuales es fácil agrupar a todos los escritores de aquel tiempo.

Aquellos que eran exagerados, declamadores, y que buscaban con afán la pompa retórica y el falso adorno, forman la primera categoría, en la cual el gusto de lo sencillo y de lo natural, era completamente desconocido, y la gente se apasionaba solo por lo hinchado y lo ampuloso. Persio, en su sátira primera, ridiculiza admirablemente a esta falsa afectación, y termina diciendo:

---
1. Loc. cit.
2. F. C. Schlosser's Weltgeschichte für das deutsche Volk IV.

Verum, nec nocte paratum
Plorabit, qui me volet incurvasse querela.[3]

Son ejemplos notables de esta escuela, el historiador Curtius Rufus y el poeta Silvius Italicus.

Mas es ley fatal, que a toda acción siga una reacción igual y contraria, así es que a tamaña exageración se siguió una concisión tal, que rayaba en lo ridículo. Los escritores se afanaban por ser extremadamente concisos, pero esta brevedad era imposible: sus obras mismas lo atestiguan. El más notable jefe de esta escuela fue Veleyo Patérculo, quien intentó encerrar en dos tomos pequeños, no la historia de Roma, ¡sino la del Universo entero! Los críticos más afamados de esta escuela acostumbraban a juzgar el mérito de las obras, no por el contenido, sino por el número de líneas escritas. Creían que cuanto menos se escribía, tanto más se expresaba........... fiados sin duda en que la inteligencia de los lectores adivinaría fácilmente lo que el escritor hubiera debido decir!

La historia literaria nos demuestra con evidencia, como iguales fenómenos se suceden periódicamente en todas las épocas y en todas las literaturas. El estudio, pues, de estas escuelas en la literatura latina, muestra tantos puntos de contacto con algunas literaturas actuales, que para un espíritu algo suspicaz, la crítica de la una es el juicio de las otras.

Ahora bien, en la sociedad romana, como en todas las civilizaciones depravadas, reinaba con imperio casi omnipotente, el terrible cáncer de la maledicencia. En toda

---

3. Sát. I v, 90.

sociedad que ha llegado a un cierto período de desenvolvimiento, circulan continuamente de boca en boca, multitud de anécdotas más o menos calumniosas, y que se ha dado en denominar «la crónica escandalosa.» Esta crónica secreta era en Roma objeto de una especulación singular y en extremo despreciable: los literatos hambrientos, que no trepidan en vender al que más ofrece, su saber y su conciencia, se ocupaban en coleccionar gran número de aquellos «díceres», escandalosos rumores que revestían de un manto literario, más o menos picante. Una ó vez que tenían una buena colección de estas historietas, las ofrecían en venta a algún rico y poderoso romano, el cual las compraba (bastante caro, según es fama), y las enviaba después a sus amigos de provincia, para proporcionarles un rato de solaz, naturalmente a costa de la reputación de algunas personas. Este oficio era, como bien se comprende, muy lucrativo, y por lo tanto muchos los escritores que á él se dedicaba. Formaban la tercera clase. Este género altamente despreciable, ha subsistido siempre en épocas determinadas. Los libelos infamantes del Renacimiento, y los periódicos escandalosos de la época moderna, son ejemplos palpables de que en todo tiempo ha habido escritores degradados y faltos de conciencia.

 Persio no puede ser comprendido en ninguna de las tres clases que hemos mencionado, y por eso le clasificamos en la cuarta, a la que pertenecieron escritores como Quintiliano y ambos Plinios. Esta cuarta clase, era llamada también «de la reacción clásica», por los esfuerzos que hizo Quintiliano para poner de nuevo en boga á los escritores del siglo de oro, en contra de la nueva escuela encabezada por Séneca y

Lucano, y que tanto propendió á extraviar el gusto literario de aquella época.

Críticos de fama han osado clasificar a Marcial y a Juvenal en la tercera clase, cuyo escritor más notable fue Petronius, el obsceno autor del Satyricon. No ya de severo, sino de manifiestamente injusto, debemos clasificar tan errado juicio. El estudio de Juvenal, del escritor á quien Scaligero llamó más tarde «el príncipe de los satíricos latinos, demuestra bien elocuentemente que su rango debe ser más elevado, pues es muy superior a Persio, bajo muchos puntos de vista.

Junio Decimo Juvenal fue uno de los más sobresalientes escritores de la «edad de plata» de la literatura latina. Su vida privada está encubierta del más grande misterio: no se puede decir de él, lo que de Lucilio y de Horacio «que su vida entera se lee en sus obras». Todo lo que de él sabemos, está sujeto a múltiples controversias. Es, en efecto, de aquellos cuya historia particular ha quedado en la oscuridad, mientras que sus obras, rodeadas de gloria, ¡han atravesado la noche de los tiempos con inusitado brillo!

Acostumbró a hablar poco de sí mismo en sus sátiras. Sea la modestia o la prudencia la que a ello lo ha impulsado, este hecho no ha contribuido poco a su gloria literaria.

Muy raro es que la personalidad de un satírico, cuando se deja entrever bien, no haga peligrar la autoridad de sus críticas, ha dicho perfectamente M. Boissier. La vida la más pura ha tenido siempre sus debilidades y sus faltas, de que se apodera la maledicencia para darse el placer de explotarlas. El que es severo para con los otros, obliga a los demás á que lo sean con él.

Por eso nos hemos complacido tanto de poner en relieve

la vida pura y tranquila de Persio, del satírico que fue tan enérgico en condenar el vicio, y cuyas máximas de moral no eran más que reglas de conducta.

Persio, en efecto, ha merecido una gloria inmarcesible por ese solo hecho. Nada ha perdido en ser conocido íntimamente, y aun los críticos más malévolos, nada han podido encontrar en contra suya, en el examen de su vida privada. Preciso es convenir, sin embargo, que Persio es una excepción, y que generalmente los satíricos no salen ilesos de tan dura prueba.

Juvenal ha sabido escapar a esos reproches, ocultándose en sus escritos.

Como se conoce tan poco su vida, sus detractores han amontonado los detalles más caprichosos, para hacer de él un disoluto, libertino é incrédulo burlón, —mientras sus admiradores se han contentado con examinar los sentimientos que expresa, para representárnoslo tal cual debió ser: patriota sentido y rígido moralista.

La oscuridad que le rodea, sin embargo, le ha engrandecido: su figura se destaca amenazadora é irritante, del sombrío cuadro que lo rodea.

Esa mano que sale de las tinieblas para castigar a una sociedad culpable tiene algo de extraño y de terrible. No es más un satírico vulgar, dice un crítico moderno, un hombre cuya autoridad está limitada por las debilidades de su vida, ¡es la sátira misma que venga a la moral y a la virtud ultrajada!

Preciso es, sin embargo, hacer destacar su figura de las sombras, y arrojar, si posible fuera, un rayo de luz sobre esa fisonomía que se nos escapa.

Cuando se estudia a un autor, ha dicho un escritor

afamado, el primer cuidado debe ser y la primera curiosidad es siempre, de conocer su vida, sus opiniones, su doctrina, y sus costumbres.

Nada más cierto, en efecto, porque con razón ó sin ella, se espera, interrogando su biografía, saber algo sobre su carácter y talento. Siempre se trata de conocer al hombre antes de estudiar al poeta, sea porque de antemano se busquen motivos para alabarlo, o sea que simplemente se desee aclarar algunas ideas, de por sí poco evidentes. Por eso, se ensaya reconstruir su vida, hacer revivir su personalidad, si posible fuera. Para esto es preciso el mayor estudio y cautela, porque según la idea que uno se forma del poeta, así es el juicio que de sus obras formula.

Si esto es verdad tratándose de un autor cualquiera, es ello de todo punto indispensable para el estudio de un satírico.

Todas las veces que un hombre se arroga el derecho de hacer el proceso de su época, conviene tratarle como se hace con un testigo en los tribunales, ha dicho un crítico notable de la *Revue des deux mondes,* porque para saber lo que vale su palabra, es preciso indagar cual ha sido su vida.

¿La autoridad de sus reproches se apoya en una conducta austera? no estaba acaso dispuesto por su nacimiento o su fortuna, a juzgar severamente a sus contemporáneos, y, bajo pretexto de defender la causa de la moral y de la virtud, ¿no vengaba acaso injurias privadas?

La mayor parte de estas cuestiones quedan sin respuesta tratándose de Juvenal.

Por eso es preciso reunir todos aquellos datos que pueden servir para iluminar los períodos oscuros que en la vida de todo escritor se encuentran con desgraciada frecuencia.

El más antiguo monumento biográfico que de Juvenal tenemos, son quince a veinte líneas, bajo el título *D. Junii Juvenalis Vita*, atribuidas por unos á Suetonio, por otros á Valerio Probo, al mismo autor, quizá, de la biografía de Persio, y cuya personalidad hemos ya discutido al principio del capítulo anterior. Sin embargo, críticos hay que se inclinan á la primera opinión, porque pretenden que esa biografía está escrita de la manera seca y lacónica del cronista de los Césares. El texto, sin embargo, se halla bien corrompido, y se presta á las más diversas interpretaciones, como tendremos ocasión de ver más adelante.

Es opinión hoy día generalmente admitida, que Juvenal nació el año 42 de J. C., 795 de Roma, y segundo del reinado de Tiberio Claudio Drusus. Suetonio dice que su patria fue Aquinum, ciudad de los Volsquos, que cuenta entre sus hijos al insigne Santo Tomás, uno de los pilares de la católica Teología.

Pero aun sobre esto hay dudas, pues sábese solo con certeza que vivía allí habitualmente, —predomina, sin embargo la opinión de ser aquel el lugar de su nacimiento, quizá porque el mismo Juvenal dice:

….. et, quoties te
Roma tuo refici properantem reddet Aquino,[4]

Algunos autores creen que nació el año 40 de J. C. bajo

---

4. Sát. III ỏ 318.

Calígula, pero la diferencia seria pequeña, pues Claudio subió al trono el año 41 de J. C. y 794 de Roma.

Nació, pues, Juvenal en momentos en que Calígula acababa de morir, asesinado por su esposa Cœsoria, y en que subía al trono el imbécil Claudio, al amparo de cuyo nombre reinan en Roma los libertos y las meretrices!

En los diferentes mss. de sus sátiras, a las que generalmente precede una corta biografía, se le llama Decio, más opinan los críticos que su verdadero *nomen era Decimus*. Sabido es que los romanos acostumbraban a usar siempre un *prænomen, nomen y cognomen*.

El *prænomen* correspondía a los nombres que entre nosotros se imponen en el bautismo; era tanto más común, dice un autor, cuanto que entre los romanos no había más que 18 prenombres.

El *nomen* era el de la familia, y el *cognomen* o sobrenombre, designaba una rama de la familia, y era el que particularmente caracterizaba al individuo. Así en el caso presente, *Junio* es el *prænomen, Decius* o *Decimus* el *nomen*, y *Juvenal* el *cognomen*.

Otros scoliastas le llaman además *Ethicum*, probablemente por la enseñanza moral que de sus sátiras se desprende.

De sus padres no se sabe nada, pues el autor de sus rasgos biográficos dice solo que fué *libertini locupletis filius an alumnus*, y añade que su padre o protector murió cuando Juvenal era aún muy niño, dejándole, sin embargo, una regular fortuna.

Es para la posteridad literaria gran lástima, no saber nada acerca de la vida privada de Juvenal, pues es siempre un estudio no solo interesante, sino aun imprescindible, el de la niñez de un escritor. Solo de ese modo puede calcularse, hasta qué punto el escritor es meramente el producto del medio en que se educó y vivió.

Sin embargo, un profundo pensador ha hecho con razón la justísima reflexión de que los hombres se parecen más a las épocas en que viven, que, a sus propios padres, a la generación que los produjo.

El hombre solo no produce las épocas, sino estas descubren a sus actores.

Si pues no tenemos noticias ciertas, que nos sirvan para apreciar debidamente, la influencia que el origen, familia y educación, ejercieron sobre el carácter de Juvenal, nos es dable formarnos de ella una idea bastante cabal, estudiando los acontecimientos que rodearon su cuna y juventud, para conocer así la profundidad de las huellas que en este poeta seguramente surcó su época.

Aquel niño, por su holgada posición social, se encontraba en contacto con la sociedad de una época en que los acontecimientos más singulares se sucedían con asombrosa rapidez, dando apenas tiempo necesario para ser comentados ligeramente, é impresionando siempre de una manera especial a los contemporáneos.

Siete años después de subir al trono Claudio, tuvo este emperador que ausentarse de la ciudad eterna. Quedó como regente la emperatriz Messalina, que hacía ya tiempo llenaba al mundo entero con la fama de su depravación, hasta hoy día sin igual.

A Messalina no le bastaba prostituirse públicamente á los mozos de cordel de Roma, no le bastaba cometer los mas infames escándalos a la faz de su marido y del pueblo, —

necesitaba algo más, algo que hasta entonces ninguna mujer en tan espectable posición hubiera hecho.

Messalina, la mujer del emperador Claudio, resolvió casarse públicamente en segundas nupcias, a la vista y paciencia de su imperial consorte y de la corte toda. Para llevar a cabo tamaño atentado, eligió a un hermosísimo joven, llamado Silio, celebrando aquel extraño casamiento con gran pompa y magnificencia!.... Por más grande que fuera la paciencia de Claudio, aquello era tan monstruoso, que salió de su apatía, y ordenó la muerte de Silio.

¿Qué produjo sin embargo aquel inaudito escándalo? ¡que en vez del todo poderoso liberto Narcisso, que lo había tolerado, tomase Claudio por favoritos a un Pallas y a un Possides!

Aquellas escenas impresionaron fuertemente a Juvenal, que entonces no contaba más que 6 á 7 años, pues cuando en su edad madura escribió sus sátiras, el recuerdo de aquellos escándalos estaba todavía fresco. Véase sino la soberbia descripción que de las lubricidades de la impúdica Messalina hace en su sát. VI v. 115 á 132, y como describe el monstruoso casamiento con Silio en la sát. X v. 329 á 345, y como en la sát. XIV v. 329 á 331, pinta el poder del liberto favorito

.....*cujus*
Paruit imperiis, uxorem occidere jussus

¡á quien Claudio concedió todo, hasta la muerte de su esposa!

Por este hecho se ve, pues, cuán grande fue la influencia que los acontecimientos de su tiempo ejercieron sobre Juvenal: todos los más bellos pasajes de sus sátiras han sido escritos como si hubiera tenido el poeta los hechos por delante, —tan vivo era el recuerdo que de ellos conservaba.

En esa época principiaba ya Juvenal á frecuentar las escuelas públicas de Roma, gracias á la fortuna que había heredado.

Los maestros ejercen generalmente una influencia decisiva en el joven alumno: determinan su vocación y hacen presentir su carrera. Por esto, nos hemos detenido con los preceptores de Persio, al estudiar a este poeta; pero si felizmente tenemos datos suficientes sobre aquellos, ignoramos por completo quienes fueron los de Juvenal.

Aún no sabemos con certeza quienes fueron ellos, pues unos aseguran que Frontón, otros que Quintiliano. Veamos cuál es el fundamento de estas conjeturas.

Es verdad que el célebre retórico M. C. Frontón enseñaba en Roma con gran fama, desde 120 después de J. C. Era uno de los más celebrados retóricos de su época, y fue más tarde el preceptor de dos emperadores, Marco Aurelio y L. Verus. Pero este profesor y orador, cuya fama póstuma tanto ha sufrido con el descubrimiento que de su correspondencia hizo el cardenal A. Maï, nació, según la versión más general, a fines del primer siglo, pues murió el año 170 d. de J. C. razón por la cual creemos no pudo ser maestro de Juvenal.

Herminius, sin embargo, sostiene con gran erudición esta opinión; más, ¿cómo es posible que un mismo hombre enseñase á Juvenal y a Marco Aurelio conjuntamente, cuando el primero nació el año 42 y murió el año 126 de J. C., recién 5 años después del nacimiento del segundo, quien reinó de 161 á 180 después de J. C.? Por esta razón nos parece que esta opinión es insostenible.

En cuanto a la segunda opinión, tiene más visos de verdad y exactitud.

M. F. Quintiliano había nacido el mismo año que Juvenal, y enseñó públicamente en Roma el año 68 d. J. C., cuando Galba subió al trono. Juvenal tenía entonces 27 años y como Quintiliano, aunque de la misma edad, adquirió pronto gran fama, es posible que haya asistido a sus lecciones, pero de todas maneras la primera educación ya la había recibido, y este nuevo estudio era solo para perfeccionar y ejercitar lo ya aprendido.

Pudo ejercer y quizá ejerció grande influencia Quintiliano sobre Juvenal, pero no fue ella tan decisiva e importante como la de sus maestros anteriores. Es indudable sin embargo que se debieron conocer y tratar, pero como dice Suetonio, Juvenal *ad median fere ætatem declamavit,* es decir, declamó hasta los 40 años, lo que explica porque Quintiliano al pasar revista a los poetas latinos de su época en el cap. I lib. X de su obra *De Institutiones Oratoriæ*, no le nombra, aunque es opinión general de los críticos que a él se refiere cuando dice:

> *Multum et veræ gloriæ, quamvis uno libro, Persius mcruit: sunt cluri hodieque, et qui olim nominabuntur.*

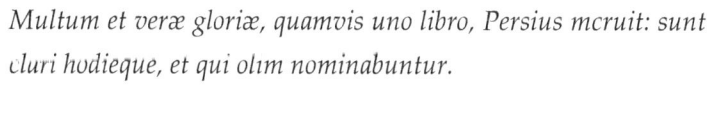

........hay hoy día satíricos que serán citados más tarde. con honor.»

Sabido es, por otra parte, que Quintiliano tenía por regla

no hablar jamás de los vivos, sino únicamente de aquellos cuya memoria es ya patrimonio de todos.

Persio había muerto el año 69 d. J. C. y 815 de Roma, a los 28 años de edad, cuando Juvenal tenía solo 21 años. ¿Se conocieron y trataron? ¿Qué influencia recíproca ejercieron? Cuestiones son estas que quedarán sepultadas para siempre en el más profundo misterio, pues nada nos dicen sobre ellas los escritores de la antigüedad. Aun admitiendo, sin embargo, que no existiera amistad alguna entre estos dos grandes satíricos, las sátiras de Persio causaron gran sensación en Roma, y fueron larga y vivamente comentadas en todas las escuelas públicas: ellas debieron, por lo tanto, influir mucho en Juvenal.

Así, pues, cuando Quintiliano comenzó a enseñar en Roma, ya hacía varios años que Juvenal frecuentaba las escuelas de declamación. Esta institución que absorbió la mitad de su vida, ha ejercido una influencia tal en su carácter, y ha dejado un rastro tan marcado en sus obras, que no podemos menos de examinar su índole y propósito.

Hemos dicho antes que las lecturas públicas tuvieron gran culpa en la decadencia literaria de Roma, y creemos haber demostrado plenamente la causa; pero las escuelas de declamación, dirigidas por gramáticos y retóricos, fueron quizá la causa más influyente del mal gusto en el fondo y en la forma, que tanto caracteriza a los escritores latinos de los dos primeros siglos de nuestra era.

Las escuelas de declamación, como las lecturas públicas, eran instituciones peculiares del imperio.

Los profesores que en las primeras enseñaban, eran nombrados por el emperador, y. el tesoro del estado los mantenia con crecidas asignaciones.

Por el contrario, las lecturas públicas eran solo una institución social, fomentada por la costumbre, pero sin sanción ni reglamentación oficial alguna. Sin embargo, ya en tiempo de la república se declamaba, pero entonces la declamación no era más que una parte integrante de la elocuencia: se declamaba principalmente con el objeto de pronunciar más tarde arengas en público. Bajo el imperio la elocuencia enmudeció: ya hemos dicho por qué: Augusto, según la bella expresión de Tácito, la pacificó.

La declamación tomó entonces otro carácter diametralmente opuesto al que antes había tenido.

La elocuencia bajo la república era casi exclusivamente el patrimonio de los abogados. Estos no recibían emolumento alguno, pero su numerosa y reconocida clientela le daba sus sufragios en los comicios, tan frecuentes en la agitada y turbulenta vida democrática de aquel pueblo. Bajo el imperio, dice un escritor, los abogados más afamados se convirtieron en acusadores públicos, en instrumentos de las venganzas imperiales, y su avidez, sostenida por una elocuencia feroz y sanguinaria, recogía los despojos de las víctimas. ¿No teníamos entonces razón cuando asegurábamos que la elocuencia se había prostituido, y que el renombre de orador se había convertido más en señal de vergüenza que en timbre de gloria?

Los pueblos de la antigüedad eran el producto de una civilización cuya palanca más poderosa fue siempre la política: el orador era, pues, un personaje de una importancia bien diversa de la que hoy día tiene. La vida democrática exige como condición indispensable en los hombres políticos, que tengan esa elocuencia fácil a la vez que persuasiva, vigorosa a la par que hábil. Solo con estas cualidades puede lograrse fascinar á multitudes, en cuyo seno bullen las pasiones más tumultuosas, y que están siempre más dispuestas a criticar que á alabar.

En Roma cuando hablaba un orador, lo hacía en el Fórum, dirigiéndose a la nación entera, y no simplemente a sus delegados. El triunfo era por esto mismo más difícil, y la derrota en extremo fácil. Por eso en Roma, como en Grecia, el oficio de orador era tenido en grande estima, y en las escuelas se enseñaba la declamación oratoria, como parte integrante de la educación de todo ciudadano. Bajo ese nombre, los pedagogos republicanos entendían las reglas referentes a la locución, al gesto y a la frase: más nunca a las ideas.

El orador romano, cuyo caso particular consideramos, hablaba casi siempre en presencia de una numerosa multitud, agitada las más de las veces por ardientes pasiones políticas. La voz del orador tenia, pues, que ser sonora: su acento melodioso, pero enérgico. La columna rostral, desde la cual arengaba el orador al pueblo, se hallaba en una elevación en el centro del Fórum, de manera que la multitud toda contemplaba al orador. Los gestos, los movimientos, que tan bien expresan las pasiones que agitan al hombre, eran, pues, un complemento indispensable de la voz. La fisonomía misma del orador expresaba la mayoría de las veces los sentimientos de su espíritu, con más elocuencia, quizá, que sus propias palabras.

No debemos, pues, asombrarnos de que hubiese tratados especiales acerca de la voz, del gesto y de la fisonomía. Las minuciosas reglas que sobre ello daba Cicerón, no deben por lo tanto ser consideradas como ridículas, antes bien, deben considerarse como de la más alta importancia.

Ahora bien, si la elocuencia política tenía una muy grande importancia en la vida pública, la elocuencia judicial no la tenia menos en la vida social.

Desgraciadamente las reglas de la prueba la sujetaban frecuentemente, pero cuando el asunto era criminal, elevábase á veces el orador a las más grandes alturas. Si Demóstenes ha sido el primero de los oradores políticos, Cicerón lo ha sido de los oradores judiciales.

Pero el imperio, al suprimir la tribuna, mata á la elocuencia, y relega la declamación á las escuelas de los sofistas. No pudiendo tratar asuntos reales, ocúpense los declamadores en defender el pró y el contra de los temas más ridículos. El arte de la palabra, tan poderoso bajo la república, bajo el imperio se ha prostituido en pueriles ejercicios.

Así como los hombres pretendían ilusionarse acerca de su actual servilismo, porque existían todavía muchas instituciones antiguas, así también los jóvenes creían practicar la elocuencia, aprendiendo a declamar.

Juvenal declamó hasta la mitad de su vida, dice Suetonio, y tan profundamente le caracteriza esto, que, aunque escribió sus sátiras en el último tercio de su carrera, sin embargo, la declamación ha dejado en ellos rastros indelebles.

Por eso nos detenemos tanto en examinar aquella extraña y mal apreciada institución.

La enseñanza de la declamación bajo el imperio consistía, como ya lo hemos dicho, en ejercicios practicados por retóricos asalariados.

¿Qué era, pues, esta enseñanza?

Vamos a tratar de bosquejar rápidamente su método y sus medios.

Los ejercicios declamatorios dividíanse en dos grandes clases: los *suasorioe* y *los controversiæ*.

La primera clase abarcaba temas de filosofía general, aquellas proposiciones universalmente atacadas; mientras que los segundos disertaban sobre puntos judiciales. Los primeros, a causa quizá de la vaguedad de los temas, que en última tésis eran simplemente lugares comunes, se daban a los que recién se incorporaban a la escuela, jóvenes generalmente. Los segundos, más bien discusiones críticas que disertaciones vulgares, eran el ejercicio de personas ya maduras, pero más especialmente de aquellas que se dedicaban a la abogacía.

Cuando el retórico preceptor daba el plan y las principales disposiciones, dice M. Nisard, a quien seguimos en este punto, se llamaba *tractatæ* á esas declamaciones; mientras que cuando los alumnos hacían todo, eran conocidos por *coloratæ*. Como se comprende, para hacer disertaciones *coloratæ*, era preciso ser ya muy versado en las tractate, porque las unas eran como el preludio de las otras.

Los ejercicios declamatorios constituían en Roma y en Atenas, una gimnástica permanente del espíritu, y fueron de grande utilidad mientras servían solo de preparación a la elocuencia pública, pero concluyeron por corromperlo todo, apenas se vieron reducidos a tratar sobre sofismas, más o menos capciosos.

La declamación bajo Domiciano, era solo una fraseología enfática. En una ciudad como Roma, dice un escritor, que ya no tenía ni libertad ni fórum, careciendo de objetos capaces de suscitar oradores dignos de tal nombre, buscábase con ardor la sombra de la elocuencia en la defensa de causas imaginarias.

Tal era la institución en cuyo cultivo gastó Juvenal cuarenta años de su vida, tal la índole y tendencias de un sistema cuyas huellas hemos de tener ocasión de descubrir con frecuencia al examinar sus sátiras.

Por eso M. Nisard, basado en la influencia que esta funesta institución ha ejercido sobre Juvenal, ha llegado a decir que «es un hombre indiferente, y cuya aparente indignación es mas de cabeza que de corazón»,[5] es decir, ¡que es un simple declamador ejercitándose en verso sobre temas vulgares...!

Verdaderamente es rebajar demasiado a un escritor, quitarle todo su mérito a un hombre que se revela como acalorado y apasionado, y ¡que deja escapar su indignación en gritos de cólera!.... por el contrario, jamás satírico alguno apostrofó con mayor calor y perfección, al vicio que carcome y que rebaja!

Otro crítico eminente, M. G. Boissier, cuyos juicios luminosos hemos tenido ya ocasión de mencionar, ataca acerbamente á Juvenal por haber pasado la mitad de su vida declamando, y deduce de esto las más extrañas y curiosas consecuencias.

En determinados días, dice,[6] convocaba Juvenal por medio de cartas y de avisos, á todos los bellos talentos de Roma, a reunirse en una sala que había alquilado, para que

---

5. D. Nisard. Etudes de mœurs et de critique sur les poètes latins de la décadence.
6. Revue des deux mondes, t. 87.

le oyesen abogar por causas imaginarias y encontrar argumentos nuevos sobre cosas ya mil veces tratadas.

No era únicamente el placer de declamar lo que le impulsaba a defender personas que jamás habían sido acusadas.

Quería evidentemente hacerse conocer, agrega el crítico, quería conquistarse una reputación y hacer hablar de él en Roma.

Pero como es hoy evidente que no logró ese pretendido intento, deduce de ahí el crítico que quedó amargado secretamente, y que escribió después para venganza de su mal éxito anterior, razón por la cual su testimonio debe sernos sospechoso, pues es apasionado en vez de ser sincero, como debe serlo todo satírico moralista.

Pero esta conclusión es manifiestamente errada. Juvenal declamó, porque su posición social le hizo contraer esa pasión, que embargaba entonces a los espíritus jóvenes de su época, y porque, alma enérgica y viril como la suya, tenía que desahogarse de algún modo de la indignación que los crímenes de su tiempo provocaba.

Imposible era hacerlo descubiertamente bajo el sombrío Domiciano, mezcla extraña de Tiberio y de Nerón, cuyas malas cualidades sobrepujó.

Por eso desahogaba su acongojado espíritu en discursos imaginarios, en que defendía fogosamente la virtud y condenaba acremente al crimen.

La declamación en Juvenal comenzó por ser un vicio de escuela, y concluyó por ser la necesidad del ciudadano. ¿Y se le quiere culpar por esto? no se quiere admitir la interpretación razonable y equitativa, sino que se tratan de sentar hipótesis violentas, ¡que den a las acciones más inocentes móviles abyectos!

Pero a pesar de tan violentos ataques, no pueden menos de reconocer los justos méritos que adornan a este poeta, ¡tan cierto es que la señal de un mérito extraordinario es de ver que los que más lo atacan, se encuentran en la necesidad de alabarlo!

Puede decirse que Juvenal declamaba más bien por distracción que por obligación. Su vida la pasaba en Roma, y por cierto que es preciso saber lo que la ciudad. eterna era en aquel tiempo, para llegar a comprender en que escuela práctica se formaba el que después fue el primero de los satíricos de la antigüedad.

Sus sátiras, cuyo examen especial haremos ligeramente después, nos dan muchas noticias en diversos pasajes, y es guiados por ellas, que se puede reconstruir, de una manera algo incompleta, el medio en que vivía.

Hemos ya visto las huellas que en sus sátiras dejaron los acontecimientos del reinado de Claudio «el imbécil». Las sátiras I, II, III, VI y VIII contienen múltiples alusiones al reinado del cruel y sanguinario Nerón (807-821 de Roma, 54 á 68 d. J. C.).

Los reinados de Nerón y Domiciano están marcados en la historia, como épocas de máxima corrupción de las costumbres y de descarado entronizamiento del crimen y de la disolución.

Según Lemaire, la posteridad es deudora á las sátiras citadas, de conocer que Nerón fue cochero, cantor, músico, histrión, incendiario, disoluto y crápula.

Los v. 32 á 36 de la sát. I, no son más que una revista de todos los delatores más famosos entonces, comenzando por el obeso abogado Mathon y concluyendo por el infame Tigellino.

Nerón, mientras Séneca y Burrhus estuvieron a su lado, no dio a conocer lo que sería después. Desde el año 61, el asesinato de su madre Agrippina inauguró la serie de crímenes y horrores que tan triste celebridad han dado a su reinado. Hasta la muerte de Burrhus, acaecida el año 63, Nerón se contuvo, pero muerto su prefecto del pretorio, y retirado Séneca a la vida privada, fue omnipotente dueño de haciendas, vidas y honores, el favorito C. Sofonius Tigellinus. Fue entonces que Nerón tomó por esposa a la infame meretriz Poppea Sabina, célebre por su disolución y desvergüenza. ¡Pronto Roma no se ocupaba más que de los impúdicos escándalos de la meretriz coronada!

Juvenal tenía entonces de 22 á 23 años, y vivía mezclado con la sociedad de su tiempo, de manera que no pudo menos de ser testigo ocular de aquellas locuras insensatas,

Es sin duda alguna recordando tan nefandos tiempos, que exclama:[7]

Nil erit ulterius, quod nostris moribus addat
Posteritas: eadem cupient facicntque minores.

«Nada hay ya más, que pueda la posteridad agregar a nuestra disolución actual: nuestros nietos no podrán ni pensar ni ejecutar desórdenes mayores.»

La sátira en aquella época era el único género literario propio para enardecer el genio, e inspirarle pinturas inimitables. Juvenal comprendió bien toda la horrible origina-

---
7. Sát. I v. 147.

que encerraba la degradación romana. Jamás los hombres se habían sumido en una corrupción igual, y por consiguiente nadie había podido describirla; jamás, afirma el mismo Juvenal, se podrá llevar más lejos el vicio y la locura en el porvenir, y por ello, este espectáculo criminal será siempre como el extremo límite de la depravación humana.

¿Cómo no conceder que, ante semejante espectáculo, Juvenal se indignase profundamente? Pero los aciagos tiempos que sobrevinieron, le obligaron a encerrar en su pecho esa cólera rugiente, á comprimir esa indignación violenta que lo ahogaba, de manera que cuando estalló, lo hizo de una manera tal, que bien puede considerarse. como muy cerca de la perfección.

Poco después contemplaba Juvenal el imponente espectáculo de Roma devorada por llamas, atizadas por su dueño y señor. Todavía más: el año 65 d. J. C. se descubrió la conjuración de C. Calpurnius Piso, y con ese motivo, Nerón se deshizo de todo aquel que no le agradaba.

¡Los templos de la metrópoli del mundo, estaban llenos de ofrendas a los dioses inmortales, por haber librado a Roma de gente tan perversa! Y nótese que tomó parte en aquella malhadada conspiración, el reducido núcleo de hombres honrados de aquella época.

Ese mismo año presenciaba el imperio una carnicería espantosa: la primera persecución de los cristianos había sido decretada....

Pero Nerón no podía pasar un año sin nuevos crímenes que vinieran a variar así la monotonía de sus placeres: al año siguiente hizo morir al virtuoso Thráseas, el amigo ilustrado y consejero de Persio.

Estos acontecimientos no podían menos de preocupar

hondamente a la sociedad, é impresionar por lo tanto á Juvenal.

El reinado de Nerón fue una larga serie de dilapidaciones, escándalos y crímenes públicos, a los cuales debíase solo aplaudir, pues de lo contrario.... ¡ay del audaz mortal que se atreviera a criticar los actos del futuro dios![8]

Juvenal era joven y vivía bastante alegremente, sin preocuparse mucho de la cosa pública. Las impresiones que entonces recibió se reflejaron fielmente después en sus sátiras.

Es pues, examinando los variados acontecimientos que tuvieron lugar durante su vida, que vamos poco a poco comprendiendo el porqué de aquellas particularidades que antes nos asombraban: la violenta fogosidad de su carácter, la amarga ironía de su burla, la extremada hipérbole de sus apóstrofes. La sinceridad de su indignación resalta más y más, y nos explicamos la causa de un silencio de más de 40 años.

Hechos son estos que justifican á Juvenal de las acusaciones que se le han formulado, con más elocuencia y verdad que los argumentos más ingeniosos.

La vida privada de un escritor nunca influye tanto en sus escritos como su vida pública: las obras de un autor son el genuino producto de su tiempo, pero no siempre llevan el sello de sus vicios ó virtudes privadas.

Es pues de grande importancia precisar la influencia de la época, aunque no es menos interesante indagar la vida privada. Hemos ya expresado en el capítulo anterior los

---

8. Es sabido que los emperadores romanos eran adorados como dioses después de su muerte.

fundamentos que afianzan nuestra opinión, acerca de la diferencia real que existe entre el hombre y el autor.

Desgraciadamente en cuanto a la vida privada de Juvenal, nos vemos reducidos a simples hipótesis o vagas conjeturas, pues lo poco que sobre ello sabemos, es lo que nos revela el trozo atribuido a Suetonio, y cuyo texto, como ya lo hemos dicho, se halla tan adulterado por los copistas y por el tiempo, que ha sido necesario interpretarlo y generalmente cada crítico lo hace a su manera. Hablando de Persio, hemos ya examinado la razón por que la mayor parte de los clásicos hayan llegado adulterados a nuestras manos, de suerte que cada mss. difiere casi seguramente de los demás. Los códices de Juvenal difieren notablemente entre sí; frases enteras se encuentran en unos y en otros no, muchas palabras han sido cambiadas, pero donde esta falsificación o adulteración es más notable, es en el mss. de la biografía, y más adelante veremos como una simple variante, en una palabra, ha originado ardientes controversias, que aun han quedado sin solución definitiva.

Los críticos modernos estiman como códices más preciosos, al de Voss y de Vallce, siendo considerados como los más notables comentadores, Voss, Wolfius, Oudendorp y Saumaise.

Es una gran lástima no tener fuente auténtica alguna a la cual recurrir en caso de duda, pues de todos los contemporáneos de Juvenal el único que habla de él es Marcial,[9] y eso tan poco claramente que es preciso recurrir a conjeturas.

Plinio el joven, que relata en sus admirables cartas. todos los sucesos literarios de su época, no dice nada de

---
9. En el cap. 21, lib. VIII y en la Ep. 18, lib. XII.

Juvenal, y de Quintiliano solo vagas suposiciones pueden deducirse, como ya lo hemos visto.

Durante la vida de Juvenal subieron al trono once emperadores diferentes: Claudio, Nerón, Galba, Othon, Vitelio, Vespasiano, Tito, Domiciano, Nerva, Trajano y Adriano.

La sociedad romana comienza en aquel siglo su agonía: las antiguas virtudes desaparecen y en su lugar nacen nuevos vicios.

Las leyes.... las había— ¿pero de qué sirven en una sociedad que de por sí sola se derrumba?

Las creencias habían desaparecido, y la religión existía solo en la forma. Y, sin embargo, Roma fue cada vez más supersticiosa, porque «esa es la enfermedad de los pueblos degenerados y de las malas conciencias. Es verdad que la religión de los romanos siempre fue un espantoso caos, pues se iban aumentando o reformando los dioses según lo exigían las circunstancias políticas. En el recinto de la ciudad eterna habia templos y altares para todos los ritos y para todas las sectas; encontrábanse creyentes y sacerdotes ¡desde los Druidas hasta los adoradores del Zervâne-Akerene de Zoroastro! Aquel espíritu de cosmopolitismo, que tan especialmente caracteriza a los romanos, era su más poderoso medio de dominación: por eso, en aquel pueblo la religión era solo un instrumento de la política. El pueblo aceptaba con increíble tolerancia toda nueva creencia, de manera que aquella Babel de religiones, no era más que el asiento de un escepticismo tanto más poderoso, cuanto que ya se había inoculado, por decirlo así, en las costumbres del pueblo. Ahora bien, los príncipes que reinaron durante la larga vida de Juvenal, salvo honrosas excepciones, son considerados como la encarnación de la disolución y del crimen.... ¿qué podría, pues, ser la religión que de ellos dependía, y cuyos sumos Pontífices eran también ellos?

La filosofía era solo objeto de míseras disputas de sectas, compuestas de filósofos sin dignidad, cuando no de hipócritas buscavidas, todos ellos tan perfectamente caracterizados por Luciano en su *Nigrinus*.

La lujuria, según una expresión harto célebre, enervaba los cuerpos y las almas.

Ya hemos demostrado como en el imperio había nobles, plebeyos y soldados, y como no existía en realidad esa clase media, que encierra casi siempre el germen de nueva regeneración social.

La sociedad se hundía, desaparecía inevitablemente: era esto solo cuestión de tiempo. Los espíritus ilustrados veían el abismo y no hallaban medio de salvación: el porvenir no podía ser más infausto. Los que vislumbraban mejoras en el futuro no podían o no querían hacer nada para acelerarlas: sumíanse en los placeres, si eran epicúreos; suicidábanse, si eran estoicos. La mayoría del pueblo permanecía indiferente, porque las mayorías nunca se preocupan de nada, sinó que prefieren ser guiadas por minorías ilustradas.

Si el estado social de Roma era desesperante, no era menos aterrador su estado político.

Los reiterados crímenes y la total inepcia de Nerón acarrearon su muerte, y originaron al mismo tiempo el predominio del elemento militar.

Virginius, Vindex y Galba, notables generales de la época, se disputaron el poder: el pueblo romano era solo el fantasma de la soberanía.... ¡Cuando un pueblo no sabe hacerse respetar ni vindicar sus derechos, bien merecido tiene que le esclavicen tiranos despreciables!

Los aventureros de fortuna ó de genio se sucedieron en el poder con espantosa rapidez. Nada seria este rapidísimo cambio de decoraciones teatrales de la época, sino que para subir al trono lo hacían nadando en sangre, despilfarrando tesoros, violando, robando, y cometiendo toda clase de crímenes y exacciones, porque sin estas insignificantes concesiones no se habrían. podido captar el apoyo de las legiones!

La larga carrera de Juvenal coincide, pues, con la época más vergonzosa y abominable de la historia romana. Durante cerca de sesenta años, pudo contemplar todas las locuras del despotismo y las turpitudes de las costumbres públicas y privadas.

No pudiendo escribir durante esos largos años de extrema servidumbre, dice un crítico notable, anotó en silencio todas las bajezas y las infamias de que era testigo, comprimiendo su indignación y cuando el reinado de Neva, Trajano y Adriano, le permitió expresar libremente su sentimiento y pintar lo que había visto, habló quizá con tanta mas pasión cuanto más tiempo hacía que callaba.

Juvenal describe, pues, con inusitada elocuencia el espectáculo horrorizante de aquellos emperadores de un día, que consideraban al trono, ora como un banquete perpetuo, ora como una orgía continua, ora como un cadalso siempre pronto.

Los tesoros se consumían, las vidas eran arrebatadas, confiscados los bienes, —¡todo según el capricho de soldados incultos o feroces!....

¡Que escuela terrible para una conciencia recta! que indignante cuadro para un noble corazón! Por eso Juvenal es incomparable en sus magníficos apóstrofes, y en sus irónicos sarcasmos.

Diez años gobernó solo al imperio romano, un hombre recto y severo soldado, Vespasiano, pero manchó su gloria con la ejecución de Helvidius Priscus, cuya memoria, según el inmortal testimonio de Tácito, era respetada y alabada como protesta muda contra la tiranía.

Sigue á Vespasiano, su hijo Tito, el destructor de Jerusalén, pero cuyo benéfico reinado ha merecido ser llamado la delicia del género humano». El hábil Agrícola, cuyas virtudes ha perpetuado Tácito, conquistaba entonces la Bretaña.

La sociedad romana fue conmovida en aquella época por un acontecimiento luctuoso: el Vesuvio sepultó bajo su ardiente lava á Pompeya y Herculano.

Juvenal habla largamente de Agrícola en varias partes de sus sátiras.

En la sát. VI v. 156 sqq. se refiere nuestro poeta a los escándalos de Berenice, que tan hondamente impresionaron á la sociedad romana de aquella época, es decir año 75 d. J. C. 828 de Roma y 34 de Juvenal. Berenice era la hija de Herodes, hermana de Ptolomeo, y concubina de Agrippa. Hija y hermana de reyes, fue también querida de rey. Su historia incestuosa ha hecho célebres los fastos del último rey de Judea.

Juvenal, pues, no olvidaba nada. No menciona, sin embargo, ni la terrible peste que desoló entonces al imperio, ni el deplorable incendio que destruyó al Panteón y al Capitolio.

Pronto subió al trono Domiciano, monstruo de memoria execrable y de quien largamente se ocupa Juvenal en sus sátiras, como veremos después, y que imperó en Roma desde el año 81 d. J. C. hasta el 96.

Si aquella época ha sido la más corrompida que la historia recuerda, Domiciano fue el más depravado de los hombres.

Todo de cuanto más horroroso pudiera imaginarse, no bastaría para dar una idea exacta del estado del imperio entonces. Una frase de Tácito pinta con admirable concisión aquel estado, y esa frase la hemos citado como epígrafe del capítulo II.

Esas palabras, cuya sencilla grandeza se pierde al traducirlas, expresan cuán grande modelo de paciencia fueron, pues, dice, si nuestros antepasados conocieron lo más sublime de la libertad, nosotros hemos conocido lo más abyecto del servilismo: ¡el espionaje nos impedía hasta el hacer uso de nuestra facultad de hablar y de oír!

Nada caracteriza más aquella horrenda degradación que estas palabras: *adempto per inquisitiones et loquendi audiendique commercio!*

Razón, pues, tenía Juvenal para desahogarse tan violentamente como lo hizo: la misma naturaleza de los hechos hacía imposible otro lenguaje.

Juvenal es el complemento de Tácito: sus sátiras son la pintura fiel de las costumbres de una sociedad, cuyos hechos políticos han sido admirablemente descritos por las Historias y los Anales del otro.

Ambos se encontraban en condiciones casi idénticas. Su vida privada es casi desconocida, porque la pasaron en la oscuridad: durante ese tiempo parece que hubieran hecho un acopio de odio é indignación, que más tarde se desbordó en sus obras.

Han esperado para escribir esos tiempos raros y felices en los cuales, según la bellísima expresión de Tácito, ¡era permitido pensar lo que se quería, y decir lo que se pensaba!

Pero Tácito, como bien lo hace notar M. Martha, habla como político y hombre de estado, con una melancolía concentrada y con toda la penetración de un espíritu práctico que parece no haber permanecido extraño á los negocios. Por el contrario, Juvenal, fiel a las tradiciones oratorias de su juventud y aun de su edad madura, se desencadena contra las costumbres de su siglo con el arrebato del declamador, y con esas violencias calculadas del lenguaje, cuyo estudio había hecho con tanta detención.

La diferencia, pues, que existe entre ambos, se desprende de su tan diversa vida y carácter.

Pues bien, la época que caracteriza tan perfectamente Tácito en la frase que antes hemos citado, era espantosa.

No hablaremos aquí ni de las horrorosas matanzas que la inauguraron, ni de los humillantes castigos impuestos tan frecuentemente á los ciudadanos, ni de la segunda persecución contra los cristianos…. pues ¿qué podría decirse de un hombre que en vida se hizo adorar como dios por el pueblo entero, haciéndose levantar templos y altares, instituyendo sacerdotes para su culto, y proclamándose hijo de la diosa Pallas?

Al examinar la sát. IV, veremos hasta que grado subieron los locos caprichos de aquel tirano.

Todas las sátiras, por otra parte, están llenas de alusiones á su nefando imperio.

Asesinado Domiciano el año 96 d. J. C. 849 de Roma, cuando Juvenal ya contaba 56 años, sube al trono el anciano

Nerva, cuyo principal mérito, según un historiador, fue nombrar a Trajano por su sucesor.

Es á Nerva probablemente, según la opinión de M. Perreau, a quien se refieren aquellos famosos versos, cuyo significado ha sido tantas veces debatido.

Et spes et ratio studiorum in Casare tantum......[10]

Dos años más duró Nerva, pues Trajano le sucedió el año 98 d. J. C. Al año siguiente, M. C. Frontón, de quien hemos hablado al principio de este capítulo, fue nombrado cónsul.

Ese mismo año Marcial se fue a su patria, Bibulus, en España, habiéndole costeado el viaje Plinio el Joven, muy amigo del emperador.

Marcial tuvo íntima amistad con Juvenal, segun se colige del epíg. 24 lib. VII; y al año siguiente de estar en España le dirigió el epíg. 18 lib. XII, célebre por las deducciones que de él se han querido sacar acerca de nuestro poeta satírico.

Hemos dicho antes que lo único que de la vida privada de Juvenal sabemos, aparte de su biografía por Suetonio, es lo que Marcial nos da á entender, por ser el único escritor contemporáneo que le menciona.

Debemos pues prestar la debida indicacion á estas alusiones.

Dice Marcial al principio de su epíg. XVIII *ad Juvenalem,* lib. *XII.*

---

10. Sát. VII v. 1,

*Dum te forsitan inquietus erras
Clamosa, Juvenalis, in Suburra.*

....

«Mientras que tu recorres en todo sentido, oh, Juvenal, el ruidoso cuartel Suburra....» Esta frase encierra una alusión tan explotada y comentada por los adversarios de nuestro poeta, que no podemos menos de examinarla.

Frecuentar el cuartel Suburra, quería decir bajo el imperio, llevar una vida disipada.

En efecto, el cuartel Suburra se encontraba entre el monte Esquilino y el monte Celio, dos de las famosas siete colinas de Roma. Ambos montes eran el asiento de la más baja clase de la plebe, que los habitaba casi exclusivamente. Es preciso para explicarse este hecho, formarse cuando menos, una ligera idea de lo que aquellos montes eran.

Sobre el Esquilino se encontraba el soberbio acueducto de Appio Claudio, y el magnífico templo de Junio Lusina,[11] que dominaba toda la colina, en cuyo declive es fama se hallaban las ruinas del palacio de Servio Tulio, junto a la *Vicus Sceleratus,* que deriva su nombre del conocido crimen de Tulia, cuando arrastró por la calle, uncido a su carro, ¡el cadáver aun palpitante de su propio padre recién asesinado!

Mas allá del Esquilino encontrábase el baluarte con que Servio Tulio rodeó á Roma, y sobre las ruinas de antiguos cementerios, se admiraban entonces los aun espléndidos y elegantes jardines del célebre Mecenas.

Al pié del monte Celio se encontraba el cuartel de las

---

11. Hacemos esta descripción con planos de la Roma de aquella época.

Carenas, vecino del de la Suburra, y por el cual pasaba la Via Sacra, la grande arteria de aquella ciudad incomparable, y que se extendía desde el Fórum hasta el puente. Rodeada de soberbios edificios, la Via Sacra, continuación solo de la Vía Appia, era por donde pasaban las procesiones y los triunfos.

Tras de aquella espléndida calle, y encerrado entre dos colinas, se encontraba el cuartel de la Suburra, asiento casi exclusivo de la prostitución y del libertinaje. Allí tenían lugar las más horripilantes escenas que la disolución mas refinada puede imaginar, y frecuentaban sus calles solo aquellos que querían entregarse en brazos de la licencia desenfrenada. Las meretrices dominaban allí, y solo se presenciaban orgías.

Luego, pues, si Juvenal era tan asiduo frecuentador de aquel barrio, era porque indudablemente llevaba una vida relajada.

Somos imparciales en nuestro estudio, y así como hemos alabado sus bellezas y defendido sus cualidades, no podemos menos de condenar sus excesos.

Llevaba nuestro poeta una vida bien desarreglada, ¿más es esto acaso extraño en una época, en la cual el practicar la virtud era antigualla, y solo era honroso hacerse notable por sus vicios?

¿Acaso de este hecho podemos deducir con M. Nisard, que nuestro poeta era un cínico que criticaba lo que el mismo practicaba, y que por lo tanto sus obras carecen de sinceridad?

De ninguna manera.

En efecto, Marcial y Juvenal eran casi de una misma edad, luego tendrían entonces de 60 á 61 años: las alusiones, pues, del poeta español, solo podían referirse a épocas pasadas. Marcial vino a Roma cuando reinaba Nerón, el año 65 d. J. C. teniendo entonces cerca de 24 años. Se conocieron con Juvenal y llevaron ambos una vida alegre y licenciosa. Hasta los 40 años, Juvenal siguió la corriente de su tiempo, entregándose a la declamación y a los placeres. Es, por lo tanto, muy posible que la intimidad de ambos haya sido muy estrecha, conjetura que autoriza el hecho de que las tres veces que Marcial se dirige á su amigo, termina sus epigramas con un verso obsceno.

Pero, bajo Domiciano, Juvenal notó lo fútil que era aquel modo de vivir: abandonó la declamación y se dedicó a escribir sátiras, pronto veremos porqué.... En una palabra, se retiró de la vida agitada, después de conocer por experiencia lo poco bueno y lo mucho malo que había entonces en Roma. Por esta razón es que sus descripciones son verídicas y sus alusiones merecen entera fe. Solo por un delirio de denigración se explica que haya llegado a sostenerse por un escritor notable, que Juvenal escribía sus sátiras por la mañana, y ¡por la noche era el protagonista de desenfrenadas bacanales!

Algunos críticos pretenden que el Juvenal a quien dirige sus epigramas Marcial no es el autor de las sátiras, y que por lo tanto no tienen ningún valor las alusiones del poeta español. Lo cierto es que Juvenal no nombra en ninguna parte á Marcial, ni le menciona, a pesar de hacerlo con Quintiliano[12] y con otros.

En el mismo epigrama ya citado, exclama Marcial:

---

12. Sát. VI° 75 y 280.

Dum per limina te potentiorum
Sudatrix toga ventilat, vagumque
Mayor Cœlius, et minor fatigant;

«mientras que tú, cubierto de sudor, sin más que tu toga para limpiarte, te presentas a la puerta de los potentados, y te fatigas yendo y viniendo del grande y pequeño Cœlius....»

Lo que indica que Juvenal andaba de puerta en puerta de los ricos, probablemente sufriendo esa humillación por necesidad. Es decir, que Juvenal se mezclaba a la turba de los plebeyos pobres que cada mañana venían a saludar a su patrón, y a recibir la *sportula*. ¿Qué era, pues, esa extraña institución, de la cual vivía una gran parte de la plebe?

Todas las mañanas, antes del amanecer, dice un historiador, los pobres clientes de las grandes casas, abandonaban sus miserables habitaciones, para venir a desear los buenos días a sus ricos patronos. Todos querían llegar los primeros y parecer afanosos de cumplir aquella atención. Se les veía alineados a lo largo de los muros, transidos de frio en el invierno, sofocados por el peso de la toga en el verano, ocupados siempre en defender su lugar contra los perros y los esclavos, hasta el momento en que la puerta se abría y eran introducidos sucesivamente en el atrio; pasaban entonces inclinados ante el patrón, quien apenas se dignaba prodigarles despreciativas sonrisas, y después recibían del mayordomo, previo un minucioso examen, la cantidad de 10 sestercios (10 pesos moneda corriente), que se denominaba *Sportula*.

Según se deduce del epigrama de Marcial, Juvenal era de esos clientes....

De aquí se ha deducido, que, disipado su patrimonio, Juvenal había tenido que solicitar auxilios de los ricos, ¡y probablemente que vivir a costa de algún gran señor!

En este pasaje se fundan muchos críticos, para deducir que Juvenal se había empobrecido por su vida fastuosa y disipada, y que no había tenido más tarde el suficiente. coraje de ganar personalmente su vida, sino que había preferido mendigar adulando. De aquí infieren que la indignación de sus sátiras, si bien es verídica, es sólo una especie de venganza por las repetidas humillaciones que sufrió.

Según esta escuela, Juvenal, reducido a la pobreza, sufrió humillaciones terribles en los atrios y en las mesas de los ricos, cerca de los cuales se arrastraba como parásito adulón.

Aquella violenta situación, a que la inhumana necesidad le había forzado, amargó su noble carácter, y le hizo exclamar después, en bellísimos pasajes, versos como este:

Nil habet infelix paupertas durius in sc,
Quam quod ridiculos homines facit.[13]

Ya Horacio había señalado la venganza que el talento logra sobre esos vejámenes, cuando exclama:[14]

.... paupertas impulit audax,
Ut versus facierem.

Al tratar de la sátira III de Juvenal, veremos hasta qué

---

13. Sát. III v. 152.
14. Lib. II. 2. v. 51. Epist.

punto es acertada, a nuestro modo de ver, la opinión del distinguido Dr. Hoefer, de que nuestro poeta «cruelmente humillado en su orgullo de romano, encontró su venganza en la sátira, donde desbordan los odios acumulados durante una larga existencia de solicitaciones.»[15]

Pero, se dice, de ese epigrama de Marcial, dirigido a su querido Juvenal, se deduce irrefutablemente que este severo moralista, ese inflexible censor de los extravíos y de los vicios de su tiempo, ese azote terrible de las flaquezas humanas, ... sitiaba les puertas y los atrios de los palacios, mendigaba los favores de los grandes, y doblaba la rodilla ante los altares de la fortuna: ese epigrama, añaden todavía, nos lo describe fatigado, cubierto de sudor, evolucionando en los tortuosos senderos de la intriga, ...

¿Pero esto que indicaría? que era pobre o que era ambicioso. Si lo primero, entonces nuestras deducciones se encuentran confirmadas. Si lo segundo, también salimos victoriosos. Vamos a demostrar claramente esta segunda. proposición, que parece a primera vista, contradecir la anterior.

En el capítulo tercero aludimos ya a nuestra convicción de que hay una gran diferencia entre el hombre y el escritor, y que no son ambas personalidades sinónimas. Por eso dijimos que no se podía deducir consecuencias ineludibles acerca de la vida literaria de un escritor, por datos de su vida privada.

En el capítulo anterior, hemos demostrado plenamente nuestro aserto: Persio nos ha dado para ello repetidas ocasiones.

---

15. *Nouvelle biographie générale.*

Admitiendo ahora la segunda proposición de nuestro dilema que Juvenal era ambicioso, tenemos ocasión de justificar nuestro enunciado acerca de Persio.

He aquí como Juvenal censuraba con rigidez, y criticaba con energía las mismas costumbres que practicaba, según se deduciría de Marcial.

Séneca escribió su tratado sobre *el desprecio de los bienes de este mundo*, sobre una mesa de oro....

Salustio, el más corrompido de los romanos, vapuleaba audazmente a su tiempo....

Persio, el más modesto y puro de los escritores, usa en algunas partes, del lenguaje más obsceno....

¿Estos hechos han disminuido acaso, en algo el mérito literario de aquellos escritores? Por ningún concepto. Luego entonces, la vida privada de un escritor no autoriza a prejuzgar de sus producciones literarias, ni sus obras son el reflejo de sus costumbres.

Nuestra tesis, pues, habría recibido una confirmación brillante, si admitiéramos que Juvenal frecuentaba a los grandes por ambición, y que por esta sufría tan acerbas humillaciones.

Pero nos inclinamos a la opinión de que las sufrió por pobreza, y ya hemos explicado más arriba en que nos fundamos.

Séanos permitido, para concluir de bosquejar una opinión que más adelante rebatiremos completamente, que de ella se deduce que la indignación de Juvenal no fue la santa cólera de la virtud, peculiar solo a los grandes moralistas, sino más bien una venganza terrible de ultrajes recibidos a menudo.

Sin embargo, un distinguido crítico sostiene que «no es

que Juvenal haya tenido necesidad de tender la mano como los otros, pues que su fortuna, como bien se desprende de varios pasajes de sus sátiras, le permitía despreciar la mísera *Sportula*, pero quería sin duda hacerse de protectores poderosos; deseaba, quizá, mezclarse de alguna manera, a ese mundo suntuoso que para él no tenía otro acceso.... es por eso que ha soportado esas humillaciones que tan vivamente describe.»

La aristocracia romana, según esta escuela, no habría recibido bien a Juvenal, porque cuanto más había perdido de su poder, tanto más se empeñaba en conservar esas distinciones fútiles que tan insoportable la hacían; creía vengarse por este modo de los ultrajes de los césares; no le quedaba más que un derecho: el de ser insolente con sus inferiores, y ¡gozaba en abusar de él!

No hay nada que nos irrite tanto como esos desprecios, exclama un escritor, sobre todo cuando vienen de personas que en realidad no tienen más poder que nosotros.

Cuando el orgullo está apoyado sobre una autoridad real, parece tener su razón de ser, y se le soporta con más resignación, pero no se puede resistir impasible la impertinencia de una aristocracia, que es a la vez impotente y vanidosa. Juvenal se expresa, por lo tanto, con amarga ironía de la de Roma. Pero la causa primera de esa irritación contenida no es en manera alguna las humillaciones de la pobreza, pues era rico: poseía, según se ha podido comprobar, una renta de 24,000 sestercios anuales, lo que, si es verdad que no constituía una fortuna, ¡era lo suficiente para vivir en la ponderada aurea mediocritas de Horacio

Mas sea lo que fuere, sus cuadros no por eso dejan de

tener una energía tal, que aclaran con deslumbrante luz las turpitudes de la sociedad de su época.

Aun concediendo que sus sátiras tengan un cierto carácter de venganza contra una sociedad que no le ha comprendido, no por eso dejan de ser una fidelísima imagen de la terrible corrupción de aquel tiempo.

Indispensable seria pues, su estudio, bajo cualquier punto de vista, para poder apreciar acertadamente la índole de la sociabilidad romana en el primer siglo de nuestra era, que es lo que nos hemos propuesto en el presente trabajo.

Juvenal, como toda la juventud de su época, más atraído por el éxito brillante y fácil, pero superficial, que por la ciencia difícil, aunque profunda, entregado en brazos de la declamación; al salir de la escuela, dice uno de sus más notables críticos, que mostró su talento como orador antes que como poeta, y desplegó en la arena del Fórum y en las luchas reales de la tribuna judicial, esas fuerzas poderosas que había adquirido en los combates imaginarios de la retórica y aunque de sus oraciones no nos resta fragmento alguno, es de presumir que se distinguiera en ellas, pues algunos de sus biógrafos le cuentan entre los oradores distinguidos, de la misma manera como Quintiliano cuenta a Lucano entre los abogados.

La primera biografía de nuestro poeta dice que después de declamar hasta los cuarenta años, *deinde paucorum versuum satira non absurde composita in Paridem pantomimum poetamque...*

En estas palabras encuentran los críticos la razón que impulsó a Juvenal a escribir sátiras.

La sátira a que se refiere esa biografía fue leída a un

corto número de amigos, y lanzada a la publicidad según unos, guardada según otros.

La segunda opinión es la más verosímil, como veremos después.

M. Dussaulx opina que aquella sátira se publicó, y que siguieron dándose a luz las demás, según fueron escritas. Otros críticos y de gran autoridad, pretenden que nuestro poeta escribió solo a los sesenta años, es decir, cuando los hielos de la vejez había casi apagado la fuerza y el calor de la juventud, —aserción que las sátiras mismas, en cierto modo contradicen, pues la manera como están escritas, traicionan aquella época de la vida, en que el vigor está unido a la madurez, es decir desde los 40 hasta los 50 años. No nos parece, pues, que merece más discusión semejante hipótesis.

Los versos aludidos por Suetonio en las palabras arriba citadas, son los siguientes:

....*sed, quum fregit subsellia versu,*
Esurit, intactam Paridi nisi vendat Agaven.
Ille et militiæ multis largitur honorem,
Semestri vatum digitos circumligat auro.
Quod non dant proceres, dabit histrio:[16]

La alusión era demasiado clara: ningún velo la cubría. Las sátiras se publicaron bajo Adriano, cuando un histrión

---

16. Sat. VII v. 86 á 90... «pero, después de tantos elogios, morirás de hambre, sino vendes à París, las primicias de Agavé.

Es él quien dispensa los honores militares, quien coloca en el dedo de un poeta el anillo de oro del tribuno militar.

Lo que los grandes no nos pue len dar, lo concede un histrion....»

era el favorito todo poderoso del emperador. Sin embargo, esa sátira, según Suetonio, fue escrita bajo Domiciano, cuando otro histrión igualmente omnipotente, dispensaba todos los honores.

La corte, que favorecía mucho al histrión, se imaginó que los versos contra el antiguo histrión París, publicados entonces por la primera vez, eran una sátira contemporánea y actual, o bajo otras palabras, una alusión picante al favorito, y, dice M. Martha, como para responder á una malicia con otra malicia, hizo nombrar al poeta octogenario prefecto de una legión en los confines del mundo, en Egipto o en Libia, ó quizá en algún oásis donde enviaban a los desterrados. El viejo poeta no tardó en morir de pena y de fastidio en tan lejano destierro.

Los eruditos están en completo desacuerdo acerca de esto. Se ignora el lugar y año de su muerte. Las más diversas hipótesis se han inventado ya para explicar su destierro, ya para determinar el lugar a donde fue enviado, ya para conocer el año de su muerte, ya, por último, para conjeturar como se pasaron los últimos años de su existencia.

Es en vista de esta grande diversidad de opiniones, que trataremos de examinar este interesante punto, aceptando solo aquellas conjeturas que nos parezcan demostradas.

Todos los críticos están acordes en que hubo destierro, y que su causa fue el pasaje citado de la sát. VII, donde se alude al histrión París.

Por desgracia, casi todos los emperadores que se sucedieron en aquella época tuvieron histriones favoritos, que reúnen todas las cualidades a que se alude en la sát. VII, pero solo dos se llamaron París. El uno fue el favorito de

Nerón, el otro el de Domiciano: ambos perecieron por orden del emperador á quien divertían.

El primer París murió bajo Nerón, es decir, antes del año 68 d. J. C., época en que fue asesinado aquel tirano. Juvenal tenía entonces recién 25 á 27 años, y según opinión general recien escribió esta sátira el año 81 d. J. C. cuando tenia 40 años.

Parece, pues, fuera de duda, que no se refiere al primer París, sino al segundo; pero nuestro poeta en el v. 87 de la sát. VII dice:

intactam Paridi nisi vendat Agaven,

refiriéndose a Stacio, a quien nombra tres versos antes.

Ahora bien, Stacio, el célebre autor de la «Thebaida», floreció bajo Nerón, y es fama vendió al histrión favorito una de sus tragedias, que bien pudo ser «Agave».

A él, pues, debiera referirse el poeta; mas no es dable creer que recién 15 años después, fuese a indignarse por hechos ya olvidados; sino que por el contrario se refiriese más directamente al histrión entonces floreciente, y cuyas vejaciones seguramente experimentó. Confirma esta opinión el hecho de que muchos mss., principalmente el de Voss, que es considerado como uno de los códices modelos, trae el siguiente cambio en la frase de Suetonio.

in Paridem Domitiani pantomimum

lo que resolvería la cuestión en caso de poderse demostrar que ese es el verdadero texto original —pero ¿cómo hacerlo? —ya hemos hecho ver antes cuán difíciles, sino imposibles, son estas pruebas.

La alusión á Stacio ha dado margen á otra duda. P. Stacio, nacido el año 61 d. J. C., aunque fue uno de los talentos más precoces que se conocen, no tenía más que 7 años al advenimiento de Galba, y por lo tanto estuvo en el apogeo de su talento recién bajo Domiciano; y entonces claro es que a él se refiere Juvenal.

Otros códices de fama, como el de Vallo, traen la siguiente variante:

.... *poctamque Claudii Neronis,*

lo que ha hecho creer que la alusion es al histrión París, favorito de Nerón, y que la Agave es del Stacio que floreció bajo aquel emperador.

La controversia, pues, se complicaba, y la duda parecía quedar sin resolución.

Afortunadamente el sabio profesor de Wittemberg, Wolff, ha dado de esto una explicación a la vez ingeniosa y verdadera.

La palabra *Claudii,* dice él, es un error de copista, puesto que ella sola está en desacuerdo con el resto de la biografía, y no permite interpretación racional. El original debió ser *Calvii,* de manera que el texto verdadero debiera ser:

poctamque Calvii Neronis

Ahora bien, sabido es que Juvenal llamó muchas veces *Calvo Neroni* á Domiciano, como p. e. en el v. 38 de la sát. IV.

Luego, pues, *Calvii Neronis* significaría Domiciano, y de este modo toda dificultad quedaría salvada.

La escuela que sostiene que esta sátira fue escrita bajo Nerón, se subdivide en dos ramas: la una pretende que desterrado entonces Juvenal, volvió más tarde a Roma, y pesaroso por la ausencia de su amigo Marcial, murió a los 81 años; y la segunda, encabezada por Oudendorp, asegura que nuestro poeta interrumpió después sus ensayos poéticos, y solo los reanudó bajo Adriano, época en que fue desterrado por un histrión favorito del emperador.

La escuela que, por el contrario, pretende que la sátira fue dirigida contra el histrión favorito de Domiciano, se subdivide a su vez en dos ramas diversas. La una opina que publicada la sátira entonces, fue desterrado nuestro poeta, y que murió recién bajo Antonino el piadoso. La otra pretende que dicha sátira fue recién publicada bajo Trajano, quien tenía también un favorito llamado París, por lo que envió al poeta en una expedición contra los Scotos.

Juan Malelas de Antioquia recuerda que Juvenal fue desterrado por Domiciano á Pentapolis, por haberse burlado de París.

Aún hay otros que pretenden que el origen del destierro fueron los versos siguientes:

Quum jam semianimum laceraret Flavius orbem
Ultimus, et calvo serviret Roma Neroni[17].

Nada de más incierto que estas aserciones vagas y contradictorias.

---

17. Sát. IV v. 37.

La cuarta sátira fue escrita después de la muerte de Domiciano, o el año 96 d. J. C. según M. Joubert, mientras que la primera, como se refiere a la condenación de Marius Priscus, no pudo ser anterior al año 100 d. J. C. Así, diez y siete años después de la muerte de París, Juvenal escribió una de sus más vigorosas sátiras. Claro es que si durante ese intervalo hubiese sido desterrado, sus obras ofrecerían rastros de este hecho, y sin embargo, todas parecen haber sido escritas en Roma.

Esta contradicción cronológica constituye una dificultad muy seria, pues los que hoy sostienen la opinión que acabamos de combatir, se apoyan en un pasaje de sát. XV, donde relata Juvenal una querella atroz entre los habitantes de Coptos y de Tentyra[18] v. 27 sqq. y cuyo v. 45 dice:

..... *Horrida sane*
AEgyptus; sed luxuria, quantum ipse notavi,....

Pero muchas ediciones de Juvenal traen «Ombos» en lugar de «Coptos», y aun nombres más raros se hallan en diferentes mss.

No se sabe con certeza cuando ese bárbaro hecho tuvo lugar, pues unos opinan que, al principio, otros que al fin del primer siglo de nuestra era.

Esa disputa según el v. 27 de la sátira aludida, tuvo lugar:

nuper consule Junio,

---

18. Ciudades limítrofes del Egipto, hoy cerca de Denderah.

pero aun admitiendo que este nombre fuese correcto, puesto que los códices difieren mucho al respecto, no podemos decidirnos si es Appius Junius Sabinus, cónsul el año 84 d. J. C., 6 Q. Junius Rusticus, cónsul el año 119 d. J. C. Salmasius y Dodwell se deciden por la opinión de que Juvenal fue desterrado al Egipto, y que después volvió a Roma, pero Francke ha elucidado este punto con gran erudición, y pretende que toda la historia del destierro a Egipto, es una mera invención de los gramáticos, y que la ignorancia de la topografía que se nota en suponer que Ombi se encuentra cerca de Tentyra, es tan grande, que hace poco probable que el autor haya visitado jamás aquellas comarcas, y que el párrafo todo, junto con las palabras *quantum ipse notavi*, es palpablemente una grosera interpolación.

En cuanto al lugar del destierro, además del Egipto, la Libia, o la Siria, ¡afirman algunos que lo fue la Bretaña, o el Danubio!

Es absolutamente imposible afirmar nada, sino que Juvenal estaba en la fuerza de su talento el año 120 d. J. C. Murió por el año 122 d. J. C. o 875 de Roma y 5 de Adriano, a la edad de 80 años.

¡Cosa rara! M. Michaud y los críticos que siguen su escuela, opinan sin embargo de diferente manera.

Para ellos está fuera de duda que Juvenal era ambicioso y que todo lo sacrificaba a su pasión: los epigramas de Marcial son considerados como suficiente prueba.

Esa ambición no le elevó mucho, sin embargo, porqué los nobles le hostilizaban encarnizadamente. No avanzó, pues, mucho en la carrera de los honores. Se le vé, sin embargo, partir para el Egipto, á la cabeza de una cohorte ó regimiento de infantería, con el título de prefecto ó coronel. Este empleo, dicen, fue recibido por Juvenal con agradecimiento, pero el poeta, convertido en guerrero, no tardó mucho en convencerse que era solo el juguete de su vanidad, y que lo que él había considerado como. una gracia especial, más parecía un presente odioso. Aquello acabó de entristecerlo, y el poeta octogenario pidió al emperador su retiro, para venir a morir en Roma, escribiendo sus impresiones de viaje. La sátira XV nos da detalles acerca de su permanencia en Egipto, y estaba concluyendo su última sátira, sobre la vida militar que tantos desencantos le había producido, cuando le sorprendió la muerte.

Parécenos inútil refutar nuevamente esta extraña opinión, pues nuestra argumentación anterior demuestra con claridad su falta de fundamento.

He aquí el resultado á que hemos arribado en nuestras investigaciones. No se puede tener seguridad alguna en los códices, pues casi todos ellos difieren considerablemente entre sí, y las interpretaciones que los críticos dan, son tan variadas y contradictorias, que no es posible descubrir la verdadera solución.

Este hecho demostrará una vez más cuán ingrates son estas investigaciones de mera erudición, en las cuales se emplea tiempo y paciencia, y sucede con frecuencia que el resultado que se obtiene está lejos de ser satisfactorio.

He ahí todos los detalles y todas las conjeturas que sobre la vida de Juvenal hemos creído deber estudiar. Las hemos examinado y discutido, bebiendo los diferentes argumentos en las fuentes más diversas y seguras, que no hemos citado las más veces por lo fastidiosa que es esa erudición, pero que podríamos aducir si se pusiese en duda la veracidad de nuestras aserciones. Hemos tratado de investigar con sinceridad e imparcialidad, todo aquello que pudiera arrojar alguna luz sobre la vida misteriosa de este poeta célebre. Hemos examinado su vida, y estudiado su carácter y la índole de sus obras. Veamos ahora que eran estas.

Para poder juzgar imparcialmente los diversos géneros satíricos y sus producciones más notables, es preciso, ante todo, tener en cuenta el siglo en que sus autores vivieron y las costumbres y la educación que recibieron. Ningún género poético es tan exclusivamente el producto de su época, como el satírico, pues que de ella toma sus argumentos, sus cuadros y aun sus frases.

Ya en el capítulo III hemos podido desarrollar este tema, y lo hemos confirmado, comparando, en cuanto nos ha sido posible, a los diversos satíricos de Roma. De aquel estudio deducimos la observación que Juvenal, aunque el último de los satíricos latinos tiene el mérito de no parecerse en nada a sus predecesores: sus sátiras, como bien lo hace notar un crítico actual, no son ni austeros diálogos morales como las de Persio, ni elegantes conversaciones familiares, como las de Horacio, sanó que son vigorosas declamaciones versificadas, pero sinceras, de rara y enérgica elocuencia, a la par que de brillante colorido.

Una rica y poderosa imaginación, una gran fuerza de voluntad, una habilidad consumada en el arte de impresionar el espíritu: he ahí las cualidades que harán, según una expresión célebre, que Juvenal sea contado siempre entre los grandes poetas, no solo de Roma, sino del mundo entero.

La larga vida de que gozó le permitió asistir a esa larga y terrible orgía del despotismo, que se personifica en los emperadores desde Claudio hasta Domiciano. Es en el espectáculo de esa corrompida sociedad, cuyas flaquezas tan bien comprendió, que debe buscarse la causa de su amargura, de su hiel y de sus hirientes hipérboles.

Pero la indignación de un hombre que ha asistido a todas las locuras del militarismo y a todos los crímenes y vicios de la época más nefanda de la humanidad, no puede ser fingida, como pretenden sus detractores, pues hasta repugna creer que, bajo tan ardiente y brillante apariencia, ¡se encuentre solo la fría fraseología de un declamador indiferente!

Si es verdad que sus sátiras no son acreedoras a los exagerados elogios que algunos apasionados admiradores les han tributado, no puede negarse su indisputable mérito y su grande utilidad.

La sociedad de aquella época presentaba fenómenos, por decirlo así, inexplicables. Para descubrirlos, tenemos que estudiarlos, y para esto, que elegir un guía.

Mas se nos objetará que los guías naturales son los historiadores. Pero estos solo nos muestran la época bajo una de sus múltiples fases.

No es el conocimiento exterior de los sucesos, la existencia oficial, lo que nos hemos propuesto indagar en este trabajo, sinó hacer un estudio crítico de aquella sociabilidad, examinar no solo las clases políticas, sino aquellas que no tomaban parte en los negocios, tratar de penetrar en la vida de familia, y de descubrir, en la oscuridad con que por lo general se rodean, esa multitud de secretos defectos, que producen, preparan y explican los grandes acontecimientos.

Para estudiar estos, ningún guía mejor que Tácito, el historiador incomparable; para indagar aquellos, nadie mas aparente que Juvenal, el satírico sin rival. Ambos se complementan mutuamente, como ya lo hemos hecho notar.

Juvenal, dice M. G. Boissier, es el único que nos pueda introducir en esas profundidades donde deseamos penetrar. Las diez y seis sátiras que nos ha dejado, encierran el más acabado cuadro de su época. Ha pasado en revista a todos los vicios de su tiempo: y sucesivamente ha estudiado a todas las clases de la sociedad de entonces. Nos transporta desde el palacio de Domiciano hasta aquella taberna de la Puerta de los Judíos, tan frecuentada por los marineros, los ladrones y los esclavos huidos, y nos hace contemplar, acostados lado a lado, a los empleados en las pompas fúnebres y a los sacerdotes de la grande diosa. Nos pinta los caprichos sangrientos de un Tiberio y de un Neron, los temores de esos nobles,

*In quorum fucie misero magnæque sedebat
Pallor amicitiae* [19]

la insolencia de esos advenedizos «que la fortuna eleva a las más altas dignidades, cuando quiere divertirse un momento», la hipocresía de los filósofos, la miseria de los literatos, las humillaciones de los clientes, la arrogancia de los ricos, etc., etc.

En una palabra, estudiar esas diez y seis sátiras, unas después de otras, es examinar completamente la sociedad romana del primer siglo de nuestra era.

En el curso de este trabajo, hemos ya tratado de conocer a fondo aquella sociabilidad atrayente por sus contradic-

---

19. Sát. IV 1.74.

y aun por su horrible originalidad. Para ello nos hemos servido de todos aquellos datos que hemos podido reunir, y entre estos, nos han sido de inmensa utilidad las sátiras que vamos a examinar brevemente.

Sentimos no poder dedicarles más espacio, más las estudiaremos a la manera de las sátiras de Persio, enunciando su contenido y haciendo resaltar sus méritos y defectos, para poder formular en conclusión un juicio sobre ellas.

Las sátiras de Juvenal son diez y seis, y tratan de las materias siguientes:

I— «Porqué escribe sátiras.» Esta sirve como de introducción á las demás, y el poeta explica en ella, las razones que le han impulsado a escoger el género satírico. Cuenta 171 versos.

II— «De los hipócritas», y está dirigida contra los falsos filósofos y los grandes degradados. Cuenta 170 versos.

III— «Los inconvenientes de Roma». Es una de las más espirituales y describe la vida en aquella ciudad. Cuenta 322 versos.

IV— «El rodaballo». Es famosa por la pintura que hace de los cortesanos de Domiciano. Tiene 154 versos.

V— «Los parásitos». Describe la insolencia de los ricos para con los pobres que se sientan en sus mesas. Cuenta 173 versos.

VI— «Las Mujeres». Es quizá la más interesante, pues es un cuadro completo de las mujeres de su siglo. Tiene 661 versos.

VII— «Miseria de los literatos». Pinta el desdén con que se miraba en Roma a los hombres de letras. Cuenta 243 versos.

VIII— «Los nobles». Es, según la opinión de La Harpe, la mas bella y la mejor escrita de todas las sátiras. Tiene 274 versos

IX— «Los protectores y los protegidos obscenos». Es muy dramática, pero en extremo inmoral. Tiene 150 versos.

X— «Los votos». Ofrece pasajes admirables, y en ella nuestro poeta ha tratado el asunto del Alcibíades de Platón. Tiene 366 versos.

XI— «El lujo de la mesa». Hace una descripción picante de los excesos de la gastronomía en aquella época. Cuenta 208 versos.

XII— «La vuelta de Catulo». En ella estigmatiza a los que adulan a los celibatarios, con la esperanza de heredar su fortuna. Tiene 130 versos.

XIII— «El depósito». Es un pequeño trozo gracioso y picante, que solo contiene 249 versos.

XIV— «El ejemplo». Es una de las mejores: trata de la educación y de la avaricia. Tiene 331 versos.

XV— «La superstición». Es aquella que se pretende fue escrita en Egipto, y cuya autenticidad hemos discutido largamente al hablar del destierro de Juvenal. Cuenta 174 versos.

XVI- «Prerrogativas del estado militar". Parece incompleta y aun apócrifa. Bajo las apariencias de un elogio, encierra una ironía cáustica y mordaz. Tiene solo 60 versos.

Tal es el contenido de estas sátiras, que vamos a recorrer ligeramente.

La primera sátira sirve de prólogo a las quince otras, y el autor expone rápidamente porqué se entrega con preferencia a este género poético.

Lo importuno de los poetas, la insolencia de los advenedizos, la atrocidad de los delatores, la bajeza de los intrigantes, la perfidia de los esposos, el furor de los juegos, el exceso de lujo, la avaricia de los patronos para con sus clientes: he ahí las causas que motivan su cólera tan justa.

No solo como moralista que se avergüenza de la corrupción de su siglo, sino también como poeta que quiere regenerar la poesía, tan rebajada entonces, es que Juvenal escribe sus sátiras. Cansado de oír recitar insípidos lugares comunes versificados en las lecturas públicas, quiere a su turno vengarse de los padecimientos que aquellas largas horas de oyente le han hecho sufrir, y exclama:

¿Semper ego auditor tantum? nunquamne reponam....

«¿Siempre seré yo oyente y no podré jamás replicar? ¿Será acaso impunemente que habré tenido que escuchar la «*Theseida*» y el «*Telepho*»?»

Ya hemos expuesto al final del capítulo III largamente, lo que se entendía en Roma por lecturas públicas, apoyándonos en la fuente más completa sobre el particular, como ser las cartas de Plinio el Joven. Nuestro poeta se refiere aquí a esa funesta institución, que útil en el principio, fue no tan solo inútil, sino en sumo grado perniciosa bajo el imperio. Cita con este motivo los nombres de algunas piezas en boga entonces, en esa clase de reuniones, que con tanta finura é ironía ridiculiza también Persio en su sátira primera, como ya lo hemos observado en el capítulo anterior. Hay una gran semejanza entre ambas sátiras. Así por ejemplo los v. 6-7 de la sátira de Juvenal, y los v. 69-70 de la de Persio. Todo ese trozo es perfectamente similar, pero esto se explica por qué ambos se refieren á la enseñanza de la versificación en las escuelas de declamación.

Persio en su sátira es más irónico, más natural que Juvenal, quien aparenta más indignación con mayor energía.

Es aquí donde nuestro poeta, v. 15, declara haber declamado.

Después de enumerar las diversas causas más arriba enunciadas, irritado por tal espectáculo, exclama:

Difficile est satiram non scribere!

Los horrores todos de aquella ciudad tan corrompida, lo hacen estremecer de cólera, y dice:

Quid referam, quanta siccum jecur ardeat ira,

«¿diré acaso que indignación me inflama y me devora?» cuando tal espectáculo lo irrita, cuando ve gente que por muy alta pasa y que comete las mayores infamias, pues, dice el poeta,

(quid enim salvis infamia nummis?)

«¿qué importa lo demás, si queda el dinero?»

Mas ya no le es dado contenerse al espectador imparcial: y nuestro poeta con una elocuencia viril, expresada en versos enérgicos y sonoros, cada vez indignándose más, revela todos los excesos de los falsarios de testamentos, de las matronas de alta alcurnia que envenenaban sin escrúpulos a sus maridos, de los nobles degradados que pretendían el mando de valientes cohortes, después de haber gemido por ser cocheros de la querida de Nerón, de esos ladrones tanto más audaces cuanto más encumbrada es la posición que ocupan.... de todo aquello, en fin, que hacía de Roma el cáncer del imperio.

La probidad, solo de escaruio sèrvia: el crimen era lo único que daba las riquezas y las posiciones.

¿Quién podrá dormir, exclama Juvenal, cuando se ve a un padre que corrompe a la avara esposa de su hijo, á esposas infames, y a adolescentes ya manchados por el adulterio?

Si natura negat, facit indignatio versum,
Qualemcumque potcst...

«¡Ah! si la naturaleza ha rehusado el genio, la indignación dictará los versos, de cualquier clase que sean.»

Et quando uberior vitiorum copia? quando
Mayor avaritiæ patuit sinus?....

Porqué, en efecto, ¿cuándo fue más rápido el torrente del vicio? ¿cuándo fue más profundo el abismo de la avaricia?.

Desatase en seguida Juvenal sobre el soberbio orgullo de los ricos, advenedizos hoy, esclavos ayer, y dice, « sea esto así:

Quandoquidem inter nos sanctissima Divitiarum
Magestas; etsi funesta Pecunia templo
Nondum habitas, nullas nummorum creximus aras,

puesto que tu culto, oro funesto, es entre nosotros el más augusto y el más sagrado, ¡aunque no te hayamos erigido templos, ni levantados altares!»

Fenómeno sorprendente, pero lógico: el apogeo de la civilización en una época produce la superabundancia de las riquezas, y de esto resulta un materialismo desenfrenado en todas las clases sociales, que les impulsa á tributar un culto ciego al «dios dinero», aunque, como dice Juvenal, ¡no le hayamos erigido altares ni levantados templos!

Este estado de cosas es el síntoma mas seguro de la decadencia de una época: los progresos de la civilización deslumbran, las letras, las ciencias y las artes hacen diariamente progresos asombrosos, pero la depravación de las ideas y la corrupción de las costumbres mina lenta pero sordamente el orden social, hasta que llega un tiempo en que el abismo se abre terrible, para devorar una época entera con sus falsas y sus verdaderas grandezas........ Época nefanda y terrible, en que reinan las pasiones desencadenadas, en que los buenos llegan hasta dudar del destino de la humanidad, y en que todo desaparece, todo, civilización, religión ¡y hasta la corrupción!

Y como es una ley fatal e ineludible que idénticas causas en circunstancias similares, producen resultados igualmente idénticos, no hay que olvidar, por lo tanto, ¡que la historia del pasado es la lección del presente!

Mas cuando una época se derrumba estrepitosamente en el abismo, entre la algazara de los corrompidos, el gemido de los buenos, y el asombro de los sabios, no por eso todo desaparece.... De ninguna manera, la misma decadencia encierra gérmenes de nueva reorganización, y la civilización moribunda deja una herencia preciosa a la cultura naciente.

La época que viene hereda los progresos alcanzados por la anterior, y principia su existencia histórica, en donde la otra concluyó la suya.

Así la humanidad siempre progresa, naciendo, desarrollándose y cayendo, para volver a levantarse más rica que la vez anterior. Poco a poco el progreso adelanta, siguiendo al través del tiempo y del espacio, su marcha imperturbable hacia la suprema felicidad: ¡meta engañosa que se aleja cada vez que más próxima parece! Así el progreso siempre indefinido, sigue su marcha sin detenerse, contando los siglos por momentos, razón por la cual nosotros, míseros mortales, que contamos los momentos. por siglos, ¡llegamos a menudo a desconfiar de su existencia!

Aumentaba por grados la fogosidad de Juvenal, cuando de repente un importuno le hace presente los peligros que encierra un lenguaje por demás libre.... Con este motivo observa un crítico notable, que aquellos que aspiran á la reputación de bravura y que tratan de convencer que no son dueños de sí, tienen siempre en reserva un amigo que desempeña el rol de moderador ¡y que les impide ir más allá!

De esa manera obtienen la doble ventaja de parecer intrépidos y de permanecer prudentes, al mismo tiempo que conservan las apariencias brillantes de la audacia, sin exponer su seguridad.

En efecto, Juvenal en su ardor declara que no retrocederá ante la sátira personal, que a nadie teme nombrar, porqué,

¿Quid refert dictis ignoscat Muscius, an non?

qué importa la cólera o la indiferencia de un tal? Felizmente el interlocutor pusilánime se encuentra á tiempo para templar tan noble furor, y para demostrarle que son otros los tiempos que cuando Lucilio, que es preciso considerar á los vivos, pues que el oficio de la maledicencia es bien terrible.

.... toeda lucebis in illa,
Qua stantes ardent, qui fixo gutture fumant;
Et latum media sulcum diducit arena.

….. «que alguno se atreva a ello, exclama, su cadáver arreglado servirá de fanal, y arrastrado pcr la arena, dejará tras sí un largo rastro.»
«Entónces, exclama Juvenal

…..Experiar quid concedatur in illos,
Quorum Flaminia tegitur cinis atque Latina

veremos lo que se permite contra aquellos, cuyas cenizas reposan a lo largo de las vías Flaminia y Latina.»

Con estas palabras concluye esta sátira, aludiendo en ellas a los cementerios de Roma, pues los romanos acostumbraban a enterrar sus cadáveres a los costados de los caminos, donde aún hoy día se encuentran multitud de lápidas funerarias.

Las vías Flaminia y Latina eran generalmente las preferidas por los nobles y los ricos, por cuya razón en ellas se encontraban los más suntuosos monumentos.

Esta primera sátira, ha dicho uno de sus traductores, es como la profesión de fe del poeta. La conclusión parece más hábil que valerosa, pero es solo porque se considera que, refiriéndose solo al pasado, a las costumbres generales de Roma, no se corría peligro alguno. Pues bien, tan horrenda era la época, que había un gran coraje en atacar a los muertos. Esa prudencia, que algún crítico mal intencionado ha osado calificar de cobardía, era bien permitida y legítima, en tiempos en que ningún poeta podía tener el derecho de ponerse al abrigo de las venganzas de los grandes y de los poderosos, porque estaban sometidos no solo al arbitrio del emperador, sino al capricho de todo el mundo.

Esta sátira retrospectiva es una especie de pintura histórica, y el poeta describirá en ella, no lo que ve, sino lo que ha visto, lo que ha oído decir, en una palabra, lo que recuerda.

Verdad es que su indignación ya no es más esa cólera súbita que excita el espectáculo de la degradación, sino sentimientos adormecidos que hace violentamente revivir. Es difícil de evitar el exagerar las cosas que hay que extraer de la memoria, y darles vida con la imaginación, porqué, como dice M. Martha, el recuerdo, en vez de hacer olvidar los objetos, los agranda algunas veces.

Justo es reconocer este escollo, y aun veremos más adelante como muchas veces se notan sus efectos en el curso de las sátiras, pero no por eso se justifica la opinión de M. D. Nisurd, que considera a Juvenal como a un satírico indiferente, «cuya indignación es mas de cabeza que de corazón.»

Juvenal, lo hemos demostrado ya, es un hombre

honrado, que tiene ardor y pasión, y en quien si bien ejerció alguna influencia la declamación, no por eso ahogó al moralista y al ciudadano, cuyos sentimientos patrióticos se revelan en numerosos pasajes de sus sátiras.

Juvenal, superior a toda vanidad urbana, no contento con castigar con el mismo látigo a los nobles que se prostituían en el teatro, y al pueblo que tenía la imprudencia de asistir a sus representaciones, reclamó siempre con energía contra el poder usurpado. No cesó nunca, dice M. Dussaulx,[20] de recordar los felices días de la república a esos romanos esclavizados, que habían sustituido el suicidio a su antiguo valor; a esos romanos degenerados, que, desde Augusto hasta Domiciano, no se habían vengado del despotismo más que con chistes, y que pronto debían entregarse a la anarquía, ¡para escapar a la opresión!

Bajo este punto de vista, nuestro poeta merece más ser estudiado, porque muy comúnmente es el intérprete de la opinión pública, «el poderoso heraldo de las ideas dominantes y de las preocupaciones romanas.»

Leyendo sus sátiras, se sabe no solo lo que se hacía en Roma, sino aun lo que se decía.

Nos hemos detenido algo en el análisis de esta primera sátira, porque es como la introducción a la vez que el resumen de las siguientes.

La sátira segunda puede bien dividirse en dos partes: la primera trata de los filósofos hipócritas, que predican las mas severas máximas de moral, mientras que ellos practican los mayores excesos de la corrupción; y la segunda, de los nobles y los ricos que deshonran su alcurnia y posición,

---

20. *Discours sur les satyriques latins,*

manchándose con los escándalos más infames de la depravación.

Lejos quisiera irme, exclama Juvenal, cuando oigo censurar nuestras costumbres por aquellos que viven como bacantes.

Fronti nulla fides: ¿quis enim non vicus abundat
Tristibus obscœnis?

«Desconfiad de su apariencia. ¿Qué calle no está llena de esos cínicos austeros?»

Describe en seguida la manera afeminada de vivir de aquellos hipócritas y de esos cínicos\

….. et de virtule loquuti,
Clunem agitant

que, después de haber hecho la apología de las virtudes, ¡se hunden en el fango del vicio!

Se presenta entonces una Lauronia, que apostrofa vivamente a los hipócritas, é indignada por que predican siempre contra las mujeres, sin cuidarse de sí mismos, exclama:

….. réspice primum,
Et scrutare viros: faciunt hi plura……….
Magna inter molles concordia: non erit ullum
Exemplum in nostro tam detestabile sexu

«observad los hombres: examinad sus costumbres: hacen peor que nosotras…. El vicio establece entre ellos una rara solidaridad: ¡nuestro sexo jamás dará ejemplo tan detestable!»

En seguida echa en cara a los hombres el horrible vicio de la sodomía. Si el pudor y la vergüenza no detuvieran nuestra pluma, transcribiríamos algunos versos que muestran cuán poderoso era en Roma aquel infame vicio, cuando los hombres de posición espectable no desdeñaban celebrar públicamente y con extraordinaria pompa, matrimonio con otros hombres.... Corramos un velo sobre semejantes infamias, que hacen exclamar á Lauronia:

De nobis post hæc tristis sententia fertur:
Dat veniam corvis, vexat censura columbas.

«y en medio de semejante fango, pretenden todavía condenarnos: ¡en verdad que la censura ataca solo a las palomas, sin inquietar a los cuervos!»

Mas no es esto bastante: nuestro poeta fustiga en seguida sin piedad a los magistrados que iban á pronunciar sentencias en el Fórum, vestidos con túnicas tan transparentes, «que hasta las más impúdicas meretrices se avergonzarían de ellas.»

No es esto todo: para llegar a semejante extremo, fue preciso que todo estuviese perdido, porqué, como dice el poeta, *nemo repente venit turpissimus.*

En seguida describe las horrorosas bacanales que celebraban los sacerdotes de la Buena Diosa.

La interpretación de este pasaje no es muy clara, porque eran las mujeres las que celebraban sus misterios en el templo de aquella diosa, y para ello excluían completamente a los hombres.

Juvenal debe referirse a los sacerdotes Albanos o Flaviales, a quienes Domiciano hizo construir un templo en los llanos de Alba, y cuyos misterios eran atroces.

Sabido es que los misterios del paganismo eran las orgías más espantosas y los bacanales más increíbles. Las mujeres y los hombres los celebraban separadamente en fiestas especiales, en las cuales se entregaban a un desenfreno tan grande que hoy día parece increíble.

Basta para convencerse de ello, leer el pasaje aludido de esta sátira, pero donde están descritos con una verdad que hasta repugna, es en la célebre obra de Apuleyo: El asno de oro. Es preciso leer esta obra, en que un individuo transformándose sucesivamente, es iniciado en los misterios de diversos dioses, para comprender la corrupción y el fango, en que estaba sumido el paganismo en aquella época.

Los bacanales en el primer siglo en Roma, eran como los carnavales en el presente siglo, relativamente, ¡sin embargo, al estado moral de ambas épocas.

Pasaremos, pues, sobre este pasaje de Juvenal, como sobre brasas ardientes, pues si fuéramos a exponer su contenido, parecería que en vez de estigmatizar al vicio, le provocábamos, ¡tan cierto es el proverbio popular, que no hay nada tan mal dicho, cuanto mal tomado!

Pero preciso es condenar al vicio, y más que eso, ponerle en ridículo, porqué aquel que se ríe de un vicio, le desprecia inmediatamente. El más seguro ataque contra los vicios es ponerlos en la picota pública.

Se pueden sufrir las reprensiones, pero no se aguanta nunca la burla, ¡porque se prefiere ser malo a ser ridículo!

Es por lo tanto un timbre de gloria que haya habido

hombres para acometer valerosamente esa tarea, «porque si no, ¿qué sería de la humanidad?

Tal es la triste condición del hombre engolfado en el vicio, que no puede ya detenerse.

Desde que comienza a concebir una duda sobre la naturaleza de sus acciones, dice un profundo pensador moderno, desde que se extravía, en vez de volver atrás, se precipita adelante, como para aturdirse, como para ahogar los remordimientos que lo asedian. Y recorre con tal rapidez el camino del mal, que cada vez parece que se engolfa más en él, ¡y llega a un extremo tal, que ni la imaginación más exaltada ni el espíritu más atrevido hubiera podido idear!

A semejante estado había llegado la sociedad romana en la época de Juvenal: el remedio tenía que ser relativo al mal.... ¿Cómo puede, pues, hacerse un cargo a este poeta, de haber esbozado cuadros demasiado repugnantes, pinturas por demás horribles?

En vez de esos míseros escrúpulos casi hipócritas, debe estudiarse a Juvenal en todos sus detalles, pues se trata de analizar una época, única en la historia por sus vicios.

Así como el médico valerosamente estudia un cadáver en todas sus partes, sin tapar con hipócrita velo ninguna, así el historiador debe penetrar en todos los excesos de una época, sin desechar ninguno.

Se pretende que Juvenal pervierte a las inteligencias púdicas e inocentes, con sus cuadros obscenos y sus pinturas lascivas.... pero, responderemos, ¿que inteligencia púdica e inocente estudia las producciones satíricas de una sociedad, cuyos excesos son proverbiales en la historia, sin saber los peligros a que se expone?

En verdad que semejante argumentación no tiene base

sólida en que apoyarse, y se parece mucho a esas autoridades que para hacer gala de recato, mandaron cubrir con gasa los cuadros en que se ostentaban miembros desnudos! Esto no quita, sin embargo, que la falta de respeto y de decoro sea un síntoma de mala educación y corrupción.

Esta sátira segunda está dirigida especialmente contra los hombres, así como la sexta lo está contra las mujeres.

La sátira tercera es una pintura interesantísima de la vida en Roma, los inconvenientes que se notaban, las ocupaciones diarias, etc., etc.

Es una de las sátiras más espirituales, aunque parece un poco exagerada. Boileau le ha imitado en su célebre sátira: *Les embarras de Paris*.

El poeta introduce en la escena al arúspice Umbritius, quien, para sustraerse a las molestias y peligros de la capital y a la repugnancia que esta le inspira, se ha retirado á Cumes, y hace un cuadro animado de los inconvenientes que ofrece la vida en una metrópoli como Roma.

Le declara á Juvenal que abandona su residencia en aquella ciudad, porqué los talentos y la probidad no son debidamente apreciados, que solo reinan los griegos y los intrigantes, que la pobreza es escarnecida, que el lujo se muestra triunfante, que todo es venal, que se está expuesto a ser aplastado, quemado, robado, apaleado, etc., etc.

Como se ve, esta sátira es de grande importancia para nuestro propósito, pues nos describe fielmente el teatro principal donde se originaron y desarrollaron todos los acontecimientos de que nos ocupamos. Menester es, pues, estudiarla con detención.

Principia el poeta aprobando la resolución de su amigo Umbritius de retirarse a Cumes, pues, añade,

Ego vel Prochytam præpono Suburræ

«yo preferiría habitar la isla de Prochytos, antes que el cuartel de la Suburra.»

Se queja en seguida de la invasion sacrílega del arte sobre la naturaleza, describiendo como las fuentes más bellas se encuentran casi ocultas bajo mármoles. Ante el lujo y la riqueza, ¡hasta la naturaleza desaparecía!

Cosa parecida sucede hoy, en casi todos los sitios de campo y paseos de las grandes capitales: el verde pasto está oculto por mármoles y piedras.

Según se deduce de este pasaje, era muy frecuente en Roma el derrumbe de las casas, lo que se explica por la excesiva altura de ellas, pues llegaban hasta 70 pies. Trajano la redujo más tarde á 60 pies.

Umbritius explica en seguida los motivos que le han impulsado a abandonar a Roma.

Los mercenarios y los aventureros que todo lo emprendían, engañando a la gente honrada con encomios farsálicos, lograban sacar pingües ganancias en obras que siempre había que volver a rehacer. ¡Plaga que ha existido siempre, y que deslumbra a los pueblos a pesar de las lecciones elocuentes de la historia!

Las adivinas pululaban entonces en Roma: a los hijos impacientes prometían la muerte de sus padres; a las esposas adúlteras cartas de sus amantes.

Quid Romæ faciam? Mentiri nescio....

«qué haré yo en Roma entónces, exclama, no sé mentir......»

....*atque ideo nulli comes exeo, tamquam*
Mancus, et exstinctæ corpus non utile dextræ.

«sí, partiré solo, como un manco, ¡como un ser inútil al resto del organismo social!»

Los romanos de la vieja raza de los vencedores del mundo, se veían entonces suplantados por los vencidos hábiles é intrigantes, esa *fæcis Achæa*, esos griegos que habían hecho de Roma una *urbem græcam*, ¡donde los romanos no podían ya más vivir! Nada iguala la execración de Juvenal para con los griegos. Cada vez que trata de este asunto, su elocuencia es incomparable, dice uno de sus críticos.

¿Quiénes eran esos griegos? ¿cuáles sus cualidades distintivas?

Ingenium velox, audacia perdita, sermo
Promptus, et Isco torrentior. Ede, quid illum
Esse putes? quem vis hominem, secum attulit ad nos;
Grammaticus, rhetor, geometres, pictor, aliptes,
Augur, schænobates, medicus, magus: omnia movit:
Græculus esuriens in cælum, jusseris, ibit.

"Su ingenio es ardiente, su audacia desenfrenada, ¡su marcha precipitada es más rápida que la del Iseo! ¿Sabéis lo que es un griego? Cuando uno de esos nos llega, trae consigo toda especie de hombres: es gramático, retórico, geómetra, pintor, bañista, augur, volatinero, médico y mago; ¿que no es él? .... ¡un griego hambriento escalaría el cielo, si se lo ordenaseis!»

Su orgullo de romano, de quirite, se eleva altivo y fiero,

contra esa turba de intrigantes y aduladores advenedizos, y exhala su cólera en magníficos apóstrofes, de una energía admirable.

¡Como describe todos los bajos manejos con los cuales, arrastrándose cuán víboras ponzoñosas, se lograban introducir aquellos «griegos hambrientos» en todas partes ....! ¡hasta en los santuarios más secretos de las familias quiritarias!

¡Habían invadido hasta el atrio de los patricios, último refugio de los clientes en casa de sus patronos!

La pobreza de Juvenal parece ser ya un hecho definitivamente comprobado. A falta de otras pruebas positivas están sus sátiras, en muchos de cuyos pasajes se expresa con un calor y sinceridad, cual solo puede hacerlo el que ha experimentado personalmente los males que describe.

Así, por ejemplo, dice:

.... *materiam præbet caussasque jocorum*
.... *si fœda et scissa lacerna,*
Si toga sordidula est, et rupta calceus alter
Pelle patet; vel si consuto vulnere crassum
¿Atque recens linum ostendit non una cicatrix?

«¡Es para todos un motivo y materia para burlarse, el traje sucio y despedazado, un zapato entreabierto, vuelto a coser de nuevo con groseros hilos, que traicionan numerosas cicatrices!» Ah, añade, ¡lo que la triste pobreza tiene de más duro, es que hace ridículos a los hombres! Y describe en seguida todos los sufrimientos que la pobreza ocasionaba entonces:

*Commune id vitium est: hic vivimus ambitiosa
Paupertate omnes. Quid te moror? Omnia Roma
Cum pretio....*

«Nuestro defecto común, exclama, es que la pobreza es ambiciosa. Concluyamos. Todo es venal en Roma.»

Describe en seguida como los incendios eran frecuentes en Roma, y pinta el contraste de la cabaña del pobre y del palacio del rico. ¿Se incendia la primera? Nadie se inquieta por eso, cuando más, se contentan con reclamar más vigilancia. Pero si un suntuoso palacio se incendia, entonces todo el mundo se apresura a llevar sus ofrendas, ¡para hacer más llevadera la reconstrucción!

*....et merito jam
Suspectus, tamquam ipse suas incenderit ædes*

«de tal manera, añade, que se podría con razón sospechar que él mismo ha incendiado su heredad!»

¡Ah! exclama Juvenal,

*Si potes avelli Circensibus, optima Sora,
Aut Fabrateria domus, aut Frusinone paratur,
Quanti nunc tenebras unum conducis in annum.
Hortulus hic, puteusque brevis, nec reste movendus,
In tenues plantas facili diffunditur haustu.
Vive bidentis amans, et culti villicus horti,
Unde epulum possis centum dare Pythagoreis.
Est aliquid, quocumque loco, quocumque recessu,
Unius sese dominum fecisse lacertæ*

«si tuvierais el coraje de arrancaros a los juegos del circo, podríais comprar una pequeña y sonriente casita en Sora, Fabratera o Frusimona, por el mismo precio que en Roma os cuesta el alquiler anual de algún casucho tenebroso. Allí tendríais vuestro pequeño jardín, con una fuente poco profunda, de donde podríais extraer el agua fácilmente sin la ayuda de cordeles, para con ella regar vuestras nacientes legumbres. Tened el amor de la jardinería, quered calvitar vos mismo una pequeña huerta, que dé lo bastante para obsequiar a cien pitagóricos. Es ya alguna cosa, por más solitario que sea el lugar en que se vive, el poderse llamar el dueño, ¡aunque no fuese más que de un mísero animal!»

¿Aun hoy mismo, dice con este motivo M. Nisard, no es ese y no será siempre el deseo de los poetas y de aquellos que tienen el gusto de la soledad y de la vida fácil del campo? Estos versos, añade, son los más amables y suaves, por el pensamiento que encierran: son los mas bellos de todos los de Juvenal. Es esta una justa alabanza tributada por un crítico esclarecido, que parece haberse propuesto rebajar del todo á los poetas latinos de la decadencia, quitándoles todos los méritos posibles.

Pero este trozo es una especie de paréntesis, que forma un contraste singular con el resto de la sátira, y que por eso mismo es mucho más notable.

Mas el poeta prosigue después enumerando todos aquellos inconvenientes y peligros que ofrece la vida en una ciudad, cuya población es cosmopolita y cuya policía no es ejemplar. Es esta parte de la sátira que Boileau ha imitado más servilmente en su composición citada.

Esta sátira, como se ve, puede bien considerarse como la defensa del proletario y la acusación del rico. Todas las miserias del uno, todas las perfidias del otro están expuestas admirablemente.

Pero el trozo más bello es el que se refiere a los griegos, pues es una página de poesía y de historia, escrita con singular elocuencia.

¡Como describe a esa gente, cuyo prestigio de talento y genio de la intriga, demostraban ser los tipos originales del Fígaro y del Tartufo modernos, personajes peligrosos, tan constantes como suaves, que sabían introducirse en las familias y permanecer en ellas por la dulzura y la paciencia de sus insinuaciones!

Los romanos no podían luchar con los griegos, ni en gracia ni en destreza, pues, como dice Juvenal, «la partida no es igual, deben forzosamente ganarnos aquellos que pueden cambiar de fisonomía cada minuto, y adaptarse a todas las circunstancias.»

Críticos hay que consideran estos arranques del poeta, más bien como los ayes de la impotencia celosa, que como las prevenciones de un patriota previsor.

En efecto, dice M. Martha, los griegos, esparcidos por doquier y en todos partes necesarios, transformaban insensiblemente la sociedad romana, imponiéndole sus costumbres y apoderándose de la educación. El griego fue el idioma favorito de la sociedad elegante, y según la expresión del poeta, «¡hasta el amor era hecho en griego!» No solo las costumbres, sino hasta la literatura se volvía griega. ¡Los autores distinguidos, después de Juvenal, escribieron todos en griego!

Así pues, esos *græculos*, como les llama nuestro poeta, a pesar de tan legítimas prevenciones, lograron insinuarse por todos lados en una sociedad, que tan bien defendida parecía por su disciplina y desconfianza, y esparciendo por doquier su manera de ser, ¡lograron por último hasta oprimir el idioma de sus vencedores!

En presencia de estos hechos, que tan plenamente confirman las prevenciones justísimas, que en tan bellas estrofas exhala Juvenal, ¿podrá acaso ponerse en duda su previsión y su patriotismo?

Esto demuestra una vez más que su más bello triunfo como poeta, es el de haber antepuesto la verdad a las conveniencias; es, dice M. Dussaulx, de haber tenido el coraje de hacerlo á riesgo de desagrados, y aun con la seguridad de sacrificar tanto bienestar equívoco, tantas conveniencias políticas, tan caras á aquellos cuya moral estriba toda en las apariencias; pero su conciencia le gritaba que la posteridad le estaría reconocida, ¡y en efecto la posteridad le ha cimentado una fama grandiosa como satírico y como ciudadano patriota!

Tal es la tercera sátira, cuyo brevísimo análisis acabamos de hacer, y a la cual tendremos que referirnos al estudiar la primera parte de la sátira sexta.

La sátira cuarta es una de las más famosas de todas: ofrece rasgos los más mordaces y las más agrias invectivas. Está escrita contra el emperador Domiciano; y para dirigirse á él, como por grados, presenta desde luego uno de sus favoritos, llamado Crispín, el cual, de esclavo, llegó a ser caballero romano, lo que era muy frecuente en aquel tiempo.

El retrato que hace de Crispín es soberbio, «es, dice,

....*monstrum nulla virtute redemptum*
A vitiis.

un monstruo sin virtud alguna, en cambio de sus muchos vicios.»

La enumeración que hace de los bienes de este malvado, las escenas de su vida que relata.... aun los deslices que refiere, todo contribuye a hacer odioso a ese personaje.

¿Quid agas, quum dira et fædior omni
Crimine persona est?

«Qué queréis, exclama, ¡es un hombre cuya persona es más infame, más abominable que todos los vivos juntos!

Ha comprado, agrega, un solo barbo en seis mil sestercios.... ¡un pez!.... ¡seis mil! .... Menos hubiera costado el pescador....

Eu presencia de semejante despilfarro, hecho por uno de sus bufones— ¿qué más podía inventar Domiciano?.... Esperad, añade Juvenal; y en seguida con refinada ironía, lanza esta invocación satírica:

Incipe, Calliope, licet et considere: non est
Cantandum; res vera agitur. Narrate, puellæ
Pierides; prosit mihi, vos dixisse puellas!........

"Yo os invoco, *oh Calliope*. Detengámonos aquí. No se trata de fingir: todo es verdadero. *Ó vírgenes Pieridas*, inspiradme.... ¡y pagadme por haberos llamado todavía vírgenes!»

.... Las musas estaban, en efecto, deshonradas y envilecidas hacía tiempo....

La historia que sigue es la del famoso rhombo de Domiciano, y está escrita en la forma épica, y como todas las epopeyas, tenía que principiar con una invocación a las musas. Esta invocación irónica, burlona, es una parodia de Homero, imitado más tarde por Horacio, este por Boileau, y por último hasta el grave y profundo Montesquieu la insertó en el prefacio de su grande obra: *L'Esprit des lois*. Mas en seguida el poeta adoptando un tono de acompasado y burlesco énfasis, exclama:

Quum jam semianimum luceraret Flavius orbem
Ultimus, et calvo serviret Roma Neroni;
Incidit Adriaci spatium admirabile rhombi....

«Cuando el último de los Flavios acababa de destrozar al universo expirante, y que gemía Roma bajo el tiránico yugo del calvo Nerón.... cayó en las redes, cerca del Adriático, un enorme rodaballo....»

El contraste es demasiado notable.... necesita el poeta llamar en su auxilio toda su ironía, para poder describir un hecho inaudito, sin ejemplo en los fastos de la historia.

El rodaballo era un pez extraordinario, según la pintura que de él hace, de manera que el pescador debiera estar contentísimo con aquel hallazgo que significaba una fortuna .... mas no, por el contrario, aquel pobre hombre todo acongojado, maldecía â los dioses por semejante suceso, pues ya se consideraba perdido.... ¡Ejemplo palpable del inaudito terror que reinaba por todo el imperio, cuando un mísero pescador, perdido en las soledades del Adriático, no se consideraba fuera del alcance de los delatores!

En efecto, dice el poeta, las costas vecinas estaban cubiertas de delatores y habría habido espectadores que le hubieran intentado un proceso, porqué

Non dubitaturi fugitivum dicere piscem,
Depastumque diu vivaria Cæsaris; inde
Elapsum, veterem ad dominum debere reverti.

«habrian probado que ese pescado, alimentado durante mucho tiempo en los estanques del César, se había escapado, ¡y debía, por lo tanto, volver a su anterior dueño!»

Y todavía no era esto necesario, pues había en Roma en aquella época, jurisconsultos prontos a cualquier llamado, para demostrar que

Quidquid conspicuum pulchrumque est æquore toto,
Res fisci est, ubicumque natat....

«todo lo que la mar (y la tierra) ofrece de más bello y raro, en cualquier paraje que sea, pertenece al fisco,» esto es, al peculio del emperador, puesto que *ærarium* era lo que significaba tesoro público.

¿Qué hacer en tales circunstancias? —Dar el pescado por temor de perder todo.

¡Tiempos deplorables en que los que mandan piensan que pueden apoderarse de lo que apetecen por la fuerza, pues siempre hallarán jurisconsultos que sabrán poner al derecho de su lado!

Aquel pescador, temeroso de que su presa no se eche á perder, se apresura á ponerse en camino para Alba, donde Domiciano acostumbraba a tener su residencia. La muchedumbre atónita le abre paso, y la guardia le franquea la entrada presurosa, conociendo bien los instintos glotones. de su emperador y dios.

¡Feliz de aquel hombre que penetra tan fácilmente en el salón imperial, mientras

Exclusi spectant admissa obsonia Patres.

los senadores aguardan a la puerta, ¡basta que haya pasado el imperial regalo!

¡Contraste singular! Los padres de la patria, aquel cuerpo en otras épocas tan augusto y respetable se ve en la dura necesidad de ceder el paso a un........ pescado.

«Recibid, oh emperador, dice entonces el pescador, un animal demasiado hermoso para la mesa de un particular. Sea hoy día de festín. Daos prisa a vomitar cuanto tengáis en el estómago,[21] para hacer lugar a un rodaballo, reservado a vuestro siglo.... *Ipse capi voluit....* él mismo se ha metido en mi red.»

¡Qué cosa más grosera! sin embargo, de ello se paga la adulación

....Nihil est, quod credere de se
Non possit, quum laudatur Dis æqua potestas.

«No hay necedad, exclama Juvenal, que no se pueda hacer creer a un hombre, ¡cuando llega a ser tan poderoso como los dioses!»

La escena se pasaba entre tanto en el salón imperial del palacio de Alba: Domiciano, con su traje de soldado y coro-

---

21. Tal era el desarreglo y glotonería de los romanos en aquellos tiempos, dice M. Batteux, que se vomitaba para volver á comer mas. Formaban por este medio algo como un nuevo estómago, á fin de tener mayor apetito: así dice Séneca, *vomunt ut edant, edunt ut vomant.*

de laureles, se hallaba de pie delante de su sólio: a su derecha había un gran incensario, sobre su cabeza una inscripción, concebida en estos términos: *Caesar Domitianus Pontifex Maximus*, y a su izquierda se hallaba, suspendido en la pared, un haz de varas con la simbólica hacha de los fasces en el medio.

A sus dos lados se encontraban multitud de palaciegos, militares y personas influyentes, y a sus pies, el pescador con otro ayudante, teniendo encima de las redes al nunca bastante ponderado rodaballo.[22]

Tanta majestad, tanta grandeza aparente para tan pobre cosa... ¡razones habría para considerar todo como una ridícula burla, si no supiésemos hasta que extremo había descendido el pueblo romano!

¡Que irrisión! el déspota cruel concibe sin embargo un orgullo ridículo.

Los míseros aduladores que le rodean se preguntan ¿qué hacer de semejante pescado? ¿en qué fuente ponerlo?.... Cuestión era esta de una grande importancia.... para el vientre de Domiciano,....¡y por lo tanto para la salud del imperio!

La ironía es cruel, sarcástica, pero la realidad era aún todavía más terrible.

.... *Vocantur*
Ergo in consilium proceres, quosoderat ille;
In quorum facie miseræ magnæque sedebat
Pallor amicitiæ

---

22. Hacemos esta descripción, con un cuadro sobre este hecho, por delante.

«Los grandes son convocados a consejo: y eran principalmente llamados todos aquellos que desagradaban al tirano, ¡y cuyos pálidos semblantes manifestaban los mortales disgustos que acompaña a la privanza de los grandes!»

Llegan sucesivamente todos los grandes, cuyo retrato hace con mano maestra Juvenal.

Pegaso, el gobernador conserje, pero

....quorum optimus, atque
Interpres legum sanctissimus, omnia quamquam
Temporibus diris tractanda putabat inermi
Justitia

«que era un hombre virtuoso, y excelente jurisconsulto, aunque juzgaba necesario prestarse a todo, en aquellos míseros tiempos en que la justicia estaba desarmada.»

Viene después Crispo, viejo jovial, de costumbres dulces y carácter amable.... «pero

Ille igitur numquam direxit brachia contra
Torrentem: nec civis erat, qui libera posset
Verba animi proferre, ¡et vitam impendere vero!

que jamás se opuso al torrente, y no era bastante ciudadano, ¡para decir libremente su parecer y sacrificar su vida a la verdad!»[23]

Vienen en seguida Montano, Crispin, Pompeyo, Fusco,

---

23. Sabido es que estas últimas palabras fueron mas tarde el lema de Juan J. Rousseau.

Catulo y toda esa caterva de gente degradada, prostituida y envilecida, por mil vicios asquerosos.

Esta rápida pintura nos demuestra una vez más la imparcialidad de Juvenal, quien, en vez de exagerar los hechos, y de hacer aparecer solo nobles degradados y senadores corrompidos, nos presenta algunos hombres honrados en tan nefando consejo: se encuentran en él, dice un crítico, jurisconsultos y ciudadanos que debían sentir todo lo vergonzoso de tan ridícula deliberación, y que sin embargo se veían forzados a tomar parte en ella.... estos no pueden, pues, menos de interesarnos. El interés del arte está aquí de acuerdo con la verdad histórica.... porqué ¿qué importancia habría tenido el representar deliberando sobre asunto tan terriblemente ridículo, solo a malvados o a pícaros?

La deliberación comienza.

¿Cuál es vuestro parecer, pregunta el emperador, es preciso partirle en pedazos? ¡De ninguna manera, exclama Montano, fabriquemos una fuente tan profunda y tan larga, como para que lo contenga entero!

Debetur magnus patinæ subitusque Prometheus

«¡para tan grande obra se requiere todo el arte y la actividad de un nuevo Prometeo!»

.... Y decir que el Senado de Roma deliberaba sobre semejante asunto, ¡y emitía proposiciones tales!....

Razón sobrada tenía Tácito de exclamar: *¡sicut vetus ætas vidit quid ultimum in libertate esset, ita nos quid in servitute!*

Si la verdad de esta escena no la imprimiese un cierto

carácter de terror, tentados estaríamos de exclamar con Berchoux

> *Le sénat mit aux voix cette affaire importante*
> *Et le turbot fut mis á la sauce piquante.*[24]

Mas inmediatamente todo el mundo se levanta, el consejo está concluido, y se hace salir a todos esos grandes, que su sublime señor había hecho traer a toda priesa y que habían llegado temblando á Alba

> *Tamquam de Cattis aliquid, torvisqne Sygambris*
> *Dicturus, tamquam et diversis partibus orbis*
> *Anxia præcipiti venisset epistola pinna*

«como si se tratase de los Getas o de los Sicambros, o como si hubiesen llegado nuevas enojosas de las cuatro partes del mundo....»

Boileau[25] ha descrito ese final en los siguientes versos

> *Aussitôt on se lève; et l'assemblée en foule*
> *Avec un bruit confus, par les portes s'ecoule.*

Tal es el final de semejante aventura sin ejemplo.

En este trozo, dice un crítico, se ve toda la fuerza, toda la hiel y acrimonia de la sátira. Este tono es siempre igual y sostenido en Juvenal: no solo pinta, sino que graba con rasgos profundos, abrasa, cauteriza.

---

24. Berchoux-Gastronomie, c. 4.
25. Lutrin, cant. II.

No podemos insistir sobre el talento poético que Juvenal ha demostrado en esta sátira célebre.

La fuerza, dice otro de sus críticos, se hace sentir por doquier, aun en los detalles de su estilo.

Sin embargo, el satírico ha usado del sarcasmo, pero conservando la mayor identidad entre la parodia bufa que nos presenta, y las terribles fantasías de Domiciano, el terror que reinaba en Roma y las bajezas de su servilismo.

Críticos hay que se asombran de que Juvenal haya tenido el coraje de reírse de la desgracia pública, cuando Tácito exhalaba sus quejidos de dolor en su inmortal *Agricolæ Vita*. M. D. Nisard hace notar que es el trozo en que más se ha reído, y esto confirma, a su modo de ver, la opinión de que Juvenal era un moralista indiferente y un ciudadano sin patriotismo.

Pero esta opinión no tiene fundamento alguno, ya lo hemos demostrado, y lo comprueban multitud de trozos de esta sátira, como por ejemplo, el siguiente:

Atque utinam his potius nugis tota ille dedisset
Tempora sævitiæ, claras quibus abstulit Urbi
Illustresque animas impune, et vindice nullo!

«¡Y pluguiese a los dioses que hubiese empleado en estas extravagancias el tiempo que destinaba a sus crueldades, cuando arrebataba a Roma tantos ciudadanos ilustres y generosos, sin que nadie se constituyese en vengador!»

Así termina esta sátira, que, según un celebrado crítico y publicista notable, considerada relativamente al arte de envilecer y reprobar todavía otra vez lo que de por sí es ya infinitamente despreciable, es en su género, *la obra maestra de todos los satíricos*. La marcha es simple, ingeniosa e interesante: caracteres todos de un poema épico. El genio de Juvenal se revela principalmente en el contraste que hace de los satélites y aduladores de Domiciano, con los senadores honrados que aquel tirano convocó al consejo más terriblemente burlesco y ridículo, que imaginarse pueda.

La sátira quinta trata de los parásitos, de su mísera condición, tan indigna del hombre libre, que es mucho más preferible mendigar a llevar tan triste vida. El objeto que el poeta se propone, es inspirar la aversión y el disgusto que todo hombre verdaderamente honrado debe sentir por un oficio tan vil.

Si los desgraciados que lo ejercen, dice el poeta, son despreciables, los ricos que se complacen en maltratarlos, no lo son menos.

Fructus amicitiæ magnae cibus

«El fruto de la amistad de los grandes consiste en algunas comidas», añade.

Describe en seguida la soberbia de los ricos y la bajeza de los clientes. Los patronos hacían pasar por las humillaciones más increíbles a los clientes, cuando les convidaban a la mesa: se burlaban de ellos, los maltrataban y pifiaban. Aquellos parásitos, indignos de ser ciudadanos, sufrían con paciencia tales excesos, y ¡se consideraban felices con comer y beber, aunque fuera dejando en la puerta, su vergüenza y dignidad!

Condición tristísima que ha hecho exclamar a un poeta francés contemporáneo

Je crains de ne plus voir en toi qu' un misérable,
Que de se parjurer la faim rendrait capable!

El hombre no debiera nunca abjurar su dignidad, pues esta lo hace respetable aun en la mayor indigencia: sin embargo, ¡es tan difícil pensar noblemente, cuando no se piensa más que en vivir!

La maldición de la pobreza consiste justamente, en que aun a sus acciones más nobles se atribuyen siempre móviles indignos.

La infatigable exactitud del cliente le vale, sin embargo, poco. Le dan vino *quod sucida nolit lana*, mientras que el patrono bebe exquisito vino de Alba o de Setia. Los manjares, las fuentes, y aun los mismos platos, todo es distinto. Con todo, el uno era rico y el otro pobre, y no hay que olvidar que, si el hambre con poco se contenta, el hastío o inapetencia mucho más necesita. Para el rico, en efecto, son precisos muy diestros cocineros; el pobre mismo adereza su comida; el primero tiene el gusto enmohecido y gastado con el uso habitual de manjares exquisitos: el hambre solo es la salsa del segundo.

Pero las humillaciones del cliente no paraban en esto, porqué

Maxima quæque domus servis est plena superbis

«las casas de los ricos están llenas de esclavos insolentes!»

Y es por todos esos sinsabores, para sufrir todos esos desprecios, para ser tratado peor que un pordiosero, que el cliente abandona su lecho antes de salir el sol, y con buen o mal tiempo, con lluvia y granizo, o con ardiente sol, ¡pasa horas enteras a la puerta de la casa de su patrón!

El mal era ya tan incorregible, que el poeta pide a los patronos solo un poco de consideración para con sus clientes, porque si no, dice, «es ser rico para sí y pobre para sus amigos.»

Pero si en vez del cliente honrado y fiel pero pobre, se presenta un aventurero enriquecido, entónces la escena cambia de aspecto:

Da Trebio: pone ad Trebium. Vis, frater, ab ipsis Ilibus?

«Servid á Trebio, exclama el rico insolente, dad de beber á Trebio: hermano, queréis de este plato?....»

Y todo esto, ¿por qué? ¿acaso porque el rico quiera hacer economías?

Quia! si lo que quiere es divertirse.

....nam quæ comedia! Mimus
Quis melior plorante gula?

«¡que comedia para él! ¿acaso las contorsiones de un payaso valen los gestos ávidos de un parásito llorón?»

«¿Acaso Vieron no tiene razón para trataros así? desde que os exponéis con frecuencia a sufrir humillaciones tales, ¡es porque le visitáis solo por el olor de su cocina!»

Entonces,

Ille sapit, qui te sic utitur. Omnia ferre
Si potes, et debes: pulsandum vertice raso
Præbebis quandoque caput, nec dura timebis

Flagra pati, his epulis et tali dignus amico

«él obra bien en trataros así. Puesto que soportáis todos los desprecios, es preciso no escaseároslos: pronto se os verá entregar la cabeza a los golpes de los esclavos.... ¡oh viles siervos, dignos de tal festín y de tal amigo!»

Una de las sátiras más interesantes es la sexta. So pretexto de disuadir a un amigo suyo, llamado Postumus, de sus proyectos de casamiento, Juvenal le hace un cuadro de las mujeres de su siglo. Pinta con los colores mas vivos su libertinaje, su carácter imperioso, su vanidad, su dureza, su disimulo, sus pasiones, su falsa erudición, su superstición, su avidez; en una palabra, dice un crítico, todos los reproches que los enemigos del bello sexo le han dirigido, se encuentran allí reunidos. Esta sátira elocuentísima, es un monumento importante para el estudio de la sociedad romana en el primer siglo, es, como dice M. Nisard, la historia doméstica y la crónica privada de aquella época.

Preciso es, pues, examinar esta sátira con detención y cuidado.

El poeta en otras sátiras había flagelado debidamente las costumbres de los hombres, pero en esta, critica con incomparable energía los vicios de las mujeres, con ocasión de habérle pedido consejo su amigo Ursidius Postumus, para buscar una esposa casta y púdica.

Juvenal entonces toma sobre sí el mostrarle como son las mujeres de su siglo, entre las que tiene que elegir Postumus.

«Quiero creer, exclama con cruel ironía, que el pudor habitó la tierra en tiempo de Saturno, cuando los hombres inocentes no recurrían todavía á viles artificios, cuando su mente pura aun, no estaba manchada por el contacto inmundo de los vicios. Mas apenas los hombres adelantaron un poco, un falso e hipócrita pudor se generalizó, obedeciendo á la máxima errada de que son las apariencias las que deben conservarse puras, aunque el contenido esté podrido.»

«La edad de fierro produjo algunos crímenes, dice el poeta, pero el siglo de plata contempló recién los adulterios. Hoy día es esto la regla general.... pero quizá los esponsales están ya dados, y el anillo nupcial en el dedo de tu prometida.»

> *¡Certe sanus eras! ¿Uxorem, Postume, ducis?*
> *Dic, qua Tisiphone, ¿quibus exagitare colubris?*
> *¿Ferre potes dominam salvis tot restibus ullam?*

«¿Ciertamente que te consideraba cuerdo, y te casas, Postumo? Ah, dime ¿qué furias te persiguen, qué transportes te agitan? ¡Y te resignas a semejante servidumbre!»

Ursidius insiste, más aún: pretende encontrar una mujer antigua.... siguiendo esa necia preocupación de evocar las épocas pasadas, cuando se quiere alabar la virtud, como si esta no existiese en los tiempos presentes, o ¡como si el vicio no hubiese reinado siempre en las edades anteriores!

«¡Insensato, exclama el poeta, abridle las venas! Sacrificad, le dice, un carnero de oro a Juno si lográis encontrar una mujer púdica.»

¡Con que fuego y elocuencia pinta en seguida los amores impúdicos de las mujeres para con los cómicos y gladiadores! Hippia, la mujer de un senador sacrifica posición, honor, abandona familia, riquezas, etc., y sigue como amante hasta el Egipto á........ ¡un vil histrion! ¡Afronta todas las incomodidades, todos los peligros, con tal de satisfacer su pasión!

>   ....Justa pericli
> Si ratio est, et honesta, timent, pavidoque gelantur
> Pectore, nec termulis possunt insistere plantis:
> Fortem animum præstant rebus, quas turpiter audent!

«Si sobreviene un motivo honrado y justo para exponerse al peligro, el terror inmoviliza a las mujeres, sus rodillas tiemblan y se arquean: ¡valerosas solo cuando de su deshonra se trata!»

Pero aquella mujer que tan envilecida se ha tornado, pertenecía á una familia particular; ¡más la familia imperial hasta en este terreno quiero mantener bien alta su supremacía!

¡Con que calor, con que elocuencia arrebatadora, describe Juvenal hasta en sus más mínimos detalles las torpes lubricidades de la impúdica Messalina! ¡Como pinta a aquella mujer, oprobio de su sexo y de su raza, que abandona sigilosamente el tálamo imperial para ir a sobrepasar en excesos a las infames meretrices del cuartel de la Suburra! Juvenal es en este trozo un fuego: la hipérbole es su figura favorita.

Pero esas pinturas demasiado naturales, esos colores por demás vivos y esas descripciones incitantes, tienen gran peligro, ¡porque aún en el fondo de las almas mejor templadas hay una especie de curiosidad del mal, que revive con esos cuadros que le hacen entrever lo que, aun a pesar suyo, tanto desea conocer!

Algunos críticos estiman que no solo describe este poeta el mal hasta en sus más ínfimos detalles, sino que lo hace con tanta gracia poética, tanto agrado en la expresión, que aun las inteligencias más prevenidas no pueden resistirle. Pero si Juvenal usa de esos artificios, es para hacer más odioso al mal, y aun la crudeza misma de sus cuadros es saludable, puesto que hace despreciable la imitación. Sobre todo, mostrar todo lo ridículo, todo lo burlesco de semejantes excesos, es el mejor medio de aniquilarlos, porqué nadie quiere exponerse a la risa de los demás, mientras que las prédicas austeras de moral son tomadas las más veces con poca seriedad, y no solo no hay escrúpulo, sino aun vanagloria en contradecirlas. Es además una verdad profunda que cada edad y cada nación tiene sus vicios. característicos, que prevalecen universalmente, y que no solo nadie tiene escrúpulos en cometer, sino que aun los moralistas apenas censuran.

Las generaciones nuevas, dice Macaulay,[26] cambian la moda de su moral, como la de sus sombreros o coches: ¡toman bajo su protección otra clase distinta de maldad, y después se asombran de la depravación de sus antepasados!

En tiempo de Juvenal aquellos vicios dominaban de tal modo, que aun los moralistas, como Séneca, los autorizaban con su consentimiento; y si es verdad que Juvenal participó de ellos en su juventud, eso hace que cuando en la edad madura escribió sus sátiras, esos recuerdos y remordimientos dan algunas veces a sus quejas un cierto. tono de amarga tristeza, y un acento convencido y penetrante, que

---

26. Essays.

impresionan más que las secas recriminaciones de rígidos censores.

Pasa en revista Juvenal después a la mujer que se casa «adquiriendo los derechos de viudez», mediante una cantidad de dinero, y a la que a cada momento proclama su virtud, olvidando que lo que mucho se hace alarde de tener, pocas veces se posee.

Viene después la joven de pudiente familia y que pretende solo hablar en griego, contestando en este idioma aun a las mas grandes trivialidades: manía funesta que reinaba en Roma y cuya influencia en la decadencia literaria ya hemos examinado anteriormente.

Mas este martirio no es nada, comparado al de un aman. te marido bajo la férula de una dominante esposa. Nada se le permite: cuanto más complaciente es, menos indulgencia debe esperar.

Sus amigos, sus cosas, todo desaparece. Quiere salvar a un esclavo antiguo y fiel de un injusto castigo, y al instante le contesta aquella harpía disfrazada de mujer

O demens! ita servus homo est? Nil fecerit, esto:
Hoc volo, sic jubeo; sit pro ratione voluntas.

«¡Insensato! ¿acaso un esclavo es un hombre? Inocente o culpable, perecerá: yo lo quiero, yo lo ordeno: ¡a falta de razón que impere mi voluntad!»

¡Pobre marido! y aun esto no sería nada.... ¡porque para seguir la moda, cada cinco otoños debe tener ocho amantes su mujer!

¡Feliz de él todavía, si su infame esposa no toma sobre sí el guiar a su tierno hijo por el sendero resbaladizo del vicio!

Las mujeres que afectan profesiones viriles, como la abogacía, no son menos ridículas: su imitación es solo una parodia.

Mas cuando intentan imitar a los atletas, usando su traje y untándose con aceite el cuerpo, entonces solo hay que deplorar que por algún milagro no les fuese permitido cambiar de sexo.

«El tálamo nupcial, añade Juvenal, es un semillero inagotable de discordias incesantes.»

La mujer reprocha al marido imaginarios deslices, y si este la sorprende en falta, entonces

....Nihil est audacius illis
Deprensis: irum atque animos a crimine sumunt.

«¡nada iguala la audacia de una mujer sorprendida es tanto más furiosa cuanto más criminal es!....»

«¿De dónde vienen tan monstruosos desórdenes? exclama. En otro tiempo las fortunas humildes conservaban la inocencia; sus ocupaciones eran: pesados trabajos, corto sueño, manos callosas de tejer lana, Anibal en las puertas de Roma, sus maridos de guardia en el Capitolio.... ¿cómo podía el vicio reinar en vida tan bien distribuida?»

Pero ahora, añade,

Nunc patimur longæ pacis mala: sævior armis
Luxuria incubuit, victumque ulciscitur orbem.

«sufrimos los males inseparables de una larga paz: ¡más cruel que el hierro, el lujo nos domina y venga al universo entero!»

Y en efecto, todos los crímenes y vicios que engendra la corrupción reinaron en Roma solo después que desapareció su noble pobreza.

«¡Así el oro, dice, el oro infame, móvil primero de nuestros desórdenes, introdujo entre nosotros las costumbres extranjeras, y las corruptoras riquezas pervirtieron, por un lujo vergonzoso, las antiguas virtudes de Roma!»

¿No es este acaso el acento de un viejo quirite, que llora amargamente la grandeza pasada de su patria, y que tiene el coraje de comparar los antiguos con los nuevos tiempos, para mostrar a sus compatriotas cuanto habían decaído? ¡Es un censor incorruptible que dice lo que siente, y que piensa lo que dice a la posteridad!

Describe en seguida con un colorido y una viveza de expresión inimitable, las atroces lubricidades de las mujeres entre sí: su pintura de los horrendos misterios de la Buena Diosa es una obra maestra, por el movimiento y la gracia con que está hecha. Ya en otro lugar nos hemos ocupado de estos misterios, y se comprenderá, por lo tanto, porqué no entramos en mayores detalles.

Juvenal parece incansable contra las mujeres, como si hubiese escrito su sátira bajo la impresión de algún desdén o desprecio.

«Los hombres, dice, piensan alguna vez en lo útil, algunos sienten que es preciso, como la hormiga, tratar de precaver a tiempo sus últimos días contra el frio y el hambre: ¡una mujer pródiga se arruina del todo, gasta sin medida, como si el dinero fuese a renacer en su cofre, o como si este fuese inagotable!»

Nos revela en seguida el uso que las mujeres latinas hacían de los eunucos, y en su pintura abusa de imágenes obscenas, que aunque no sean sino para estigmatizar más enérgicamente excesos tan monstruos, no por eso impiden menos se los traduzca al noble idioma de Cervantes. ¡Traductores hay que opinan que los términos precisos no han sido todavía inventados!

¡De qué modo describe los amores de las matronas mas respectables con los cómicos y los músicos! ¡Y la literata, que juzga a las mejores producciones del ingenio, y envanecida por su pretendido saber, se indigna cuando su marido comete un solecismo! pero las mujeres sabias forman una especie que se reproduce siempre, bajo los mismos aspectos y que hasta refractaria se muestra para con el ridículo.... Molière después de ridiculizarlas bajo todos aspectos, con esa fina habilidad que le caracteriza, exclama

Le moindre solécisme cn parlant vous irrite;[27]
Mais vous en faites, vous, d'etranges en conduite

«Nada hay más insoportable que la mujer rica y coqueta.... ¡cómo se pinta y se arregla! ¡cuántos perfumes y aceites no gasta!»

Ah! exclama el poeta

Sed quæ mutatis inducitur, atque fovetur
Tot medicaminibus, coctaque siliginis offas
Accipit et madida, facies dicetur, an ulcus?

«yo preguntaría con curiosidad, viendo una cara cubierta con tantas preparaciones y endurecida con una

---

27. Moliére. Les Femmes savant.

cataplasma tan espesa: ¿es acaso una cara? ¿o es por ventura una úlcera? ...»

La descripción que hace del peinado de una dama rica es picante y vivo: para cada rizo hay un peluquero y ¡ay del que lo arregle más corto que los otros! .... ¡los esclavos están preparados ya con palos!

Una vez arreglado

Tot premit ordinibus, tot adhuc compagibus altum
AEdificat caput....

«¡el edificio de su peinado tiene tantos frentes y tantos pisos! ....»

La devota y la supersticiosa no están menos bien retratadas.

Nos da á entender el poeta más adelante, la cruel e inmoral costumbre que ya entonces reinaba con furor: las nobles matronas para ahorrarse los dolores del parto y la incomodidad de los hijos tomaban abortivos. ¡Tan general era esto, que se consideraba como lo más natural! Hasta donde habían descendido las costumbres.... «oh Lucrecia! tu recuerdo ya no existe.»

Pero no era esto solo. Juvenal indignado, se eleva de la sátira a la tragedia, y nos relata uno de esos horribles hechos que pocas veces se presentan.

Nos utinam vani! sed clamat Pontia: «Feci
Confiteor, puerisque meis aconita paravi,
Quæ deprensa patent! facinus tamen ipsa peregi.»
Tune duos una, sævissima vipera, cœna?
Tune duos? Septem, si septem forte fuissent!....

«¡Quieran los dioses! pero oigamos á Pontia: «Yo lo he hecho, lo confieso, yo misma he preparado el brebaje para mis hijos, me sorprendieron y los ultimé. —¿Tus dos hijos, detestable víbora, tus dos hijos al mismo tiempo? —¡Siete, si los hubiese tenido...!»

... Que entrañas de madre!

Es así como Juvenal ataca al crimen: lo persigue como testigo, como acusador y como juez.

Una mujer furiosa, dice, es una roca que de repente, perdiendo su punto de apoyo, se deshace y se precipita desde lo alto de la montaña, en cuya cumbre estaba suspendida.

Los grandes crímenes de las mujeres son más dignos de escusa, —si es que los crímenes excusarse pueden, — cuando son motivados por la cólera, —¿pero que decir de aquella que calcula las ganancias del crimen, y lo ejecuta después á sangre fría?

Por eso inspiran lástima los crímenes de Medea y de Procne, mientras que el de Pontia solo horror produce.

Con este retrato de la envenenadora, concluye Juvenal esta sátira tan célebre, por los ardientes ataques y defensas que ha merecido.

No debemos apresurarnos a juzgar mal á Juvenal por las obscenidades de que está llena esta sátira, pues si es verdad que sus ataques se dirigen principalmente a los patricios, no es esta la rastrera venganza del plebeyo celoso, que se complace en denunciar los escándalos y los vicios de las grandes familias, por el torpe placer de arrojar lodo a los más ilustres nombres; pues «el no hace, dice un crítico, más que llenar el deber del moralista contra infamias que pueden servir de peligroso ejemplo, y que una elevada posición hace mas contagiosas.»

En esta sátira, como se ve, Juvenal no solo ataca a los patricios, sino á las mujeres todas, que ocupaban el primer rango en la corte, y las cuales eran las primeras desmoralizadoras de su época.

Hasta Claudio, las mujeres romanas—casi íbamos a decir: ¡las matronas! —habían permanecido en una modesta oscuridad; y aprovecharon la presencia de una Messalina y una Agrippina, para llenar al mundo entero con la fama de sus hazañas. El ejemplo de esas dos harpías, que tan importante rol político jugaron, alentaba a las mujeres, que para llenar su objeto, consideraron pequeño el sacrificio no de su pudor, —pues hacía mucho tiempo que ya no le tenían, — sino del honor que aun conservaban!

En aquella época funesta, unas se elevaban por su audacia o por el crimen, otras por la disolución; pero todas violaban públicamente y sin escrúpulo alguno, las leyes sagradas de la virtud y del pudor. Cuando una sociedad ha llegado a un extremo tal, es ese el último límite de la disolución, porque si es verdad que Dios ha creado a las mujeres para educar á los hombres, según la expresión de Voltaire, ¿qué educación podían recibir los romanos en aquella época? ....

Aquella sociedad tenía un cáncer incurable y que hacía rápidos progresos: cuando las mujeres se corrompen, es porque los hombres hace tiempo están ya depravados.

¿Este estado de cosas, no explica acaso satisfactoriamente la noble indignación del poeta, su generosa cólera y su fogosa elocuencia?

Tal es la sátira en que Juvenal ha intentado juzgar á la

mujer. ¿Lo ha logrado?........ ¿Quién lo podrá decir? La mujer es una palabra que para unos dice *mucho*, para otros *nada*, ¡y que para algunos significa solo un *misterio*!

Es ingrata en extremo y en sumo grado difícil, la tarea de juzgar a la mujer.

Juvenal la acometió.... pero es verdad también que pertenecía «á esa clase privilegiada de hombres, que se sienten armados del suficiente valor para asesinar sus ilusiones; que asisten gozosos a la disección del cuerpo social; ¡que obedecen mas a los fríos cálculos de la cabeza, que a las ardientes inspiraciones del corazón!»

Nosotros nos propusimos estudiar una época, y elegimos para ello los escritos satíricos: nos hemos visto forzados á examinar esta sátira, así como todas las demás. Pero esto no quiere decir que estemos conformes con todas sus conclusiones: nunca fue nuestra mente hacer ese estudio de la mujer, y pronunciar un anatema de reprobación contra ella. ¡Quede en buena hora esa amarga tarea para Juvenal y los escritores de su temple, pues si es verdad que concluida ella, les queda tal vez el placer del convencimiento, es sin duda alguna un placer con dolor, una dulzura mezclada con hiel!

No queremos investigar aquí si la mujer es superior o inferior al hombre—nos basta solo saber que ella es su inseparable compañera, el ángel del hogar, ¡que lo acaricia cuando nace, que le consuela mientras vive, y que le llora cuando muere! ....

"¿Qué es la mujer? ha dicho un escritor contemporáneo. —Preguntad a la inteligencia, y os dirá: un misterio. —Preguntad al corazón, y os responderá: un ángel.»

La sátira séptima trata de la miseria de los literatos, es

una queja del abandono de las artes, de la esterilidad de las lamentaciones de los estudiosos y de los poetas, y está escrita contra los ricos, que pródigos para el mal, eran avaros para el bien; por eso dice el poeta: «las artes mendigan, porque Roma se ha vuelto avara.»

El argumento de la sátira está contenido completamente en los primeros versos.

¡Et spes el ratio studiorum in Caesare tantum!

«Las letras no tienen mas que César que les sostenga y anime....»

Celebra pues Juvenal los beneficios del príncipe reinante.

¿Qué príncipe es a quien se refiere? No podemos saberlo à punto fijo, más seguramente fue un príncipe virtuoso. Algunos scoliastas suponen que es Nerón o Domiciano, otros que Tito o Nerva, otros que Adriano o Trajano.

De difícil solución es esta controversia, pero Juan Lipsio, Salmacio y Dodwell han demostrado, analizando prolijamente el texto de esta sátira, que ella es posterior a Domiciano. Dodwell sostiene con grande erudición, la opinión de que era Adriano el príncipe a quien el poeta se refiere, y este parecer ha sido adoptado también por Dussaulx, Achaintre y otros latinistas de primera fuerza y de grande autoridad tratándose de este satírico, sobre el cual han hecho tantos estudios especiales.

Esta opinión se confirma tanto más cuanto que el entusiasmo que demuestra Juvenal es singular y notable.

«Ya los poetas, exclama, no irán a hacerse penaderos en Roma, bañistas en Gables..... no mendigarán vergonzosamente en la puerta de los ricos, ni se verán forzados a entregarse a viles oficios.»

Solo teniendo en cuenta la brusca transición del reinado de Domiciano al de Adriano, puede comprenderse esta explosión entusiasta en un poeta eminentemente republicano y enemigo de los poderes usurpados.

En seguida alude a la recitación de versos en las lecturas públicas: «esa funesta costumbre, esa ambición manía nos inculca una furia por escribir, dice, y esa furia incurable que posee hoy dia a tantas gentes, se envejece con nosotros en nuestro enfermo corazón.»

Evidentemente Juvenal no había hecho estudios especiales para escribir, pues no era de esos poetas instruidos desde la infancia en el arte de la verificación, y alimentados por los concursos literarios y las coronas. Su estilo no traiciona al habituado de las lecturas públicas. El motivo que le impulsó á escribir fue, sin duda alguna, la virtud. Cumple fielmente con su augusta misión de satírico hace una obra necesaria en descubrir no solo las faltas, sinó los errores de su tiempo, á fin de precaver a las generaciones venideras. Por eso su testimonio es sincero y leal: nos merece entera fe. Sus críticas son desapasionadas y verídicas.

«Para ser verdadero poeta, se requiere tranquilidad y bienestar, dice, y mientras tanto nuestros más bellos talentos están en la. Indigencia.»

«Stacio ha prometido recitar su *Thebaida*, tan deseada, la alegría se esparce por la ciudad: el día señalado cada uno acude presuroso.... Pero después de haber merecido estrepitosas aclamaciones, el hambre le sorprende sino vende á París las primicias de su *Agave*.... Un histrión dispensa los honores militares: dá á los poetas el anillo de caballero....

¡Lo que los grandes no podrían darnos, un histrión lo concede!....»

> .... *sed quum fregit subsellia versu,*
> *Esurit, intactam Paridi nisi vendat Agaven,*
> *Ille et militiæ multis largitur honorem,*
> *Semestri vatum digitos circumligat auro.*
> *Quod non dant proceres, dabit histrio!*....

.....La importancia decisiva que estos versos tuvieron en la vida de Juvenal ha sido ya estudiada con detención en este mismo capítulo: inútil, pues, es volver sobre ello.

Según unos, decidió su carrera, según otros, su porvenir. Es opinión generalmente admitida, que fue el orígen de su vocación como escritor, y de sus males como ciudadano.

Si los poetas están tan mal recompensados, ¿los historiadores lo estarán mejor?............ ¡ni siquiera para pagar el papel empleado les producen sus obras!

¿Y los abogados? Aquellos de talento verdadero y de elocuencia, se fatigan inútilmente por salvar la honorabilidad dudosa de su cliente: al fin vencen y por toda recompensa.... ¡al volver a su casa la encuentra adornada con ramas de árboles!

Sin embargo, otro abogado, que vacila y tartamudea á cada instante, recibe buenos escudos de oro, como honorarios. El secreto de esta diferencia está en que el primero era.... pobre, y el segundo.... rico.

> *Et tamen est illis hoc utile: purpura vendit*
> *Caussidicum; vendunt amethystina ....*

«Por otra parte, exclama, ¡todo le conviene: la purpura y el ametista hacen valer al orador y duplicar sus honorarios!»

¡Con que ironía se extiende en pormenores Juvenal!

El litigante, antes de tomar abogado, se fija si un anillo brilla en su dedo, examina si tiene ocho sirvientes y diez clientes, si es seguido de una litera, y precedido por numerosos amigos.... ¡La elocuencia y la pobreza parecen ser incompatibles!

Los retóricos que enseñaban la declamación son objeto también de la conmiseración del poeta: ¡su vida entera la pasan fatigándose para no merecer ni la gratitud de sus discípulos!

¡O suerte caprichosa! «Mas vale la constelación que · preside al nacimiento de aquel que será cónsul antes de saber hablar, que el talento distinguido y el estudio penoso!»

Si la fortuna quiere, elevará á un esclavo sobre el trono, y á un cautivo sobre un carro triunfal

Felix ille tamen corvo quoque rarior albo.

«.... pero ese hombre feliz es más raro que un cuervo blanco.»

Después se dirige al docto gramático Remmus Palemon, — probablemente el maestro de Perdió, —para recordarle las mezquinas recompensas que su asidua contracción le procuraba. Se consideraba al educacionista como una máquina que por deber debía inculcar la enseñanza en los jóvenes.... ¡raro modo de considerar la noble y generosa carrera del pedagogo, y que solo explicarse puede, considerando la época que lo formuló!

El genio, el talento, el estudio, nada valían entonces, si estaban aliados con la pobreza. Era una época á la que con la mayor exactitud podrían aplicarse los versos del poeta:

> *Quiconque est riche, est tout: sans sagesse, il est sage;*
> *Il a, sans rien savoir, la science en partage;*
> *Il a l'esprit, le cœur, le mérite, le rang,*
> *La vertu, la valeur, la dignité, le sang;*

> *L'or même a la laideur donne un teint de beauté,*
> *¡Mais tout devient affreux avec la pauvreté!*

Tal es el argumento y desarrollo de esta sátira célebre, porque en ella han pretendido encontrar pruebas suficientes para condenar a Juvenal, los que con tanto tesón le denigran.

En efecto, dicen, la vehemencia con que este poeta ataca la abogacía y la declamación, demuestran con claridad, que sus críticas son simples venganzas personales, y que por lo tanto nos exponemos a considerar como sátira social, lo que es solo el desahogo de un hombre despreciado y escarnecido.

Fuera de duda está que cultivó con sin igual ahincó la declamación, y que, salido de las escuelas, fue á la elocuencia que Juvenal ofreció las primicias de su talento, que se mostró orador antes que poeta. Cuarenta años de su vida pasó en semejantes ejercicios, que constituían por lo tanto toda su ambición y gloria.

¿Cómo entonces explicarse las acerbas críticas y los rudos ataques que a tales ejercicios encierra esta sátira? Es que Juvenal había cifrado su alma toda en conquistar la palma de la elocuencia, el renombre de orador, la fama de abogado:—pero la sociedad de su época no le hizo caso, le volvió las espaldas, le escarneció, se burló de él, frustró, pues, sus más caras esperanzas-lleno de rabia y de despecho, entonces juró Juvenal odio á muerte a su época, y escribió sus sátiras para vengarse de todas las instituciones y clases sociales, que no habían sabido o querido comprenderle: y de ahí esa tremenda violencia. de sus rabiosos apóstrofes, de ahí esa ira concentrada, esa hiel terrible que revela cada verso de sus sátiras. Es solo la venganza personal de un hombre befado por su tiempo-venganza sublime, pues ha producido una obra de arte incontestable, pero siempre es solo la venganza individual. La posteridad no puede, por lo tanto, considerar esas producciones sino bajo el punto de vista literario, y de ninguna manera acordar un alcance social á esos versos, que no son la sátira imparcial del moralista, sino el desborde personal del injuriado.

Juvenal, pues, concluye esa escuela, es solo un poeta notable, ¡pero de ninguna manera satírico sincero! .... ¡Parece increíble que la perversión humana pueda llegar a violentar hasta un extremo tal, el sentido claro y evidente de las cosas!

Solo espíritus malévolos e interesados han podido dejarse arrastrar a tan viciosa argumentación, que parece descubrir en sus autores, a esos seres de espíritu enfermizo y envidioso, que no pueden contemplar la grandeza ajena, sin convulsionarse terriblemente.

Pero importa destruir tan falsos argumentos. La primera parte de este capítulo es su más completa refutación, pero breves observaciones acabarán de demostrar su error.

Es verdad que pasó la mitad de su vida en la declamación: hemos ya reconocido este hecho, y le hemos dado su verdadera explicación. Pero hemos demostrado también el porqué de aquel hecho, que no puede considerarse en abstracto, sino en el tiempo que tuvo lugar, cuando se sucedía en el trono la escoria de los hombres, los criminales envilecidos, los sangrientos monstruos, los emperadores que se llaman Nerón, Vitelio, Heliogábalo, Domiciano....

Juvenal se indignaba y horrorizaba ante los crímenes que le era forzoso presenciar, pero almacenaba su odio, comprimía su cólera, pues hubiera sido un sacrificio estéril y sin provecho, su protesta en aquellos reinados, pues la muerte hubiera ahogado sus palabras, y hubiera desaparecido de la memoria de los hombres, sin dejar rastro ninguno de una época en que no era posible hablar ni oír con libertad, y «en que se hubiera perdido la memoria con el habla, si fuera posible el olvidar como el callar!»

Aguardó con justísima prudencia «esos tiempos raros y felices, ¡en que es permitido sentir lo que se quiere, y decir lo que se siente!

Aguardó los reinados apacibles de Nerva, Trajano y Adriano, y a la sombra de la libertad que parecía entonces retoñar, principió a escribir sus sátiras, especie de testamento que legaba á la posteridad, para mostrarle hasta dónde puede llegar la abyección humana, ¡si los pueblos dejan tranquilamente cimentar las tiranías que los vejan y humillan!

Tal es el servicio que la posteridad debe a ese poeta enérgico y viril, cuya sincera y convencida palabra más de una vez ha servido para cimentar el noble sentimiento de la libertad en los espíritus fatigados ó desalentados. Servicio impagable, que bien poco han sabido recompensar las generaciones posteriores, pero que ya empieza a serle unánimemente reconocido: — ¡tan cierto es que la posteridad da a cada uno lo que le corresponde!

Agregan sus detractores que fue abogado, y como tal despreciado, por qué no supo conquistarse el aprecio público en su nueva carrera.

Nada de extraño tendría que hubiera sido abogado, más aún, lo admitimos, a pesar de que no nos queda monumento ni rastro alguno de sus trabajos de ese género.

Las composiciones satíricas de Juvenal no excluyen la elocuencia: se puede decir, dice Dussaulx, que la manera de este poeta se acerca mucho a las formas de la prosa elevada, y al tono de la dicción oratoria. Quintiliano hemos ya visto de qué manera menciona a Juvenal, y es por lo tanto probable que los discursos de este, tengan mucho parecido con sus poesías, pero de ahí se deduciría evidentemente, que sus triunfos en las luchas del Fórum, fueron solo el presagio de los que obtuvo después, en la censura de las costumbres y en la pintura de las ridiculeces.

Nos parece que eso solo basta para demostrar cuán errónea es la opinión que combatimos.

Nada mas perfecto que la sátira octava, según la opinión de Schoell, pues es en extremo hermosa, y la mejor de las de

Juvenal. Los satíricos modernos se han servido mucho de ella. Trata de la nobleza.

Si se quiere comprender bien la naturaleza y alcance de las inspiraciones de Juvenal, preciso es recorrer las principales clases de la sociedad romana. Los emperadores, primeramente, los patricios después, los libertos más tarde.

En las sátiras anteriores hemos ya tenido ocasión de ver de que manera trata Juvenal a los emperadores y a los libertos, veamos ahora como era el patriciado.

Nada más aparente para sublevar al ciudadano é irritar al satírico, que el espectáculo indigno de la decadencia de las grandes familias.

Las locuras más notables, las aventuras célebres, los grandes escándalos se encontraban sobre todo en aquellos que arrastraban en el fango del vicio y en la abyección de la miseria, la ilustración de un nombre antiguo y respetado.

Uno de los más bellos trozos del poeta, dice M. Martha, y uno de los más justamente admirados, es precisamente la sátira sobre la nobleza, que es considerada como una obra maestra, como tratado moral sobre la materia, y que nos parece más interesante todavía como pintura histórica.

Juvenal demuestra que la verdadera nobleza es la que se deriva del mérito personal, que un hombre nuevo, útil a su patria, está mucho más arriba que un patricio degenerado, vicioso y que solo tiene antepasados.

La verdadera nobleza, dice Juvenal, es personal y no depende sino de la virtud: los títulos hereditarios poco pueden influir en la persona condecorada. Y por medio de una hábil y picante comparación con un corcel, exclama: «así como un corcel degenerado para nada sirve, a pesar de pertenecer a una raza célebre, así también es despreciable el que para nada sirve, aunque posea bien repletos árboles genealógicos.»

Estas ideas expresadas de una manera inimitable, no eran sin embargo del todo originales.

Bajo la república, en tiempos de la lucha encarnizada entre patricios y plebeyos, las sátiras contra la nobleza eran ya el tema sempiterno de la fogosa elocuencia tribunicia. Mario, en el discurso que dirige al Senado, cuando parte á hacer la guerra á Jugurtha en calidad de cónsul, hablando de los nobles que tan cruenta oposición le habían hecho, exclama:

> *Contemnunt novitatem meam; ego illorum ignaviam: mihi fortuna, illis probra objectantur. Quamquam ego nuturam unam et comunem omnium existumo, sed fortissimum quemque generossimum.*[28]

«Desprecian ellos en mí la falta de nobleza, yo en ellos la sobra de cobardía; a mí me echan en cara mi nacimiento, yo a ellos sus crímenes; bien que, según entiendo, la calidad es una y general en todos, y el que tiene más valor es el más noble.»

En ese mismo discurso, se encuentran expresados de una manera aun no sobrepasada, todos aquellos argumentos que un plebeyo, hijo de sus obras, puede aducir en contra de esos nobles que creen que todo les pertenece, porque llevan un apellido ilustre.

La elocuencia salvaje de esta formidable arenga fue el tema obligado de las escuelas de declamación más tarde.

---

28. C. *Sallusti Crispi-Jugurtha* LXXXV.

Plutarco había ya comparado el noble degradado al corcel degenerado. Séneca también había empleado la burla de «los atrios llenos de bustos ahumados.»

Pero si la parte filosófica de esta sátira célebre, imitada tanto, sobrepasada nunca, no es original; en cambio lo es y mucho, su parte histórica.

En poesía, ha dicho un crítico afamado, no hay nunca tema anticuado, cuando el poeta es de su tiempo, cuando mezcla á las ideas morales aprendidas en los libros, rasgos sacados de la vida contemporánea, cuando describe lo que ve, cuando anota los sentimientos del día, y esparce sobre un fondo de verdades que son del consenso universal, una sólida capa de color local.

Por eso son preciosos los detalles que encierran las pinturas de la vida romana que nos hace Juvenal.

Principia su sátira conduciéndonos a casa de Pontus, que tenía sus atrios cubiertos pomposamente con los bustos ahumados de los dictadores y maestros de caballería de quienes descendía.

«¿Qué importan las genealogías? ¿De qué sirve, oh Pontico, exclama, el poder vanagloriarse de un origen antiguo, mostrar los retratos de los antepasados, los Emilianos en sus carros triunfales, los Curius ya mutilados...?»

«¿Para qué sirven las imágenes de tantos guerreros ilustres, si se pasan las noches jugando, y si se acuestan al amanecer, cuando marchan los generales contra el enemigo?»

Nada más exacto, nada más gráfico que este contraste entre los padres y los hijos. Es un cuadro que tiene tanta vida, que un pintor lo trasladaría fácilmente sobre la tela.[29]

Los juegos de azar eran una de las pasiones más ardientes de la época, y la indignación del poeta no es más que el eco de la condenación popular. Bajo la república, leyes terminantes prohibieron tan vergonzosa pasión, pero la relajación subsiguiente volvió a hacerla reinar. Era tal el furor con que los romanos se entregaban a ello, que Juvenal en su sátira I, dice:

.... *alea quando*
Hos animos? neque enim loculis comitantibus itur
Ad casum tabulæ, posita sed luditur arca.

«¿Cuándo ha sido más desenfrenada la manía de los juegos? Ya no se contentan con venir a afrontar la suerte de la mesa fatal, con una simple bolsa; se juega con la caja de fierro al lado...»

---

29. Ese cuadro, dice M. Martha, existe en efecto en la galería del Luxemburgo. M. Couture parece haber tenido bajo los ojos los versos de Juvenal, cuando representaba una orgía romana en la época de los Césares. Un tropel de convidados, hombres y mujeres, fatigados por los placeres, aturdides por el vino, medio dormidos, tratan todavía de reanimar una alegría ya apagada. Todas esas frentes patricias parecen tan marchitas, como las hojas que las coronan.

En la sala espléndida del festín, se levantan de trecho en trecho, blancas estatuas, imágenes de viejos quirites, y que parecen contemplar con la inmovilidad del mármol y su impasible virtud, à su despreciable posteridad. Parece que fueran la encarnación de los versos de Juvenal citados en el texto:
Si coram Lepidis male viritur? Effigies quo
Tot bellatorum, si luditur alea pernox
Ante Numantinos?....

Ya al tratar de aquella sátira, hicimos notar la vehemencia con que nuestro poeta atacaba esta pasión. El patriciado estaba, pues, completamente degradado. Entregados en brazos de deshonrosos placeres, se contentaban solo con exhibir sus genealogías, olvidando que

Tota licet veteres exornent undique ceræ
Atria, nobilitas sola est atque unica virtus

«en vano antiguas efigies decoraban los pórticos: la virtud es la única y verdadera nobleza.»

Voltaire lo ha dicho más tarde en versos que son célebres:

Les mortels sont egaux: ce n'est point la naissance
C'est la seule vertu qui fait leur difference.[30]

«Mientras los nobles orgullosos con su prosapia ilustre exigen sumisión y respeto, sin hacer por su parte nada para merecerlo, —los plebeyos, de origen oscuro pero de clara inteligencia, trabajan y se afanan por elevarse sobre tan degradante nobleza.»

Los nobles insolentes despreciaban á los plebeyos que no podian presentar una genealogía pura.

Quorum nemo queat patriam monstrare parentis

En efecto, en Roma el origen del patriciado había sido la calidad de ciudadano libre: *qui patrem sciere possunt*, era la

---

30. *Mahomet, act. I sc. 4.*

fórmula con que el derecho romano calificaba a los nobles. Pero fiados en la tradición, habían descuidado cimentar personalmente su rango, y de ahí vino que fueran considerados casi con desprecio. No se les preguntaba quiénes eran, sino que habían hecho. Aquellos indignos descendientes de ilustres ciudadanos olvidaban que el nacimiento nada vale allí donde la virtud no existe. Así nosotros no tenemos parte en la gloria de nuestros antepasados, sino en tanto que nos esforzamos en parecernos a ellos; y el mismo brillo de sus acciones, que sobre nosotros esparce su memoria, nos impone el compromiso de devolverles tal honor, siguiendo los pasos que nos han trazado, y de no degenerar sus virtudes, si queremos ser considerados como sus verdaderos descendientes.

Los nobles de aquella época parecían olvidar verdades tan ciertas, y, por el contrario, eran de aquellos que consideran a un noble, como «a un hombre que se ha tomado el trabajo de nacer,» según la picante expresión de Beaumarchais.

Juvenal trae un animado coloquio entre un noble infatuado y un plebeyo, hijo de sus obras.

«Yo, dice el noble, desciendo de Cecrops. —Te felicito, le responde el plebeyo, ¡ojalá disfrutes largo tiempo de tan bello privilegio! .... Pero sabe, que es del seno de ese pueblo, a quien tanto escarneces, ¡que saldrá el romano elocuente, el orador capaz de defenderte! ....»

Sigue después la brillante comparación del noble degradado con un corcel degenerado, y después dice: «Pero dejemos á un lado á esos soberbios zánganos....

Rarus enim ferme sensus communis in illa

Fortuna

¡los favoritos de la fortuna rara vez tienen sentido comun!»
«Cuanto siento, oh Pontico, añade, verte gozar solo de la gloria de tus antepasados, sin tratar de ilustrarte tú mismo.»
Pero ¿de qué manera se consigue esto?
Ser bravo soldado, fiel tutor, arbitro incorruptible....

Summum crede nefas animam praeferre pudori,
Et propter vitam vivendi perdere caussas.
Dignus norte perit....

«Considera como un gran crimen el preferir la existencia al honor, y el renunciar, por la vida, á las virtudes que justamente nos hacen dignos de vivir. ¡El que ha merecido la muerte, deja por ese hecho de existir!»
En seguida describe las rapiñas atroces de los gobernadores de provincia, en tan elocuentes términos; que nos recuerdan las celebradas oraciones de Cicerón contra Verres.

«Pero, exclama, qué robar hoy, si todo está talado,
    saqueado....
Curandum in primis, ne mugna injuria fiat
Fortibus et miseris. ....
.... spoliatis arma supersunt

guárdate bien sobre todo, de reducir a la desesperación a hombres valerosos y desgraciados.... ¡aún quedan armas a los espoliados!»

Es una amenaza que más tarde ¡debiera cumplirse con fiereza no igualada!

Pero ese viejo sentimiento romano, cuyo intérprete se hacía Juvenal, se dirigía no solo contra la inacción de los patricios, sino también contra las costumbres nuevas, algunas veces mas inocentes, y que se habían introducido en la elegante sociedad. Pero siguiendo su arranque impetuoso, estigmatiza nuestro poeta casi con igual ardor, a los crímenes más atroces y a aquellas costumbres que cuando más, eran acreedoras a un epigrama.

Sabido es que Nerón introdujo en Roma la moda de conducir personalmente su carro en los paseos. Naturalmente los nobles y los ricos lo imitaron, y pronto aquella costumbre hizo furor.

Los patricios, pues, esclavos de esta moda, no tenían escrúpulos, no solamente en conducir personalmente su carro, sino en cuidarlo, arreglar los caballos: en fin, hacer todo lo que hoy día hace únicamente un cochero.

Pues bien, Juvenal para criticar esta manía en el cónsul Damassippo, hace aparecer indignados a sus antepasados, que reposaban tranquilamente en sus tumbas: ¡la luna y los astros también se horrorizan........!

¡Raro sincronismo! Persio en su sátira V criticaba el defecto de la hinchazón gongórica de la frase, y á renglón seguido caía en la falta censurada. En el capítulo anterior hicimos notar esta contradicción evidente. Pues bien, Juvenal, que predica que todo castigo debe ser proporcionado al crimen, ataca en este pasaje una costumbre puramente ridícula, como si se tratase de un gran crimen. La inconsecuencia no puede ser mas notable, y a fuer de imparciales, no la omitimos.

Pero inmediatamente reacciona nuestro poeta y exclama, «pero, ¿dírase acaso para excusarlo, que nosotros hemos hecho lo mismo en nuestra juventud?»

....*esto; desisti nempe, nec ultra*
Fovisti errorem: brevc sit, quod turpiter audes.
Quædam cum prima resecentur crimina barba.
Indulge veniam pueris.

«Sea, pero la edad madura nos ha hecho más cautos: el reinado de las pasiones desdorosas debe ser corto. Muchos vicios deben desaparecer junto con la primera barba. La juventud necesita indulgencia.»

..... ¿Qué desmentido más honroso puede darse a los que pretenden sostener, que Juvenal estigmatizaba en sus sátiras por la mañana, lo que practicaba por la noche en las orgías?

Por otra parte, esto confirma una vez más, la opinión que emitimos al estudiar los epigramas de Marcial. Pudo haber sido disipado en su juventud, pero cuando en su edad madura escribió sus sátiras, ya era un hombre moderado y de experiencia. Su testimonio, pues, es sincero, y nos merece entera fe.

Es en este pasaje que Juvenal nos conduce a esa taberna de la Puerta de los Judíos, ¡donde se sentaban a la mesa asesinos, ladrones, marineros, esclavos huidos, verdugos, volatineros, enterradores y hasta sacerdotes de Cibeles!

Verdaderamente que teníamos razón cuando decíamos que estudiar a este poeta, era examinar a la sociedad romana, sus diversas clases, emperadores, patricios, ricos, plebeyos y populacho, sus diferentes lugares, ¡el palacio de

Alba de Domiciano, el cuartel de la Suburra y hasta las tabernas de los suburbios!

Pero el hecho de que los nobles frecuentasen tan odiosos lugares tiene además otra significación. En la historia de toda nobleza, hay siempre tres períodos sucesivos, que fatalmente se presentan: la edad de la superioridad, de los privilegios y de las vanidades: salida del primero, la aristocracia degenera en el segundo, y desaparece en el tercero. En este período se encontraba entonces la nobleza romana: los patricios, por ostentación del vicio, por saciedad, adoptaron las costumbres groseras del populacho. ¡La felicidad y la gloria consistían, no ya en llevar una vida licenciosa, sino en encanallarse!

Es a uno de esos lugares, donde solo se va a estudiar los misterios de una metrópoli, que nuestro poeta nos acaba de conducir, mas no es esto todo «a pesar de la infamia de semejantes ejemplos, dice, todavía puedo citar otros más odiosos.»

Los nobles arruinados no solamente mendigaban, sino que hasta histriones se hacían.

«Un noble puede hacerse histrión, cuando un emperador se ha hecho arpista, dice, ¡pero el colmo de la vergüenza es que se haga gladiador!» Describe en seguida una escena en el Circo, en que un noble, descendiente de familia ilustre, ¡se batió como gladiador, arrancando aplausos al público!

Necesario es recordar la nota de infamia que los romanos acordaban a los cómicos é histriones, para poder comprender que aquella era ya la bajeza máxima, á que pudiera degradarse un noble.

En aquella época de locuras monstruosas, dice un

crítico, cuando la conciencia humana pareció enteramente aniquilada, se buscaba la vergüenza, se consideraba la infamia como vanidad, y se aplicaba toda la ambición a hacer que fuera bien celebrada; y así como Messalina, harta ya de placeres clandestinos, aburriéndose con la oscuridad de sus crímenes y segura impunidad, imaginó dar á los romanos el espectáculo de un adulterio público;— así también se vio nobles, que, después de haber agotado todo, ¡buscaron todavía su felicidad y una especie de gloria, en el exceso de la vergüenza, y en la pomposidad de su degradación!

La elocuencia y el calor con que Juvenal traza esos cuadros, traicionan un sentimiento vivo y presente de la dignidad romana.

Lo que domina en la moral del poeta, dice un crítico moderno, es el patriotismo. El honor de Roma, el respeto del pasado, una especie de piedad política para con recuerdos heroicos, todos los sentimientos de un ciudadano, contristado por la vergüenza que inspiraban las costumbres nuevas, están expresados con toda la fuerza que un arte poderoso pueda prestar á una cólera verdadera.

Por eso dijimos al principio de este capítulo, que el estudio de las sátiras de Juvenal nos daría muy repetidas ocasiones para demostrar evidentemente lo apasionada y falsa que es la opinión de M. Nisard, quien se muestra empeñado en probar que este poeta fue indiferente y cínico, y que la sórdida venganza fue su único móvil. Lamentamos que un crítico tan distinguido haya podido querer rebajar tanto a un satírico del mérito de este, pero nos felicitamos de tener ocasión de revindicar para nuestro poeta, ¡cuando menos la sinceridad, pues el talento nadie se lo ha negado!

El patriotismo de Juvenal, sus sentimientos de viejo quirite romano se revelan sobre todo en la apología que hace de Cicerón, del cual dice

....sed Roma parentem,
Roma patrem patriæ Ciceronem libera dixit.

«¡salvada por su coraje, su patria le aclama su salvador y su padre!» Mario, los Decios, Mucius, Cocles, todos los héroes históricos y legendarios de Roma, son evocados á su turno.

¡Qué contraste tan notable con esos nobles, cuyas bajezas acababa de describir!

Es así como Juvenal, al mismo tiempo que criticaba acerbamente las monstruosidades del presente, recordaba las glorias del pasado; y al lado del mal que enseñaba á despreciar, ponía al bien, como correctivo y ejemplo.

Tal es esta notable sátira, tan célebre en la historia literaria, y tan alabada por la crítica. Como poesía, es considerada en extremo buena, pero como pintura histórica, es inimitable.

La sátira novena es asaz dramática: está escrita en forma dialogada y trata de una manera a menudo obscena, un infame y monstruoso vicio entonces muy común en Roma.

Un llamado Névolus, personaje crapuloso, describe al poeta con los colores más vivos y las pinturas más excitantes, los pormenores más minuciosos del vicio de la sodomía. Juvenal indignado ante tan horrendas turpitudes, lo increpa duramente. Névolus entonces se retira, formulando los más extravagantes votos.

Este es el fondo de una sátira en la que nuestro poeta nos parece sin excusa. Si es verdad que era necesario atacar también este horroroso vicio, al mismo tiempo que los demás-¿a qué venia el dedicarle una sátira entera, donde parece complacerse en las descripciones más deshonestas, donde cada frase es una obscenidad, y cada pensamiento un ataque al pudor y a la dignidad? Y debemos condenarle con tanta mayor energía cuanto que ya había tratado de este vicio en la sátira II v. 117 y siguientes.

Esta sátira de Juvenal es en la literatura latina, lo que el célebre diálogo sobre los amores, de Luciano, es en la literatura griega. Escritos ambos con mano maestra, su estilo es brillante, pero su contenido es á cual más obsceno y detestable, tanto que la crítica se asombra que semejante fondo haya merecido forma tan perfecta.

Después de estas observaciones, se comprenderá por qué no hacemos el análisis de esta sátira, aunque en medio de tanto fango suelen encontrarse algunas perlas, como cuando dice:

Flosculus, angusto miseræque brevissima vitæ
Portio.

Ya en otro lugar hemos tratado la cuestión sobre si es permitido describir detalladamente los vicios, aunque sea con el propósito de anonadarlos, y decíamos entonces que es muy peligroso este ardid, porque tales pinturas las más de las veces corromperán a los púdicos y afirmarán en el mal camino a los impúdicos.

No hay que olvidar en efecto, que, como dice Schiller, toda virtud es inmaculada—hasta el momento de la prueba.

Jedwede tugend

*Ist fleckenfrei-bis auf dem augenblicke
Der probe.*[31]

Pero, por otra parte, si únicamente se llora el vicio sin tratar de burlarse nunca de él, esto hace creer que se llora el mal, por temor de sus consecuencias. «Aquel que se burla de un vicio, dice Lessing, lo desprecia al mismo tiempo.»

Un crítico moderno, después de haber pretendido demostrar que Juvenal en su juventud estuvo encenagado en todos esos vicios, que con tanta vehemencia parece condenar en sus sátiras, deduce de ello, que no solo es un satírico indiferente, sino que es un moralista hipócrita, que, so pretexto de estigmatizar los vicios, aprovecha la ocasión para describirles con tan bellos colores, que los hace desear; y el propósito que en esto lo guía, es el de corromper a los demás, «porqué, dice, aquel que tiene la conciencia de sus faltas, no puede sufrir la inocencia de los otros.»

Increíble parece que tal aserto haya podido formularse. Solo un espíritu prevenido ha podido dejarse arrastrar a tales exageraciones.

Si no hubiéramos ya tenido frecuentemente ocasión de rebatir tan monstruosas ideas, las últimas palabras de aquel aventurado juicio bastarían para refutarle completamente.

Si Juvenal, como lo hemos probado repetidas veces, es sincero en sus sátiras, su ardiente condenación de los vicios de su época, —en los que pudo caer, porque en aquella sociedad corrompida y seductora, la virtud estaba en gran peligro, —demuestra bien cuanto se arrepentía de sus faltas anteriores, y cuanto era su ardor de precaver á los hombres

---

31. *Schiller.* —Don Carlos.

de caer en ellos, mostrándoles en su horripilante desnudez, el abismo en que se arrojaban: y estos ardorosos remordimientos, estos arrepentimientos tan ardientes, son una prueba más en su favor, porqué, como dice Goethe, «los remordimientos de conciencia están en relación, no con las faltas cometidas, sinó con las virtudes que aún quedan!»

La sátira décima trata de los votos, y es, según la opinión de M. Nisard, la mejor de las de Juvenal, y aun, añade, uno de los más bellos trozos de la poesía latina. Si es verdad que esta sátira sea la obra maestra de Juvenal, no por eso debemos confesar que su contenido no es original. En todas las épocas y en todas las naciones, los escritores han estado acordes en que los votos, las plegarias de los ambiciosos mortales, han atraído sobre sus cabezas los males más desastrosos.

Platón en su segundo diálogo sobre Alcibíades, hace igualmente sentir la locura de la mayor parte de nuestros votos. Después de haber examinado los que tienen por objeto las riquezas, los honores, el poder, la elocuencia, la gloria, la vejez y la belleza, concluye por indicarnos aquellos que debemos elevar. Igual cosa hace nuestro poeta, por lo que opina Constanzo que ha debido tener a la vista aquel diálogo cuando escribió esta sátira.

Persio, en su sátira segunda, trata también con mano maestra el mismo tema, y al estudiar sus obras en el capítulo anterior, hemos hecho notar algunas bellezas notables.

Pero ninguno ha tratado este tema como Luciano. Este célebre satírico antiguo, el Voltaire del segundo siglo de nuestra era, dotado de una alegría inacabable, que rebosa en salidas finas y sensatas, de un raro espíritu de observación, de un conocimiento profundo del corazón humano y de sus debilidades, hábil como ninguno en el manejo de la ironía y de la sátira; es, sin comparación alguna, de todos los escritores de su siglo, el que mejor nos lo hace conocer, y el único que ilumine vivamente todas las miserias de esa sociedad envejecida y enfermiza, que no se conocía a sí misma, pues tan poco conocía su decadencia.

En su diálogo *El novio o los votos*, critica con una delicadeza inimitable, lo ridículo de las tontas 'pretensiones que generalmente llenan la cabeza de los hombres.

Veamos ahora como ha tratado Juvenal un asunto, en el cual se han ejercitado los primeros satíricos de todas las épocas, y en que han descollado los genios mas no tables.

En toda la tierra, dice, pocos son los hombres capaces de discernir los bienes verdaderos de los males reales. Sus deseos son tan indiscretos, que solo sinsabores les traen. Quieren ser ricos, y cuando lo son, pasan su vida peor que miserables, llenos de zozobras é inquietudes. Por eso decia mas tarde el viejo romancero castellano:

Riquezas no se deseen,
Que son malas de alcanzar
Y peores de guardar
Las veces que se poseen

En vista de votos tan insensatos, ¿cómo no aprobar a esos dos filósofos, el uno de los cuales lloraba de todo y el otro se reía?

Viene en seguida la descripción de la caída de Sejano, el favorito de Tiberio.

Este es, sin duda alguna, el trozo más bello de todas las obras de Juvenal. La historia que le sirve de base es demasiado conocida para volver á repetirla: sabido es por qué disimulos, porqué intrigas y porqué crímenes, Sejano logró ser el hombre de confianza de Tiberio, cuyo sucesor esperaba también ser.

Los ciudadanos temblaban ante el despotismo de ese ministro irascible, pero aparentaban, sin embargo, adorarlo, elevándole en Roma numerosas estatuas.

Tiberio, alarmado por tanto prestigio, resolvió perder al antiguo favorito, para lo cual, dice uno de sus biógrafos, escribió al Senado una larga carta, llena de ambages, retorcida, diciendo una palabra de Sejano, hablando después de otra cosa, volviendo en seguida a su ministro, cuya ejecución ordena, por último. Sejano arrestado violentamente, es abandonado a los furores del populacho.

El fondo de esta interesante historia es sin duda que la roca Tarpeya se encuentra al lado del Capitolio, pero por la energía incomparable de la descripción, nuestro poeta ha hecho de ella una verdadera pintura histórica. Es el cuadro de la instabilidad de los favores populares, que en ninguna parte se observaba tanto como en Roma, cuyo populacho es típico en la historia.

La descripción principia en el v. 56.

Quosdam præcipitat subjecta potentia magnæ
Invidiæ; mergit longa atque insignis honorum
Pagina, descendunt statuæ, restemque sequuntur:
Ipsas deinde rotas bigarum impacta securis
Cœdit, et immeritis franguntur crura caballis:
Jam stridunt ignes; jam follibus atque caminis
Ardet adoratum populo caput, et crepat ingens
Sejanus; deinde ex facie toto orbe secunda

Fiunt urceoli, pelves, sartago, patellee!

«A muchos pierde el excesivo poder, el cual siempre está expuesto a los tiros de la envidia; una lista de títulos brillantes los hace caer en el precipicio. Se derriban las estatuas; se las arrastra con cuerdas; se rompe con hachas las ruedas de los carros triunfales, y los corvejones de los inocentes caballos. Ya se enciende el fuego; la cabeza adorada por el pueblo arde en los hornos; el gran Sejano se tuesta; ¡y de su faz, la segunda del Universo, se hacen pucheros, escudillas y cacerolas!»

¡Que figuras tan audaces! *¡Crepat ingens Sejanus!* Sí, dice M. Nisard, es el mismo Sejano el que revienta: ¡ya no queda del héroe más que los restos de su estatua, hecha pedazos por el pueblo!

Mas sobrevienen dos hombres moderados, que conversan sobre estos sucesos. Ni uno ni otro han sido los cortesanos de Tiberio ó de su favorito: ¡verdaderos tipos de gentes honradas en medio de una revolución!

He aquí su diálogo:

Pone domi lauros; duc in capitolia magnum
Cretatumque bovem: Sejanus ducitur unco
Spectandus: gaudent omnes. —Quæ labra? quis illi
Vultus erat? Nunquam, si quid mihi credis, amavi
Hunc hominem.-Sed quo cecidit sub crimine? quisnam
Delator? quibus indiciis? quo teste probavit?
—Nil horum: verbosa et grandis epistola venit
A Capreis. —Bene habet; nihil plus interrogo.

«Coronad vuestra puerta de laureles, sacrificad en el

Capitolio un toro blanco, dice el uno, á Sejano lo traen arrastrando con cuerdas. Todos se regocijan de ello.... ¡Que aspecto tenía! que labios tan gruesos! ¡A la verdad, jamás pude querer a este hombre! —Pero ¿qué ha hecho? le responde el otro, admirado de tan rápida caída y sin comprender la causa. ¿Quién le ha acusado? ¿Qué pruebas había contra él? —Nada, dice el primero: únicamente se ha recibido una larga y verbosa carta de Caprea.... —¡Ah! replica el segundo, me basta y sobra: no pregunto más.»

Se ve pues como juzgaban ambos interlocutores: sin pasión, sin cólera, pero también sin ilusión. Sejano, Tiberio, su larga y verbosa carta de Caprea, todo tiene su alusión. El pueblo también y no menos severa.

Uno de los espectadores hace esta reflexión, en presencia del súbito cambio de aquel populacho, que adoraba ayer lo que hoy escarnecía:

Sequitur fortunam, ut semper, et odit
Damnatos

«Lo que hace el pueblo de Roma? lo que siempre hizo: se pone del lado de la fortuna y maldice á la víctima.»

«Si ese toscano (Sejano) mejor secundado, hubiese asesinado a Tiberio, ¡a estas horas habría sido proclamado Augusto por el pueblo!»

«Desde que no se nos compra nuestros votos, nada nos interesa, exclama uno de los espectadores

…..nam qui dabt olim
Imperium, fasces, legiones, omnia, nunc se
Continet, atque duas tantum res anxius optat,

Panem et Circenses.

«….. esos romanos que en otro tiempo distribuían los fasces, las legiones, los honores todos, languidecen hoy en un vergonzoso reposo, —¡solo dos cosas desean con ardor: víveres y juegos de circo...!»

Esta definición del pueblo romano bajo el imperio rebosa de verdad, por eso la citamos en el capítulo primero, cuando incidentalmente tratamos de la población de Roma.

Desde los tiempos en que Tácito, dice M. Thiers,[32] le vio aplaudir los crímenes de los emperadores, el vil populacho no ha cambiado nada. Siempre brusco en sus movimientos, tan pronto eleva altares a la patria, como levanta cadalsos a sus ciudadanos, pero bajo la revolución, el populacho tenía por lo menos una grandeza, aunque horrorosa, más bajo el imperio romano, fué siempre cobardemente cruel, famélico y servil.

El populacho reunido alrededor de las destrozadas estatuas del caído favorito, seguía, entre tanto, comentando aquel hecho.

«Pero, decía uno, se susurra que perecerán algunos otros. —No lo dudéis, contestaba alguien, la hoguera es grande. Acabo de encontrar cerca del altar de Marte, a mi amigo Brutidius, pálido y consternado. …»

Este Brutidius, era negro, edil é historiógrafo, y fue en efecto inmolado en aras de su pasada amistad. Esas simples palabras, llenas de ironía, predecían con exactitud la carnicería y degüello de los amigos de Sejano, que Tiberio orde-

---

32. *Histoire de la revolution Française.*

no ya como tirano temeroso, sino como hombre burlado.

De Brutidius, dice Tácito,[33] que tenía grandes talentos, pero que en su ardor de sobrepasar primero a sus iguales, después a sus superiores, y por último a sus propias esperanzas, tuvo que perecer.

Es esta la suerte, agrega, de cierta clase de gente que desprecia una fortuna lenta pero segura, y que prefieren las ventajas prematuras, ¡aun a riesgo de pagarlas con su vida!

«Mucho me temo, agregaba otro espectador, que Ajax mismo no perezca, como habiendo sido mal defendido.»

> ….. *curramus praecipites, et,*
> *Dum jacet in ripa, calcemus Caesaris hostem.*
> *Sed videant servi, ne quis neget, et pavidum in jus*
> *Cervice obstricta dominum trabat….*

«Corramos, ¡vamos a dar nuestro puntapié al cadáver del enemigo del César…! Pero sobre todo que nuestros esclavos nos vean, ¡por temor de que no delaten y arrastren a los tribunales, a sus señores temblorosos y cargados de cadenas!»

¡Qué profundidad en esta reflexión! Esos versos históricos que nos pintan con tales colores el reinado de Tiberio son en verdad una viva pintura de los pueblos en revolución y del populacho de todos los tiempos.

El ejemplo aterrador de Sejano confirma las deducciones del poeta, quien pretende que vale más vivir en una oscura pero modesta mediocridad, a intentar brillar por el fausto y el poder, lo que excita la envidia y la venganza de los

---

33. Annal III, 66.

malvados. La causa, añade, que pierde & los hombres más favorecidos por la fortuna, es el rango supremo deseado con esa impaciencia que se permite toda clase de medios, con tal de alcanzar su objeto.

Los jóvenes hoy día, exclama, desean ser elocuentes, quisieran convertirse en Demóstenes o Cicerón.... y, sin embargo, la elocuencia fue fatal a estos dos oradores, fueron víctimas de su genio vasto y fecundo....

.... nec unquam
Sanguine caussidici maduerunt rostra pusilli ·

«porqué jamás se vio teñirse la tribuna rostral con la sangre de un orador mediocre.»
Se burla en seguida del celebrado verso de Cicerón

O fortunatam natam, me consule, Romam!

pero reconoce que otro hubiera sido su destino a haber hecho ridículos versos en vez de inmortales *Filípicas*.

La gloria militar, ¿no es acaso menos vana? ¡Lo que hace arrostrar peligros y trabajos a los generales, son los despojos de la lucha, los trofeos del combate, los prisioneros de la batalla!

....tanto mayor fama sitis est, quam
Virtutis!

«¡tan cierto es que más nos atrae la gloria que la virtud!»
En seguida hace un hábil y rápido bosquejo de la gloriosa carrera de Aníbal: conquistando la España, atrave-

sando los Alpes, talando a Italia.... ¡para venir a morir envenenado en Asia! Jerjes y Alejandro, cual rápidos meteoros, cruzaron el mundo, ya pequeño para su insaciable ambición.... ambos son hoy polvo,

....*Mors sola fatetur*
Quantula sint hominum corpuscula....

«la muerte únicamente nos obliga a confesar cuán poca cosa es el hombre.»
Otros piden al cielo larga vida.... ¡infelices! ¡ignoran que presente apetecen!

Hace en seguida una pintura fiel de todas las enfermedades de la vejez, de todos sus sinsabores, de su desesperante impotencia. Y si por acaso se conserva sano y fuerte, ¡cuántos disgustos no le aguardan!... desaparecen de su alrededor sus amistades, sus hijos mueren, todo pasa y él solo queda en medio de una generación nueva, cuyo modo de ser no tiene ya tiempo de estudiar.

Las madres, por otra parte, piden para sus hijos la belleza. Pero mujer o varón, no escapará a la brutal concupiscencia de los ricos corrompidos, a más que la belleza y el pudor rara vez marchan de concierto.

Pero si por acaso la belleza es el patrimonio de un hombre casto, ¡ay de ellos! .... el resentimiento de una mujer es implacable, cuando la vergüenza aguijonea su odio.

....*mulier sævissima tunc est,*
¡Quum stimulos odio pudor admovet!

Entonces es que describe el monstruoso casamiento de Messalina con Silio, á que ya nos hemos referido en este mismo capítulo.

¿Qué deben desear entonces los hombres? Mejor dejar al cielo nos dé lo que nos conviene, pues nosotros pedimos solo lo que nos agrada. La virtud únicamente conduce a la calma de la felicidad.

«O fortuna, exclama Juvenal, tu poder está destruido si somos sensatos; ¡es á nuestras debilidades que debes tu divinidad!»

He ahí la sátira décima, que ha servido de modelo á los principales satíricos modernos, que le deben sus pasajes mas felices.

La sátira undécima es la antítesis de la anterior. Si en aquella el sentimiento de lo sublime era dominante, en esta parece burlarse irónicamente.

Juvenal invita a su amigo Persicus a cenar con él, y con este motivo le hace la descripción detallada de todos los platos que habrá. Esto, naturalmente, no es más que un pretexto para criticar el lujo y elogiar la frugalidad.

Ningún pueblo en la tierra ha sido tan famoso por su intemperancia como los romanos: en los días fastuosos del imperio, ahogaban su servilismo en monstruosas orgías y tremendas bacanales. La comida era en Roma la operación mas importante de la vida diaria.

Los romanos se levantaban comúnmente antes de salir el sol, e iban a los templos a recitar sus preces. Ya hemos visto como Persio y Juvenal describen las oraciones que se acostumbraba a hacer.

Después del templo, iban al atrio de las casas de los patronos para aguardar la spórtula. Juvenal en su sátira III, que hemos analizado detenidamente, hace una pintura bastante viva de la corte que con este motivo hacían los pequeños a los grandes, el pueblo a los magistrados y estos a los ricos.

Tales eran las ocupaciones de los romanos antes de entregarse a sus negocios.

Desde las nueve de la mañana, se empleaban en los asuntos del foro, excepto los días que la religión había consagrado al reposo, o que estaban destinados a cosas más importantes que los juicios, como eran los comicios. Esto es tanto mas evidente, si se recuerda que los que no figuraban en las causas como jueces, como partes, como abogados ó como pretendientes, asistían á ellos como espectadores y oyentes; y durante la república, según la valiente expresión de un historiador, como jueces de los mismos jueces.

En seguida paseaban algo: las mujeres y los ancianos en pórticos adecuados, mientras que los jóvenes se ejercitaban en ejercicios viriles en el campo de Marte.

Recién a mediodía comían; pero muy frugalmente. A la tarde se bañaban en magníficas termas, y en seguida daban comienzo a la cena. ¡La cena! …. era esta operación la que demostraba la habilidad y las riquezas de los romanos.

De tan importante como curiosa costumbre trata esta sátira. Ella encierra datos curiosos, que nos permitirán darnos cuenta del lujo insensato que en esas comidas se desplegaba. Su estudio es interesante y necesario.

Describe Juvenal a un gastrónomo que todo lo sacrifica para satisfacer su insaciable pasión: «su vientre, exclama, digiere el bien de sus padres, las rentas, la vajilla, las tierras, los ganados…!», ya su ruina está próxima:

Interea gustus elementa per omnia quærunt,
Numquam animo pretiis obstantibus: interius si
Attendas, magis illa juvant, quæ pluris emuntur

«sin embargo, todos los elementos contribuyen á satisfacer su paladar, ningun precio le detiene: ¡notadlo bien, los más costosos bocados son para él los más deliciosos!»

¿Qué era, pues, la cena, que a tales excesos conducía?

La cena entre los romanos dice un historiador, fue en todo tiempo una comida preparada, una reunión de toda la familia, un convite de muchos amigos, y todo estaba dispuesto en ella para hacer la cosa más cómoda y agradable a los que debían concurrir: la hora, el lugar, el servicio, la duración, los concurrentes y los acompañantes.

La hora era ordinariamente entre la nona y la décima del día, es decir, entre las tres y las cuatro de la tarde; y su sitio, el atrio, especie de vestíbulo expuesto a las miradas de todos.

En los tiempos austeros de la República, cuando la frugalidad era considerada como una especie de virtud cívica, la ley determinaba el gasto que debía hacerse en las comidas, con tal severidad, que igualmente condenaba al amo de casa que a los convidados.

Mas tarde, cuando el lujo cundió con asombrosa rapidez en Roma, aquellas costumbres severas se perdieron, y a tal extremo llegó el fausto y esplendor en la decoración del comedor, que solo podemos formarnos idea de ello, recordando la *domus curea* de Nerón, salón tan maravilloso como espléndido. Con el movimiento circular de los artesonados y de las bóvedas, imitaba este salón las variaciones del cielo, según la descripción de un célebre historiador, y representaba las diversas estaciones del año, que cambiaban a cada servicio, ¡y hacían llover flores y esencias olorosas sobre los convidados....!

Cœnationes laqueatæ tabulis eburneis versatilibus, ut flores ex fistulis et unguenta de super spargerentur.[34]

Tales son las palabras textuales de un testigo presencial. Y como el lujo iba aumentando cada día, aun cuando disminuyesen las fortunas, Heliogábalo sobrepujó tanto á Nerón, como este había sobrepujado á Lúculo.

Aun cuando primitivamente las mesas eran de madera indígena y labradas toscamente, como no usasen mantel, tuvieron más tarde que hacerlas de marfil y maderas preciosas, para que no ofreciesen a la vista sino brillantez y hermosura.

El oro y las piedras preciosas eran las incrustaciones que consideraban únicamente dignas de aquel lujo insensato, colosal.

Sabido es que los romanos comieron en todo tiempo recostados en lechos, que se colocaban alrededor de las mesas, pues como la cena tenía lugar después del baño, creyeron que mejor comían echados que sentados. Las mujeres y los jóvenes durante mucho tiempo, sin embargo, acostumbraban a comer sentados.

En tiempo de Juvenal, esos lechos estaban enteramente cubiertos de láminas de plata y oro, con piedras preciosas, adornados con muelles colchones de plumas y con los más ricos cobertores.

---

34. Séneca, ep. 90.

Como ordinariamente se colocaban tres de estos lechos o sofaes alrededor de la mesa, se dio en llamar *triclinium* a la mesa y al comedor.

Cada lecho, dice Couture, podía contener tres, cuatro, y rara vez cinco personas, y se elevaban desde cuatro a cinco pies. Los convidados se trasladaban a ellos desde el baño con una túnica, que solo servía para este fin, y que casi siempre era blanca, considerándose la negra como funesta. Los ricos tenían en sus casas guarda-ropas con estas túnicas, para el uso de sus convidados, quienes se retiraban a sus casas con ellas.

A tal grado de afeminación y molicie habían llegado, que para no exponer al fango y al polvo las telas preciosas de que estaban cubiertos aquellos lechos, los convidados se quitaban al entrar el calzado y se hacían frotar los pies con perfumadas esencias.

Guardaban los romanos estricta etiqueta en cuanto al orden de los asientos, y en tiempo de nuestro poeta, había en todas las casas un maestro de ceremonias encargado exclusivamente de la observancia de este orden. Es de observarse, sin embargo, ¡cosa rara! que los convidados debían traer consigo servilletas para limpiarse....

En cuanto al servicio, están contestes los autores en que se llevaban muchos platos en mesas portátiles. Por lo que toca á los platos en sí, da Juvenal de ellos una noticia en esta sátira v. 64 sig. Huevos frescos y legumbres principiaban el servicio, y seguían tiernos animales, que según la expresión del poeta, *plus lactis habet quam sanguinis*. Frutas escogidas, como postres, terminaban la cena.

Pero eso era en los tiempos en que según la expresión del poeta, «cada censor temía la severidad incorruptible de su colega», mientras que entonces había personas que solo se ocupaban en indagar, ¡en qué parte del Océano nadan las tortugas destinadas a halagar el ya gastado paladar de aquellos nuevos sibaritas!

Describe en seguida las mesas antiguas, su simple construcción, la ruda franqueza de los convidados, y la sencillez de la comida.

«Pero hoy día, exclama, nadie es más estimado que ese esclavo, el docto Trifero, que tan perfectamente sabe trinchar los tiernos animales. Cada vino era servido por esclavos especiales: «en mi casa, dice, no verás ni frigios, ni lidios magníficamente vestidos, y cada uno con una botella distinta en la mano.»

En general, dedúcese de lo anterior, que los esclavos empleados en el servicio estaban elegantemente vestidos. El mayordomo, a quien Juvenal llama «docto Trifero debía trinchar los manjares con maestría. En la sátira V v. 120 parece indicar nuestro poeta que aquella operación se ejecutaba á compás.

Forsitan exspectes, ut Gaditana canoro
Incipiat prurire choro, plausuque probatæ
Ad terram tremulo descendant clune puellæ,
Irritamentum Veneris languentis, et acres
Divitis urticæ....

«No creas, dice el poeta a su convidado, que vengan jóvenes españolas a provocarnos con cantos lascivos, y a ejecutar, en medio de aplausos, danzas licenciosas, ¡imaginadas solo para revivir la vivacidad de los deseos en los sentidos casi embotados de nuestros ricos...!»

Esta costumbre era, en efecto, muy general en aquella época: los convidados excitados por semejante espectáculo, al que se unían multitud de otros refinamientos, comían y bebían de una manera tal, que el banquete casi siempre degeneraba en desenfrenada orgía.

Por eso Séneca hace este retrato del hombre sensual: «Ved á Apicio, tendido en su lecho, contemplar la magnificencia de su mesa, satisfacer su oído con los conciertos más armoniosos, su vista con los espectáculos más seductores, su olfato con los perfumes más exquisitos, ¡y su paladar con las carnes más delicadas!»

Algunas veces esa escena cambiaba de aspecto, y la crónica nos ha conservado la historia del bufón Pilades, que representando una vez en una cena del emperador Augusto, tanto se entusiasmó, que empezó a disparar flechas que hirieron a algunos convidados.

«Yo te prometo placeres más decentes, exclama al finalizar su sátira Juvenal: nos recitarán versos de Homero o de Virgilio, rivales entre los cuales la victoria todavía está indecisa.»

¿Quid refert, tales versus qua voce legantur?

«¿Qué importa la voz del recitante, cuando se leen tales versos?»

Así concluye nuestro poeta esta interesante sátira, que nos ha permitido describir uno de los rasgos característicos de aquel pueblo sensual y libidinoso. La mesa era, en efecto, quizá la ocupación más importante de la vida de los ricos romanos.

Pero antes de terminar esta sátira, hace mención Juvenal

de los sangrientos juegos de circo y de las facciones o bandos en que se dividían los espectadores.

«Toda Roma está hoy en el circo: oigo aclamaciones, y deduzco que el bando verde ha triunfado, ¡porqué si no la ciudad estaría tan consternada como después del desastre de Cannes!»

¿Qué importancia particular tenian estos bandos que tan profundamente conmovían á una ciudad entera? La importancia histórica de esta cuestión merece que le dediquemos al menos un recuerdo.

Los romanos, dice M. Perreau, daban el nombre de facciones o bandos, a las diferentes tropas o cuadrillas de combatientes que corrían en los carros en los juegos circenses. Habia cuatro principales, que se distinguían por los colores que usaban: verde, azul, rojo y blanco.

El emperador y el pueblo se apasionaban por esas facciones de tal manera, que formaban partidos que se odiaban recíprocamente. Calígula favoreció al bando verde: Vitellius al azul.

Cuando las facciones tenían numerosos partidarios entre los espectadores, el triunfo de una acarreaba siempre grandes desórdenes; y en Constantinopla, bajo Justiniano, ¡fue tal el furor, que refieren los historiadores que hubieron cuarenta mil hombres muertos!

¡A tales extravagancias conducían los juegos con que únicamente sabia gozar aquel pueblo degenerado!

La sátira duodécima está llena de burlas y equívocos: bajo el pretexto de la vuelta de su amigo Catulo, que acababa de salvarse de un gran naufragio, explica Juvenal a su amigo Corvino, las fiestas que prepara en celebración de tan fausto acontecimiento. Y para que no se crea que su alegría es fingida y que lo hace por aspirar á la, sucesión de Catulo, anuncia que este tiene ya hijos: aprovecha, con ese motivo, la ocasión, para pintar con los colores más vivos, a esos hombres que ambicionaban la sucesión de los ciudadanos celibatarios: «cuervos ávidos, dice Séneca, que revolotean solo en torno de cadáveres!» Tan vergonzosa ambición, producida por el lujo y por la extinción de todo sentimiento honrado, se mostró dominante en las costumbres de aquella sociedad, desde que comenzó a corromperse.

Principia nuestro poeta por demostrar a Corvino, la sincera alegría de que se encuentra poseído, y los sacrificios que va á hacer a los dioses, por la milagrosa salvación de su amigo Catulo.

Con tan espléndidos sacrificios, será solo capaz de celebrar el regreso de un amigo, que aun tiembla al recordar los horrorosos peligros de que se ha salvado.

En seguida hace la descripción de una tempestad, que pasa por una obra maestra de la poesía, y por uno de sus mejores trozos, a pesar de que ese tema ha sido explotado por los grandes genios poéticos de todos los siglos y de todas las naciones.

Homero y Virgilio han descrito tempestades atroces, de una manera, por decir así, inimitable: imposible parece que hayan podido superárseles. Examinemos, pues, este trozo célebre.

Juvenal en su sátira I se había burlado espiritualmente de la manía descriptiva, que en su tiempo era dominante. Todo el mundo hacia descripciones: «la descripción, ha dicho un crítico, era el genio de los más hábiles y la tentación de los más mediocres.» Los que no habían visto lo que tenían que describir, tomaban de otros los colores, la descripción giraba en un mismo círculo, y formaba entonces, no un accesorio, sino un género literario á parte. ¡La manía era tan poderosa, que se escribían poemas descriptivos de los remedios, de la caza, de los ríos, etc.!

Y sin embargo, a pesar de tener Juvenal semejantes ideas, y de burlarse tanto de esa manía, no ha podido menos de hacer varias descripciones, –¡pero que descripciones!.... obras maestras, las mejores del género satírico.

La estatua de Sejano, el rodaballo de Domiciano, las lubricidades de Messalina, la tempestad de Catulo.... basta solo mencionar tales trozos, para recordar que la posteridad los ha clasificado como los mejores entre los mejores!

Ninguno de esos pasajes ofrece sin embargo el palpitante interés del que vamos a examinar, porqué este había tenido por predecesores á los grandes genios de la poesía. Veamos que analogía hay en la manera de tratar tan estudiado tema.

Homero en el libro XII de la Odisea (v. 403 á 419), nos describe la tempestad que Júpiter desencadenó sobre el barco, que conducía de regreso á Ulises y sus compañeros.

«Solo el agua y el cielo se veía: una azulada nube plantaba sobre el navío: y una lúgubre oscuridad principiaba á extenderse. Las nubes quedaron inmóviles, el viento se agitó, y un torbellino inmenso envolvió la nave. Los cordeles volaron hechos pedazos: el mástil en su caída precipitó el hundimiento del buque. Desaparecieron los tripulantes, y solo restos se apercibían sobre las ondas: ¡un dios les impidió la vuelta á sus hogares!»

Tal es, salvo algunos detalles que nada hacen al caso, la sencilla descripción de Homero. Cada frase representa allí una faz nueva de la tempestad, y la conclusión no puede ser más digna de tamaño huracán.

Solo un dios, en efecto, podía ensañarse de una manera tal contra un puñado de valientes, ¡que son impotentes para luchar con semejante adversario!

Virgilio en su Eneida, no es menos majestuoso é imponente.

«Hiere Eolo con su lanza los flancos de la montaña. Los vientos, cual desbocados corceles, se escapan por esa abertura, se precipitan y conmueven al aire con sus torbellinos, todo lo arrollan, agitan la mar, revuelven sus abismos más profundos, é inundan las vecinas riberas. El grito de los hombres se mezcla al rechinamiento de los cordeles.... Una noche oscura envuelve al barco: las nubes cada vez se tornan más amenazadoras. Truenan los cielos y frecuentes relámpagos hienden el aire.... El huracán, excitado por el furioso aquilón, destroza las velas, y eleva las olas hacia el cielo. Rotos los remos, la embarcación va ya a sumergirse.... Solo la muerte parece apasionarse de aquellos troyanos, en medio de la cólera desatada de los dioses iracundos.... Todo al fin desaparece.... ¡sobre la superficie líquida, fluían aquí y acullá restos de armas y riquezas!»

Es de esta manera, con tan grande sobriedad de detalles y simplicidad de medios, que toma á la tempestad en sus cuatro o cinco efectos más notables, y la describe con más rasgos que Homero. «Se la siente menos y se la ve más que en Homero, dice un crítico célebre, pero todavía se la siente más que se la ve.»

Lucano en su *Farsalia*, al narrar el paso de César por el Adriático, en busca de su flota, en un miserable barquichuelo de pescador, trae una extensísima descripción de la famosa tempestad que lo asaltó, y que ha dado margen á una frase célebre que la historia ha conservado.

Hay demasiada superabundancia de detalles, y evoca hasta los planetas a quienes hace caer, y á las estrellas fijas á las cuales hace mover, para demostrar la fuerza de aquel huracán. Personifica a los vientos, quienes traban campal pelea sobre las agitadas ondas.

A pesar de esto, describe con tal maestría a las olas que se desenvuelven en gigantes promontorios, la mar hinchada por los vientos y presa de dos corrientes contrarias, relámpagos sin rayo: una multitud de detalles, en fin, que hacen que las bellezas sean más numerosas que los defectos, en el pasaje aludido.

Persio, aleccionado ya con tales ejemplos, prefirió evitar el escollo, y cuando en su sátira VI se refiere a un amigo, que acaba de naufragar, se contenta con exclamar.

«Vuestro amigo ha naufragado: sin un real se ha salvado sobre las rocas de la Luciana, su haber y sus plegarias inútiles, todo está en el fondo del mar, y él queda tendido exánime en la ribera, al lado de las pérfidas imágenes que hubieran debido proteger su embarcación, mientras que los restos de su navío van flotando por las olas…»

Persio, como lo hemos demostrado suficientemente en el capítulo anterior, había estudiado a fondo á Homero y a Virgilio, apreciaba como el que más sus obras, y comprendió bien cuán insensato seria pretender luchar con semejantes colosos, en un incidente que tan magistralmente trataron ambos. La lectura de Lucano, su contemporáneo, seguramente le afirmó en esta saludable convicción, y fue bastante prudente y modesto, para no exponerse a una derrota vergonzosa. ¡Bastantes méritos ha adquirido con su obra inmortal, para pretender entrar en ridícula liza!

Juvenal, que, posterior á Persio, había leído sus sátiras según todas probabilidades, y que, como su antecesor, conocía fundamentalmente a Homero y Virgilio, y seguramente también á Lucano, optó, sin embargo, por el partido contrario, y decidió luchar. El éxito ha coronado sus esfuerzos, y de ahí proviene la gran celebridad que rodea. á este pasaje.

¿Qué pudo decir Juvenal en este trozo, que no lo hubiesen expresado ya Homero, Virgilio, Lucano o Persio? ¿Qué originalidad ha demostrado para que su descripción haya merecido parangonarse con la de tan insignes maestros?

Hablando de su amigo Catulo, que acaba de salvar de un naufragio, dice:

«Y no es solamente de los peligros de la mar y de los estragos del rayo que ha salvado: una nube había extendido por el horizonte espesas tinieblas, y ocultado la luz de los cielos; un fuego súbito había abrasado los mástiles, y cada uno, en su terror, se creía herido del mismo golpe, y deseaba más bien el más terrible de los naufragios, que el más cruel de los incendios....

«La amarga onda llenaba casi la barca: ya las olas irritadas se estrellaban con furia en los costados de su navío, que flotaba solo a merced de los vientos. Capitulando entonces con los vientos, arroja a la mar su más preciosa carga....

«No trepida en arrojar a las olas enfurecidas, sus preciosos vestidos, su rica purpura, sus magníficas plantas, sus piedras preciosas, sus más raras curiosidades.

Sed quis nunc alius, qua mundi parte, quis audet
Argento præferre caput, rebusque salutem?
Non propter vitam faciunt patrimonia quidam;
Sed vitio cæci propter patrimonia vivunt.

«Ah, exclama el poeta, ¿quién otro en el mundo entero habría osado rescatar su vida a expensas de sus riquezas? La mayor parte de los hombres no juntan para vivir: ¡enceguecidos por la avaricia, no viven sino para juntar!

«Cátulo arroja todo a la mar. En vez de apaciguarse, redobla la tempestad, y ¡para salvarse se ve forzado a derribar la arboladura del navío!.....

Mas difiriendo en esto de sus afamados maestros, agrega Juvenal a continuación:

«Por último, las enojadas ondas se aplacan y prometen apacible viaje.... Un viento se eleva, tan suave como el suspiro de los céfiros. El desmantelado navío prosigue su ruta, reemplazando su desgarrado velamen, con flotan tes vestiduras. Llega al fin á seguro puerto, y poco después, aquellos hombres que tan cerca habían contemplado la muerte, relatan, en medio de alegres carcajadas, los peligros porqué acaban de pasar...»

Tal es, algo compendiada, y suprimiendo el texto latino, por su desmesurada extensión, la famosa descripción de Juvenal.

Llena de bellezas, no carece de defectos, y su más bello triunfo, ¡es poder soportar dignamente la comparación con los pasajes citados de Homero y de Virgilio!

Este pasaje ha cimentado sólidamente su fama imperecedera de poeta. Nos hemos detenido tanto en esto, porqué, a nuestro modo de ver, ningún literato podrá negar el sobresaliente mérito de Juvenal como poeta distinguido. Y como ya hemos demostrado hasta la mayor evidencia, la sinceridad de sus descripciones históricas, y su patriotismo como escritor, esta última prueba, pone bien de manifiesto, que Juvenal fue gran poeta, ¡escritor patriota y sincero satírico!

En la segunda parte de esta sátira ataca vigorosamente nuestro poeta, a los miserables aduladores de los ricos celibatarios, imitando en esto a la sátira VI de Persio, pero con mayor brillo y perfección.

«Que mis ardientes demostraciones de cariño, no se parezcan sospechosas, oh Corvino, exclama. Catulo, cuya vuelta celebro, tiene ya tres herederos. Encuéntrame alguno, agrega con mordaz ironía, que, por un amigo tan estéril, sacrifique algún pollo enfermo y viejo! Pero si sufre la más leve indisposición algún rico sin herederos, al momento los templos se llenan de ofrendas, y todo el mundo se muestra triste y abatido.

«Con tal que ocupara por sí solo tan codiciada herencia, ¡Pacuvius es capaz de sacrificar a los dioses hasta su propia hija!

«A ese precio, termina Juvenal, que tenga montañas de oro,

….. *nec amet quemquam, nec ametur ab ullo!*

¡pero también que no ame a nadie, y que nadie lo estime!»

Así concluye nuestro poeta una sátira que tan interesante comparación nos ha forzado a hacer. Si la reputación literaria de Juvenal sale ilesa de tan difícil prueba, su gloria no podrá ser puesta en duda, y todos le aclamarán, como Scaligero: «el príncipe de los satíricos latinos.»

La sátira décima tercia, es considerada por la crítica como una obra maestra de sentimiento, de poesía y de moral, a pesar de que algunos, como M. Schoell, opinan que, aunque llena de sal y de bellos pensamientos, se resienten sin embargo de la edad avanzada del autor,[35] por la falta de orden y las repeticiones que frecuentemente se observan.

Calvinus, amigo de nuestro poeta, se quejaba amargamente de que un amigo infiel le retenía injustamente un depósito de dinero. Juvenal, para calmarlo, le demuestra que, teniendo ya sesenta años, debiera conocer mejor a los hombres, y saber, por lo tanto, soportar sus injusticias. «Los tribunales conocen diariamente multitud de crímenes y de sacrilegios, mas deplorables que ese, y por otra parte, las quejas son inútiles, puesto que la venganza es odiosa.

«Los remordimientos de la conciencia y el justo castigo de los dioses, se encargarán de no dejar impune delito semejante.

Exemplo quodcumque malo committitur, ipsi
Displicet auctori: prima est hæc ultio, quod se
Judice nemo nocens absolvitur, improba quamvis
Gratia fallaci prætoris vicerit urna.

«El crimen, exclama, es una pesada carga para el delincuente. El primer castigo de un culpable es que le es imposible absolverse a sí mismo, aunque se hubiese sustraído al

---

35. Esta sátira, según se colige de los v. 16 y 17, fué escrita el año 873 de Roma 120 d. J. C. y 79 de Juvenal. La demostración de esta aseveración se encuentra en Lemaire. loc. cit.

rigor de las leyes, por la infidelidad de un pretor corrompido.»

Le demuestra en seguida la inutilidad de sus quejas, pues muchos y más graves males se suceden con aterradora frecuencia.

Los criminales, dice, son hoy día más audaces que nadie, y su descaro logra imponer a la inocencia. En efecto, o están empedernidos en el crimen, o no creen en la justicia sobrenatural, o si creen, consideran que está muy lejana para ser temida;-en cualquiera de estos casos, no trepidan en negar cínicamente su crimen, con la frente erguida, queriendo imitar con falsía, la arrogante confianza de la inocencia.

«Es verdad, dice el poeta á su amigo, que has sido vilmente engañado, y que tu estafador ha tenido la criminal audacia de perjurar tranquilamente, pero ¿no hay acaso crímenes más atroces que ese? si te desconsuelas tan desesperadamente por tal incidente, ¿qué harías si te pasase cosa peor? El crimen de que te quejas es quizá el más leve de todos los que tiene que juzgar el prefecto Gallicus. —¿Qué, le responde Calvinus, quedará acaso impune el autor de tan execrable perjurio? —Suponte, le dice entonces Juvenal, que ese criminal, anonadado por tus acusaciones, perezca en holocausto de tu cólera ¿dejará por eso de subsistir el crimen de que te quejas? —Pero la venganza es para mí preferible a la vida.

«Ah, exclama el poeta,

Nempe hoc indocti, quorum præcordia nullis
Interdum, aut levibus videas flagrantia causis:
Quantulacumque adeo est occasio, sufficit iræ.

que tu describes bien el alma grosera de un bruto, que la cólera inflama sin razon ó por la menor causa, y cuya rábia solo pretextos necesita!»

«La venganza, añade, ¡es siempre el placer de una alma débil y pequeña!»

...... *quippe minuti*
Semper et infirmi est animi exiguique voluptas

El celebrado traductor de Juvenal, M. Dussaulx, cuyos juicios tantas veces hemos citado en el curso de este libro, refiere que habiendo presentado un ejemplar de la traducción de esta sátira, al renombrado Juan Jacobo Rousseau, «el filósofo de la paradoja,» como le ha llamado un crítico mordaz,—este le dijo, después de leer el trabajo: —Siento mucho que nuestro Juvenal, (pues lo es también mio, desde que le debo el epígrafe de mis libros),[36] haya concluido por prometer a su amigo Calvinus el odio. so placer de la venganza, sobre todo después de haberle declarado tan filosóficamente, que «es el placer de los espíritus pequeños y enfermizos.» —Pero Dussaulx, examinando con detención nuevamente la sátira, hizo notar con justicia a Rousseau, que el razonamiento del poeta mas bien se reduce a esta reflexión: No he logrado persuadirte aun, oh Calvinus, ¿y todavía tienes sed de venganza? pues bien, anda, véngate.» Rousseau quedó convencido.

Y, sin embargo, todavía hoy día se hace valer el reproche de aquel filósofo, añadiendo ¡que aun los más pasionistas

---

36. Al examinar anteriormente la sát. IV, hemos hablado sobre esto. La máxima es: *Vitam impendere vero.*

admiradores de Juvenal han tenido que reconocer tan gravísimo defecto!

Juvenal parece, en efecto, que rechazara la venganza, solo porqué supone que el criminal no goza nunca de tranquilidad, ni satisfacción: «su más duro castigo es el remordimiento incansable de su conciencia,» exclama.

La descripción que hace del criminal perseguido día y noche en todo lugar y momento, por las recriminaciones de su conciencia, es magnífica.

La movilidad y la incertidumbre fueron siempre el carácter peculiar de los malvados: no tienen firmeza sino en el momento del crimen: apenas consumado este, la conciencia vuelve a reconquistar sus derechos.

Tal es el razonamiento de Juvenal, del cual solo superficialmente pudiera deducirse que preconiza la venganza, pero, como dice muy bien un crítico alemán, el texto mismo de los autores es su mejor comentario: con paciencia se encuentra casi siempre en él, la solución de las más grandes dificultades. Pero tratándose de poetas como Juvenal, preciso es hacer particular atención a las frases y expresiones satíricas, que presentan frecuentemente ideas en apariencia falsas, ocultando el reproche bajo una simulada aprobación.

La sátira décima cuarta es una de las más perfectas. Se compone de dos partes, desde el v. 1 hasta el 106, trata de los malos ejemplos, falta de educación muy común entonces; y desde el 106 hasta el 331, con que finaliza esta sátira, se ocupa exclusivamente de la avaricia. De manera que en realidad son dos trozos distintos, uno que debiera intitularse *El mal ejemplo* y el otro *La avaricia*.

Algunos críticos han hecho resaltar este defecto, pretendiendo que habiéndose agotado la inspiración de Juvenal acerca del rico cuán fecundo tema de los malos ejemplos, se vio forzado a recurrir a la avaricia, uniendo ambas partes por medio de una transición violenta. Mas esta crítica desaparece por si sola, si se considera que en realidad son dos sátiras en vez de una, y que su unión ha sido más bien el resultado de maquinaciones de copistas, que la intencion del poeta. Por eso se considera que la primera parte de esta sátira es propiamente la XIV, siendo la segunda la XV, y suprimiendo la última de todas, por ser evidentemente apócrifa y falsificada.

Esta sátira está dirigida a Fuscinus, personaje de quien no se sabe nada.

«Las costumbres, dice Juvenal, dependen enteramente del ejemplo. El jugador, el gastrónomo, ¿pueden acaso impedir que sus hijos no se apasionen por el espectáculo que a todas horas tienen a la vista?

«No nos permitamos acciones indecorosas, dice, aunque mas no fuera, para preservar de la corrupción a los que nos deben la vida: pues todos nacemos dóciles imitadores de la perversidad.

Nil dictu fœdum visuque hæc limina tangat,
Intra que puer est

«Alejad de los muros que habita la infancia, todo lo que pudiera chocar su oido ó su vista.»

¡Maxima debetur puero reverentia!

«¡Nunca será bastante el respeto por la inocencia!»

Estas palabras son para Juvenal un nuevo timbre de gloria, pues revelan al satírico que, si bien estigmatiza con dureza los mas horrendos vicios, no olvida, sin embargo, de recordar que los malos ejemplos pervierten a la juventud, y que, según sus bellas palabras, ¡nunca será bastante el respeto por la inocencia!

¡Y se ha tenido el cinismo de proclamar a voz en cuello, que Juvenal era un mísero corruptor, que aparentaba solo flagelar los vicios, pero en realidad los hacia más amables, pintándolos con los más vivos colores, y todo con el objeto manifiesto de corromper las pocas imaginaciones castas y corazones puros, que en su tiempo existían, y de aguijonear y estimular las pasiones más desordenadas, ¡por medio de sus incitantes cuadros y demasiado vivas descripciones! ....

No contentos con difamarle de una manera tal, han ido más lejos: ¡han pretendido que pertenecía á esa clase de escritores degradados de la decadencia, que revestían con formas literarias las más escandalosas calumnias, para traficar después con tan despreciable mercancía! Es decir, que Juvenal era un depravado, manchado con todos los vicios, escritor obsceno y degradado, que ponía su pluma al servicio de la difamación y maledicencia públicas, con el único objeto de procurarse dinero, ¡para apurar hasta la hez, el cáliz de los inmundos placeres del cuartel de la Suburra! ...... ¿Es posible acaso refutar seriamente tan apasionadas aserciones? & Las obras de Juvenal no están llenas de pasajes que desmienten una a una esas conjeturas? ¿Pueden acaso subsistir tan atroces calumnias, después de haber leído a este poeta?

Francamente, lo hemos dicho ya: creemos que las mismas sátiras de Juvenal, son los más poderosos argumentos en contra de esa escuela enceguecida, y es por eso que nos hemos detenido en su examen, y es por eso que hacemos resaltar los pasajes que demuestran de tan clara y evidente manera, cuán sincero y verídico era nuestro poeta.

Juvenal con razón amonesta a los padres viciosos, «porqué, dice, ¿qué autoridad pueden tener sus reconvenciones, cuando el hijo presencia diariamente, como su propio censor practica el vicio que pretende hacerle aborrecer?» Nada más cierto ni más exacto.

«Cuando vuestro propio corazón, vuestras propias costumbres, vuestras propias acciones no puedan ser ofrecidas a vuestros hijos como adecuados modelos, ha dicho Goethe, ¡entonces todo será trabajo perdido y malgastada tentativa!»

La cuestión de la educación es para toda sociedad, de vida ó muerte, porqué de ella depende el porvenir. Pero preciso es no olvidarse que la educación del hombre comienza desde su nacimiento: antes de hablar, antes de oir, ya se instruye. La experiencia, dice J. J. Rousseau, previene las lecciones.

Ahora bien, ¿cómo es posible educar convenientemente a niños, que presencian constantemente los mismos. vicios que más debieran huir, practicados sin escrúpulos por sus propios padres? ¡Que responsabilidad tremenda!

Por eso dice Juvenal: «Sea enhorabuena qué hayáis dado un ciudadano a la patria, pero advertid que es con la precisa condición de que con vuestra educación le hagáis útil a la república en la guerra y en la paz.» En efecto: un hombre inútil es gravoso al Estado, en que se pesa el mérito de los miembros, por la utilidad que de ellos se saca.

Ya se ve, pues, como Juvenal comprendía toda la importancia de esta cuestión, y como en diversas sátiras se ha ocupado de ella, prescribiendo siempre la mayor atención para con los niños, como si su pensamiento fijo hubiera sido salvar a la generación siguiente, del contagio destructor de la actual. Por eso pide con instancia:

¡Maxima debetur puero reverentia!

Muestra en seguida, como generalmente los hijos heredan a los padres, todas las malas cualidades que estos poseen, cuando no se toman cuidado en refrenarlas.

Entonces, como para concluir con la sátira «de los malos ejemplos» y entrar a la «de la avaricia», dice:

«La juventud, tan dócil a los. malos ejemplos, no sigue, sin embargo, sino como forzada, los consejos de la avaricia: pero por fin los sigue, engañada por las apariencias de virtud, bajo las cuales tan bien se encubre este vicio.»

Todo el mundo desea ser rico, y para ello amontona todo lo más que puede.

El dinero, ha dicho un poeta, tiene ciertos encantos á que no pueden resistir los hombres ni aun los dioses: virtud, gloria, reputación, todo depende de este metal, el rico es todo, es a un tiempo sabio, noble, valiente, discreto, justo; en una palabra, es rey y todo lo que él quiera ser: el oro da á la misma fealdad una apariencia de hermosura, y por el contrario ¡todo es feo y afrentoso en la pobreza!

Juvenal había expresado este mismo pensamiento, en varias partes de diversas sátiras, en algunas hasta se había burlado directamente de la avaricia, como p. e. en el final de la sátira XII, pero en ninguna parte había atacado de frente tan detestable vicio como en esta.

La avaricia también tiene sus preceptos: el avaro, con tal de juntar dinero, economiza en todo, no contento con martirizarse él mismo, impone igual pena a los que de él dependen, ¡tan cierto es que el amor al dinero aumenta la sed del dinero, así como cuando más bebe el hidrópico, tanto más desea beber! Todo parece y se cree permitido, con tal de reunir riquezas, pues es el amor al dinero una pasion que jamás dice: ¡basta!

Las privaciones más atroces sufren el avaro: se viste mal, come peor y duerme.... casi nunca, ¡por temor de que le roben su tesoro!

Sed quo divitias hæc per tormenta coactas
Quum furor haud dubius, quum sit manifesta phrenesis
Ut locuples moriaris, egentis vivere fato?

«Es acaso una felicidad ser rico a semejante costo, exclama con razon Juvenal. ¿No es más bien un manifiesto furor, un verdadero frenesí, el de vivir en la miseria para morir opulento?»

Ningún obstáculo detiene al avaro: con tal de aumentar un caudal, que no piensa gozar, no trepida en cometer cualquier fechoría.

¿Quiere aumentar su propiedad? obliga al vecino a venderle la suya. ¿Se rehúsa este, porqué ella es una heredad de familia? A la noche le causa los mayores destrozos, ¡y no para hasta que no lo ha desalojado de ella!

¡Singular coincidencia!

Las Sagradas Escrituras nos refieren la crueldad del rey Achab, que, por apoderarse de la viña de Naboth, le hizo apedrear con falsos testimonios. La viña lindaba con los jardines del rey, y Naboth no la quería vender, porqué era una heredad paterna.

El avaro de Juvenal se contenta con desalojar a su vecino: ¡en la Biblia, la reina Jezabel hace que le maten! Esta triste historia es por desgracia muy común, y Juvenal mismo lo dice, cuando exclama: «Apenas podríais contar todos aquellos, ¡a quienes esta tiranía obligó a ceder llorosos su paterna heredad!»

En otros tiempos, los romanos se contentaban con dos arpentas de tierra, único premio que la patria creía deber dar a los que por ella habían derramado su sangre.... pero hoy, ¡nadie está contento si no posee extensiones inmensas de terrenos! De ahí todos los crímenes: ninguna pasión humana, dice el poeta, ha destilado más veneno, ha afilado más puñales, que el insaciable deseo de una fortuna sin medida, pues aquel que apetece las riquezas, quiere adquirirlas en un solo día: y ¿qué respeto por las leyes, qué temor, o qué pudor, pueden contener la impaciencia de la avaricia?

Unde habeas, quærit nemo; sed oportet habere

«Nadie se informa de dónde vienen las riquezas: ¡basta solo tenerlas!»

«¡Insensatos los que inculcáis en el tierno corazón de vuestros hijos, semejantes máximas!

«Ellas servirán solo para haceros más despreciables a sus ojos, y pronto os considerarán como a cualquier otro, y tratarán, siguiendo vuestros propios consejos, de explotaros lo mas que puedan¡»

Describe en seguida Juvenal los trabajos increíbles porqué pasan los que aspiran á ser ricos, como exponen su vida en múltiples peligros, solo para juntar riquezas que ni siquiera gozarán.

En efecto, ¿qué es un avaro? Horacio en su sátira I lib. I, lo describe admirablemente:

«Tántalo muere de sed en medio de un rio, cuyas aguas huyen de él, al mismo tiempo que quiere beber de ellas,....... Avariento, añade,

...quid rides? mutato nomine, de te
Fabula narratur: congestis undique saccis
Indormis inhians, et tamquam parcere sacris
Cogeris, aut pictis tamquam gaudere tabellis.

«¿de qué te ríes? De ti habla la fábula en nombre de otro: tu duermes sobre sacos de oro amontonados alrededor de ti, y no te atreves a tocarlos, como si fuesen cosa sagrada, y solo gozas y disfrutas de ellos, con la vista como se gozan las pinturas.»

Tal es la fiel pintura que Horacio hace del avaro, y que tan valientemente retrata Juvenal.

Nullum numen habes, si sit prudentia: nos te,
Nos facimus, fortuna, deam....

«Oh fortuna, ningún poder tendrías, si fuéramos cuerdos, exclama el poeta al finalizar su sátira: ¡nuestras debilidades son las que te han hecho diosa!»

La sátira décima quinta trata de la superstición. Está dirigida a Volusio Bithynico, y en ella describe Juvenal las absurdas prácticas religiosas de los egipcios, que no contentos de adorar como dioses a los animales más inmundos y a las cosas más viles, se tenían entre sí un odio tan mortal, a causa de la diversidad de sus supersticiones, que no trepidaban en comerse los unos a los otros.

Es opinión general que Juvenal había terminado su obra con la sátira XIV, y ciertamente, dice M. Perreau, no era posible coronarla mejor. Desterrado nuestro poeta en seguida a la Pentapola de Egipto, fue allí testigo de la atroz escena que en esta sátira refiere, y «a pesar de su avanzada edad y cercana muerte, creyó deber a la posteridad la fatal experiencia que acababa de adquirir.» De aquí se deduciría que es a esta circunstancia fortuita, que debemos esta sátira, una de las mas estimadas, desde el renacimiento de las letras, por los filósofos de todas las sectas.

¿Pero esta explicación es acaso exacta? Hemos discutido ya largamente el punto, al estudiar la vida de este eminente escritor, y hemos visto que las hipótesis mas probables son tan contradictorias, que es imposible afirmar nada cierto al respecto.

Verdad es que no está a la altura de las demás sátiras, pues ni el estilo ni la poesía tienen el vigor y lozanía que caracterizan a Juvenal, «pero, dice un crítico, en cambio la profundidad de las ideas, la verdad de las imágenes, sobre todo esa preciosa sensibilidad, casi siempre compañera del genio, denotan que pertenecen al poeta, ¡que supo escribir con la energía y elocuencia que revelan la descripción de la comida de Domiciano y de la caída de Sejano!»

Conocida de todos es la superstición increíble de los egipcios, ¡de una nación donde se adora aquí a un pescado, allí a un rio, más allá a un perro, después á gatos, legumbres, y hasta piedras!

O sanctas gentes, quibus hæc nascuntur in hortis
Numina!

«O sencillas gentes, exclama con asombro Juvenal, ¡vuestros dioses nacen en los huertos!»

....nefas illic fetum jugulare capellæ;
Carnibus humanis vesci licet!

«Y, sin embargo, si allí nadie se atreve a degollar un corderillo, ¡en cambio no tienen escrúpulo en comer carne humana!»

Cuando Ulises contaba estas atrocidades en la corte de Alcinous, la gente se escandalizaba de que hubiese un hombre tan mentiroso y audaz, ¡que creía que eran tan simples como para darle fé! .... y en tiempo de Juvenal esto era por desgracia una verdad indudable.

«La especie humana, exclama nuestro poeta, degeneraba ya en tiempo de Homero; hoy día la tierra no produce sino hombres débiles o perversos, y ¡hasta los dioses los contemplan solo con una amarga sonrisa de desprecio y odio!»

Entra en seguida a relatar el hecho horrendo que tanto le ha impresionado.

Dos ciudades vecinas, Coptos y Tentyra, se tenían entre sí, de tiempo inmemorial, un odio implacable, a causa de la diferencia de dioses. Los unos adoraban al cocodrilo, los otros al ibis. Los de Coptos tenían al cocodrilo por dios, porque pensaban que esos animales aseguran la tierra, puesto que los temen los ladrones de Arabia. y Libia, y no se atreven a pasar el Nilo, por miedo de ellos, para devastar las fértiles llanuras del Egipto.

Es así como vemos que en los pueblos más primitivos, las supersticiones más absurdas, tienen siempre por orígen alguna causa palpable, o algún hecho benéfico.

Pero sea como fuere. Los adoradores del ibis, los habitantes de Tentyra, celebraban una fiesta pomposa. Sus vecinos aprovechan esta ocasión para atacarlos, imaginando obtener fácil victoria contra un pueblo embriagado, y entregado a las locas expansiones de las fiestas públicas de aquella época.

Llevan a cabo su proyecto de la manera más pérfida y traidora: sorprenden a los tentyritas en medio del banquete. La lucha se traba encarnizada y terrible: los combatientes impulsados por el fanatismo religioso se embisten como fieras, y se arrancan á mordiscos, pedazos de sus cuerpos....

Ganan por fin los tentyritas, y al perseguir a los coptos, cae uno de estos al suelo. Aquellos, embriagados como estaban, enardecidos en sumo grado por la lucha anterior, é irritados en extremo por tan traidor ataque, se precipitan cual hambrientos lobos sobre aquella infeliz víctima, la destrozan, se arrebatan los pedazos, la devoran, y ¡hasta la sangre que había caído al suelo, no trepidan en beberla!

¡Que horror! Verdad es que la historia recuerda que pueblos sitiados, habiéndose consumido los víveres, han apelado en última extremidad á tan atroz recurso, ¡pero jamás se recordaba que hubiese naciones capaces de devorarse las unas a las otras!

«La hiena respeta a la hiena, como el león respeta al león ....de todos los seres de la creación, ¡solo el hombre no respeta a los de su especie!

«Hoy día, exclama horrorizado Juvenal, ¡las serpientes se respetan más entre sí que los hombres!

«La naturaleza, añade, al concedernos lágrimas, muestra bastante que nos ha dado un corazón compasivo, y es ese en realidad el más bello don que haya hecho al género humano.

Nec pœnam sceleri invenies, nec digna parabis
Supplicia his populis, in quorum mente pares sunt
Et similes ira atque fames.

«Jamás habrá penas ni suplicios bastante crueles, para pueblos tan bárbaros, ¡en cuya mente igual é idénticas son la venganza y el hambre!»

Tal es la sátira décima quinta, que, según opinión generalmente admitida, es la última de Juvenal.

La sátira décima sexta es un fragmento y se cree apócrifo. Es evidente que la sátira está trunca, y parece más bien interpolada por scoliastas de la edad media, que original de Juvenal.

Contiene el elogio del estado militar, que describe como el más feliz de todos, pero, «ese elogio, dice M. Schoell, oculta una amarga ironía y una sátira contra la licencia y la insolencia de la soldadesca, que ya entonces no podían dominar los emperadores», y cuya desastrosa influencia en la decadencia literaria del imperio, hemos tenido ocasión de estudiar en el capítulo segundo.

La carrera militar fue muchos siglos después, la misma que había descrito nuestro poeta; gozaban de enormes privilegios: a la sombra de su bandera, cometían las exacciones más atroces; si un soldado hiere a alguien, nadie se atreve a acusarlo, no está sujeto a las leyes ni tribunales ordinarios, sino que se rige por tribunales militares, en que los jueces eran oficiales, ¡con las mismas pasiones e igual soberbia que los soldados!

Es esta la última sátira de Juvenal.

———

Ahora bien, ¿qué juicio podemos formarnos acerca de Juvenal? Sus sátiras, caracterizadas por tan enérgicos sentimientos, forman, a pesar de bastantes defectos, un monumento literario de los más ilustres. Es una obra única, como la época que la inspiró, y de la cual, sino es el cuadro fiel, es a lo menos la caricatura cómica a la vez que trágica.

No se puede negar que Juvenal ha descrito, quizá con demasiada abundancia de detalles, todo lo repugnante de aquella época corrompida, y bajo el punto de vista histórico, serán sus sátiras siempre una fuente copiosa de datos interesantes: sin su estudio no podrá llegar a juzgarse del estado de la sociedad romana en aquel siglo.

El carácter de Juvenal fue la fuerza, la abundancia, la indignación, dice uno de sus críticos; sin embargo, parece estar a veces más afligido que indignado. Su objeto fue únicamente el consternar a los viciosos, y abolir, si posible fuera, al vicio ya casi legitimado.

Persio tiene quizá más fuerza que Horacio, dice M. Batteux, pero, comparado con Juvenal, es casi frio. Este es un fuego: la hipérbole es su figura favorita.

Pero escribía en un siglo detestable, cuando las leyes mas sagradas de la naturaleza eran violadas a cada paso y sin escrúpulos, cuando el santo amor a la patria estaba de tal manera desterrado del corazón de aquellos pseudociudadanos, que aquella mísera raza, embrutecida por el servilismo y la sensualidad, por el lujo y todos los crímenes que engendra, ¡merecía más bien verdugos que censores!

¡Bien triste conclusión tratándose de una nación, otrora soberana del universo!... solo una decadencia tan espantosa como la romana, puede explicar un hecho sin igual en la historia.

En aquellos tiempos de aciago recuerdo, no había un solo corazón que no estuviese contaminado con la baja adulación— pues bien, ante aquel espectáculo, un hombre se enfurece, desahogando en elocuentes versos su noble indignación, y protesta de esta manera, enérgica y vigorosamente, ¡contra la corrupción vergonzosa de su época! Aquel hombre fue Juvenal, ese poeta cuya encanecida figura, se eleva majestuosa y venerable entre el fango de aquella horripilante degradación, ¡para protestar como hombre honrado y como filósofo sincero, contra los vicios. de su tiempo!

Tuvo el coraje de arrostrar por tan noble acto las venganzas cobardes de esos Césares romanos, a quienes sus aduladores, ¡daban el ridículo cuanto pomposo nombre de «divinos»!

Por esa causa, pasó su vejez solitaria entre los toscos egipcios, ¡relegado a uno de los mas lejanos confines del imperio!

¿Y hay todavía quien intente rebajarle?

Confesamos que la impetuosidad de este ardiente satírico y la seducción de su arte, le han arrastrado algunas veces demasiado lejos, —sea esto dicho con lealtad, —pero la inflexibilidad de sus intenciones, la fuerza de sus sentimientos, y la sublimidad de sus máximas, le excusarán siempre.

Pero para nosotros el mérito de Juvenal, no consiste precisamente en las cualidades que acabamos de enumerar, sino en que sus sátiras son una pintura histórica exacta y fiel del estado social de una nación, cuya historia política tan admirablemente ha escrito «el príncipe de los historiadores», Tácito.

Es principalmente bajo el punto de vista histórico, que creemos que las sátiras de Juvenal son una obra de sobresaliente mérito, que con justicia han merecido a su autor, el dictado de «príncipe de los satíricos».

Sus sátiras contienen, como hemos ya tenido ocasión de observar, una infinidad de cosas, que no se pueden comprender, sin conocer a fondo aquella sociedad singular, y el estado particular de Roma en aquel entonces. Muchas veces ha lanzado alusiones satíricas sobre aventuras tan conocidas entonces, que una palabra o dos bastaban al lector para enterarle de lo que se trataba. Justamente en eso consiste el encanto mismo de la sátira, que desaparecería si se explicase con claridad. Las alusiones algo encubiertas, dice un crítico célebre, tienen una especie de gracia maravillosa para la gente de talento.

Pero un reproche que reviste un serio carácter de gravedad, y que ya hemos tenido ocasión de observar en el curso de este capítulo, es el que se refiere a los versos obscenos y a los pasajes indecentes de que, por desgracia, no carecen las producciones de Juvenal.

Verdad es que no solo Juvenal adolece de ese defecto, pues hemos visto que Persio ha incurrido también en él:

Marcial, Catulo y otros poetas insignes, no dejan de cultivar tan fea cualidad.

Pero cuando se estudian las producciones satíricas de una época, se sabe de antemano que en ellas se encierra la pintura de su tiempo, y que generalmente los períodos que engendran esclarecidos satíricos son siglos de decadencia y corrupción. Por otra parte, ¿cómo estudiar, por medio de la sátira, la historia de una época, sin tener forzosamente que examinarla bajo sus buenos como sus malos aspectos? Vale mas no estudiar a un poeta de esa naturaleza, que estudiarle suprimiéndole pasajes y frases y haciéndolo pasar por una verdadera mutilación literaria.

Aquellos, sin embargo, que emprenden su lectura, deben ir ya preparados a esos incidentes. Si consideraciones semejantes, por otra parte, fueran a hacer proscribir el estudio de ciertos escritores, solo muy imperfectamente podríamos conocer los tiempos pasados.

¿Cómo conocer, por ejemplo, la historia de España, siu leer a Mariana? .... y, sin embargo, las frases groseras y las alusiones indecentes, no escasean en su celebrada obra.

Cuando Luis XIV, en 1684 quiso educar a su hijo querido, el Delfín, hizo hacer ediciones esmeradísimas de todos los clásicos. La de Juvenal fue confiada al profesor Luis Pratez, quien consideró conveniente suprimir todos los pasajes obscenos de las sátiras. Gran descontento y algazara produjo aquella medida, pero el renombrado crítico Bayle, la defendió con calor en un escrito especial.[37]

Hay que notar, con todo, que el caso era particular, y que

---

37. Véase *Euvres diverses de M. Pierre Bayle 1727*.

Bayle condena la obra bajo el punto de vista filosófico-literario, sin considerar el lado histórico.

Hacemos estas observaciones, porqué para nosotros es casi indubitable que habrá personas timoratas y aun algunas que no lo son, que creerán poder tacharnos con alguna razón, por habernos permitido comentar sátiras como la sexta y la novena.

Igual reproche podrían hacer al libro entero, que no es sino el estudio de una época sin igual por sus vicios y degradación.

Sin embargo, plena confianza tenemos en que el lector imparcial considerará, como nosotros, estas cuestiones más bajo el punto de vista histórico que no moral, y que verá en los poetas que acabamos de estudiar, más bien satíricos que no moralistas.

Ese reproche, pues, no puede rebajar á Juvenal, como lo han pretendido hacer varios críticos.

El mérito de Juvenal está más alto que todo encomio: en sus bellos trozos es un poeta de primer orden, y «tiene, dice M. Perreau, movimientos sublimes, un genio viril, una abundancia inacabable, figuras continuas, y expresiones profundas, que le hacen el digno contemporáneo de Tácito.» Verdad es que algunas veces es bastante declamatoria, y aun, que mezcla la burla a la gravedad. Hemos tenido ya ocasión de rebatir la acusación de hipócrita y de indiferente declamador, que se le hace.

Parécenos casi imposible que se haya podido pretender que la indignación de Juvenal era fingida. Creemos haber suficientemente demostrado lo contrario. Los que tal acusación le hace, olvidan que, como muy bien dijo Robespierre «la verdad tiene su poder, su cólera, su despotismo: ella tiene acentos tocantes, terribles, que resuenan con fuerza en los corazones puros, como en las conciencias culpables, y que no es dado a la mentira el imitar.»

Creemos haber probado hasta la evidencia que Juvenal es un ejemplo de lo que Tácito dice: *Non tamen adeo virtutum sterile seculum, ut non et bona exempla prodiderit.*[38] «no fue aquel siglo tan estéril en virtudes, que no produjera muchos buenos ejemplos.»

Si al tratar á Persio, hemos citado el celebrado, aunque asaz enigmático juicio, que sobre él trae el celebrado satírico francés en su Art poétique, ha sido porqué es él tan ambiguo, que se presta a multitud de comentarios, no tan solo diversos sinó aun contradictorios.

Refiriéndose Boileau a nuestro poeta, dice lo siguiente:

Juvénal, élevé daus les cris de l'école,
Poussa jusqu'a l'excès sa mordante hyperbole:
Ses ouvrages, tout pleins d'affreuses vérités,
Etincellent pourtant de sublimes beautés.[39]

No pudo hacer mejor juicio del «primero de los satíricos latinos», el «primero de los satíricos franceses.»

Menciona su defecto capital: la educación en las escuelas, la declamación; y la consecuencia de esto: sus algo exagerados juicios.

Pero le hace justicia, cuando dice que sus obras están llenas de verdades, que hace bien en calificar de horrendas,

---

38. *Hist. I. 2*
39. *Art poétique.*

porqué, en efecto, Juvenal dice lo que piensa, sin ambages ni rodeos.

Y declara con convencimiento que esas sátiras están llenas de sublimes bellezas; pues es sabido que los más bellos y más felices pasajes de Boileau, son imitaciones de trozos de Juvenal. Verdad es que alguna vez ha supera do el discípulo al maestro.

Por otra parte, aunque todas las sátiras de Juvenal lleven la señal de un gran talento, se distingue, sin embargo, entre ellas, a las que tratan de *la nobleza, los votos, las mujeres, el rombo*, «es en ellas, dice un crítico notable,[40] que la imaginación ardiente del satírico hierve y se desborda con mayor incandescencia y brillo, señalando su trayecto con huellas mas profundas; es en esas composiciones de primer orden, que se encuentran esas famosas pinturas, que se graben y se burilan, por decir así, en la mente del lector; esos cuadros que lo asombran y atemorizan, como el de la caída de Sejano, las impudicidades de Messalina, el servilismo del Senado; detalles admirables que Boileau llama con tanta justicia *bellezas sublimes*, y que le han inspirado esos versos tan asombrosamente enérgicos, donde hace el retrato de Juvenal, de una manera que no habría desaprobado aquel, y cuya precisión y pureza habría seguramente envidiado.»

Y en efecto, despues de haber trazado á grandes rasgos el retrato del satírico, hace Boileau la pintura de sus sátiras, y exclama:

Soit que, sur un édit arrivé de Caprée,
Il brise de Sejan la statue adorée;

---

40. Biographie Universelle.

Soit qu'il fasse au conseil courir les sénateurs,
D'un tyran soupçonneux pâles adorateurs;
Ou que, poussant a bout la luxure latine,
Aux portefaix de Rome il vende Messaline;
Ses écrits, pleins de feu, partout brillent aux yeux!

Juvenal ha sido algo cínico en algunas de sus descripciones, pero en cambio tiene trozos sublimes de la moral más pura.

Después del reinado de Augusto se cortó el sublime vuelo de las musas y de las águilas de Roma. La caída de las unas acarreó verosímilmente la de las otras, y hemos demostrado evidentemente como este resultado fue producido por el cambio de gobierno. Apenas introdujo Augusto un nuevo plan de política, comenzaron los Césares a dar al mundo el espectáculo de una conducta de que se hubieran avergonzado los Tarquinios: la literatura, las costumbres, la disciplina, todo cedió al torrente de la corrupción.

Hubo un instante, sin embargo, en que pareció querer revivir aquella literatura, de gloriosas tradiciones.

Los trabajos de Tácito, de Juvenal y de Plinio el joven, dieron más lustre al reinado de Trajano, que sus mejores victorias. Tácito manejó la historia como el político más profundo y respetó ante todo la verdad; Juvenal escribió como el filósofo más convencido y el más elocuente y sincero patriota; Plinio habló como el orador más ingenioso, y pensó y escribió con más delicadeza: si a estos se juntan Plutarco, elevado al consulado por Trajano, y que compuso la mayor parte de sus obras en Roma, y Quintiliano, el más erudito de los escritores de su tiempo: —no será aventurado señalar aquella época brillante como el crepúsculo de la literatura, el ocaso del bello siglo de Augusto,.... ¡algo como ese resplandor vivo y pasajero que despide una llama al espirar!......

La posteridad ha pronunciado ya su fallo sobre este poeta, y al colocarle como el primero de los satíricos antiguos, no ha olvidado que tenia defectos, pero ha recordado que poseía méritos, que en mucho superan a aquellos. Ha reconocido que su estudio es indispensable al historiador, que se preocupa de estudiar el estado de un pueblo, a la par de indagar los hechos que ha producido.

Ningún pueblo como el romano ha dejado en la historia rastros tan profundos: esa nación fue la madre de las actuales razas, a las que ha legado junto con su lengua y sus tradiciones, su monumental legislación.

Todo lo que se refiere, pues, con aquel pueblo singular, es de palpitante interés para las naciones de raza latina, y lo es mucho más la época especial que hemos examinado, porqué en ella se desarrolla y constituye esa legislación asombrosa que sirve de base a las leyes y costumbres que rijen actualmente a casi todos los pueblos cultos y civilizados.

Por eso hemos creído no solo de interés, sinó aun de utilidad, el estudio de los satíricos de entonces, que tan bien nos dan a conocer su época.

Por eso, Juvenal es a nuestros ojos, superior a Persio; y por eso es también que aceptamos la opinión del célebre Scaligero, que le proclama: «el príncipe de los satíricos latinos.»

Una circunstancia que, según la autorizada opinión de algunos críticos, ha sido favorable a la reputación literaria de Juvenal, es que, no habiendo podido publicar sus sátiras cuando las compuso, pudo retocarlas, cuando la experiencia de ochenta años de agitada vida hubo retemplado las fogosas pasiones de una ardiente juventud.

Pero, «la vehemencia, la fogosidad y la indignación de Juvenal, son inimitables, y sus máximas más prácticas que teóricas, su amor a la virtud y odio al vicio, le harán siempre el autor favorito de las almas nobles y de los corazones generosos»; mientras que sus magníficas descripciones y espléndidas pinturas, le hacen indispensable al estudioso y al historiador.

Vamos ahora a examinar la historia de las sátiras de este esclarecido escritor.

Cuando se estudia a un autor clásico, preciso es asegurarse de la autenticidad de sus obras, pues ya hemos observado al estudiar á Persio y á Juvenal, p. e. en su última sátira, que la crítica científica abriga fuertes dudas de que sean apócrifas interpolaciones.

Para lograr pues convencerse de la autenticidad de las obras de los clásicos, «es preciso, dice Mr. Dunlop, 1° investigar de qué manera fueron dados a luz por sus respectivos autores, 2° cómo fueron preservadas durante esa larga noche del oscurantismo, que se ha dado en llamar Edad Media, y 3° por quien fueron primeramente descubiertas y dadas a la estampa.

Por esta razón es que, en el capítulo anterior, hemos estudiado someramente como se publicaban las obras en Roma, y más adelante, cuáles fueron las primeras ediciones de Persio.

Nos referimos, pues, en cuanto al primer punto, al capítulo anterior, observando solo que en el original podían haberse deslizado algunos errores debidos a la pronunciación de los autores que dictaban, pero que la mayor parte de las adulteraciones proviene de los errores que cometían los *librarii* en la copia de los ejemplares ordenados por los *bibliopoloe*. Había la mayor ambigüedad y duda, en la interpretación no tan solo en las palabras abreviadas, sino aun en las usuales.

La ortografía de los latinos era extremadamente fluctuante, y no obedecía á reglas fijas, porqué cuando el cardenal Maï descubrió el texto de la obra de Cicerón *De Republicâ*, ha hecho notar que variaba con las épocas.

Pero los escritos de los clásicos fueron falsificados no solo por error de los copistas, sino aun por la perversión deliberada de los críticos, que audazmente alteraban todo lo que no estaba conforme con su gusto literario o manera de pensar.

Aulo Gelio,[41] no trepida en llamar a esos críticos ramplones: *falsi et audaces emendatores*.

Los gramáticos de la decadencia tenian además la fatal costumbre de estractar las obras extensas, lo que nos ha privado de noticias preciosas, como lo hemos hecho notar á principio del capítulo anterior, con motivo de la *Vita Persii de Comentario Valerii Probii sublata*.

Los libres, por otra parte, se conservaban en bibliotecas, que frecuentemente desaparecían incendiadas.

Las frecuentes guerras civiles, las numerosas revueltas, motines y sediciones, que al advenimiento de cada emperador tenían lugar, han contribuido poderosamente a la destrucción de esos tesoros literarios.

Cuando la decadencia del imperio hubo llegado a su

---

41. *Noctes Atticæ*. lib. II. c. 10.

colmo, los restos de aquel coloso fueron invadidos por razas enteras, que apagaron los últimos restos de una civilización en otro tiempo tan esplendorosa. Fue aquel un instante crítico en la historia. Pero los pueblos germánicos no destruían al acaso: todos tenían una misión histórica que cumplir: ¡venían a regenerar con su individualismo y tradiciones, a todo un pueblo envilecido y degradado!

El cristianismo principió á brillar en todo su esplendor: los conventos se multiplicaron.

Fue en ellos que se refugiaron los vestigios de aquella cultura intelectual, que tanto asombró en el siglo de Augusto.

Durante la Edad Media—ese período de transición entre el régimen antiguo y el moderno, en que se elaboraban los elementos que debían levantar más alto que nunca al ingenio humano, —la cultura intelectual permaneció estacionaria; hasta parecía que se hubiese perdido el glorioso recuerdo de las edades pasadas.

¿Qué de extraño es, pues, que se escribiesen letanías y oraciones ascéticas, sobre obras inmortales, muchas de las cuales á eso deben su desaparición?

Cuando Constantinopla sucumbió bajo el poder de los turcos, las repúblicas italianas florecían en todo su esplendor.

Los escritos de la antigüedad, cultivados hasta entonces casi exclusivamente en Oriente, llamaron la atención de una manera tal en Occidente, que a ellos se dedicaron las más claras inteligencias de su época. Fue entonces que principió a producirse ese grandioso movimiento intelectual, que la historia conoce con el nombre de «Renacimiento de las letras», porqué, en efecto, las letras parecían despertar del prolongado letargo en que habían estado sumidos durante siglos enteros.

La imprenta favoreció inmensamente esa tendencia, y ya hemos visto como Casaubon (1559-1614) (Hortusbonus) escribió los más extensos comentarios que hasta hoy se han hecho sobre Persio, indagando hasta los más mínimos detalles, con una erudición asombrosa.

Los bibliógrafos no están acordes en cual fue la *editio princeps* de Juvenal, pero según Mr. Ramsay, fue un infolio, en caracteres romanos, conteniendo 68 páginas con 32 líneas en cada página, sin fecha y sin nombre de ciudad ó impresor. El doctor Hoeffer pretende que ese ejemplar fue impreso por Ulrich Hahn, en 1468.

De esto resultaría que la *editio princeps* de Juvenal fué hecha por el mismo editor de la de Persio, pero con dos años de diferencia, pues la de este último es señalada por los bibliógrafos, como de 1470.

¿Denotaría esto acaso, como se ha pretendido, que los grandes latinistas del Renacimiento preferían Juvenal á Persio, y que por eso se apresuraron a imprimir sus obras primero?

No creemos que este hecho sea prueba suficiente para semejante aserto. Por el contrario, Graesse[42] opina que ambas ediciones datan de la misma época, pero que fueron hechas separadamente, y no como algunos bibliógrafos pretenden, al mismo tiempo.

El mismo año 1470, aparecieron en Roma dos ediciones más de Juvenal, atribuidas a Vindelin de Spiro y á Uldericus Gallus.

---
42. Trésor des livres rares et précieux.

Esto demuestra evidentemente que ha sido uno de los clásicos más preferidos, pues casi ningún otro puede citarse que haya merecido en los primeros tiempos de la imprenta, tres ediciones en un mismo año.

En 1473 en Brescia, en 1472 en Paris, en 1474 en Bruselas y en Parma, en 1475 en Venecia: en una palabra, en los focos del renacimiento clásico, se sucedieron con increíble rapidez las ediciones de Juvenal.

Calderín, Merula y Macinelli, aclaran en esa época su texto, con numerosas notas y comentarios.

En los siglos siguientes sus ediciones fueron numerosísimas: todos á porfía querían aclarar, rectificar, comentar, o popularizar el texto de un poeta, cuya fama ya entonces era universal.

La edición más estimada por la profundidad y exactitud de los comentarios, es la de Ruperti, 2 vol. in 8 Leipzig 1801.

Desde la época de Heyne, dice un historiador, casi toda la herencia clásica de Roma ha sido cultivada por eminentes comentadores, que han dado a la Alemania la preeminencia indisputada é indisputable entre todas las naciones, por su profundo saber clásico y por sus investigaciones críticas modelo.

Y es en efecto la Alemania, que hoy dia se encuentra á la cabeza del mundo en cuanto al estudio, la que posee los comentadores más profundos, la que ha dado las ediciones mas correctas, de los grandes clásicos de la antigüedad.

Heinrich, es no solo reconocido como el mejor comentador de Juvenal, en Alemania, sino en las demás naciones civilizadas. La mejor edición de Juvenal es la que él dio á luz en 1830 en Bonn, 2 vol. in 8.

Se citan además como muy buenas la de Achaintre 1810 y la de Jahn (Berlin 1851).

Por nuestra parte debemos declarar que nos hemos servido como fuente, de la que se encuentra en la *Bibliotheca classica latina, sive collectio auctorum classicorum latinorum cum notis et indicibus*, editada por Lemaire.

―――

Tal es el estudio que acerca de Juvenal hemos creído deber hacer, para poder justificar nuestra preferencia por un poeta, en otro tiempo tan ensalzado, y hoy tan rebajado por críticos de fama.

Hemos examinado con imparcialidad su vida, hemos estudiado sus sátiras, muchas han sido las ocasiones que se nos han ofrecido para rebatir completamente a los detractores de este poeta, y esperamos convencidos que el lector imparcial habrá debido ya pronunciar su fallo favorablemente.

El estudio de la vida de Juvenal y el examen de sus sátiras, habrán seguramente confirmado cuanto hemos avanzado en los primeros capítulos de este libro, y habrán contribuido á completar el cuadro histórico de una época, cuya sociabilidad nos ha sido dado estudiar en esos detalles íntimos, que solo nos revelan los escritores satíricos.

CAPÍTULO 6
CONCLUSIÓN

Veritatem laborare nimis sæpe aiunt, exstingui nunquam.

TITO LIVIO.

Nos propusimos en este libro estudiar la sociedad romana en el primer siglo de nuestra era: época la más corrompida que la historia recuerda, y en la que se hundía para siempre un orden de cosas ya gastado, y se producía paulatinamente la revolución más profunda en las creencias y en las costumbres, que registran los fastos de la humanidad.

Nada más difícil, sin embargo, que el juzgar una sociedad que no existe, pues basta para convencerse de ello, considerar las dificultades con que tropezamos para ponernos de acuerdo acerca de lo contemporáneo. Cada uno juzga su época a su manera, según su edad, sus relaciones o su carácter. Es condición inherente al hombre, estimar lo que con él concuerda, y ser severo con lo que no está conforme.

Por otra parte, cuando se quieren conocer, a pesar de tantas dificultades, las costumbres de una época pasada, no queda más recurso que estudiar las personas que han representado, por decirlo así, las tendencias sociales que caracterizan su tiempo.

Hemos explicado al finalizar el capítulo segundo, como Persio y Juvenal representan, para nosotros, a la sociedad romana de su siglo, en sus dos tendencias principales: la oposición del patriciado y la del pueblo.

Para estudiarles nos fue, por lo tanto, necesario conocer la índole de la oposición romana en esa época, y para esto, tuvimos que examinar la política imperial y el esta do del siglo.

Una vez que nos dimos cuenta clara de lo que era aquel siglo, y por lo tanto del carácter de la oposición, cuyas casi encontradas tendencias venían a representar ambos poetas, demostramos a la luz de la lógica y de la historia, como el género satírico debía predominar en esa época.

Entramos después a estudiar detenidamente la índole de los dos grandes satíricos, y al examinar sus obras, pasaron, como en desfile ante nuestra vista, las costumbres y las ideas de aquella sociedad singular. Pudimos así conocer sus vicios, y las causas que los originaron, el estado predominante y el porvenir que aquello presagiaba, estudiando al mismo tiempo las ideas de aquella época.

En una palabra, nos hemos transportado en medio de aquel siglo, para asistir a todos los percances de su vida diaria, contemplando hoy los escandalosos excesos de la meretriz reina, asistiendo mañana a las locuras de Nerón, a las fúnebres ironías del sombrío Domiciano, apreciando diariamente hasta donde habían descendido los altivos patricios de antaño, y oyendo al vil populacho pedir a gritos: «¡pan y diversiones!» Hemos asistido en las calles á tan degradante espectáculo; en las salas destinadas para lecturas públicas, hemos creido oir los falsos aplausos de interesados oyentes; en las escuelas hemos asistido a fútiles declamaciones o pedantescas versificaciones.

En los templos vemos á ese hipócrita, que con los labios ruega por su tío, y que en su interior desearía ver su fúnebre convoy.

Las mujeres, los hombres, las ceremonias, los acontecimientos, las costumbres, las preocupaciones, las habladurías: todo lo que constituye esa vida social del momento, todo lo hemos palpado y conocido.

Hemos entrado a esta inmensa ciudad, y hemos estudiado su aspecto moral y la condición de sus habitantes.

«Las atroces discordias sediciosas y hasta la paz cruel; frecuentes guerras civiles, muchísimas exteriores, de ordinario las unas y las otras juntas, la ciudad devastada, incendiado el Capitolio; ceremonias inmundas, grandes adulterios, venganzas horribles, el delito honrado, la virtud perseguida y vilipendiada, odio y terror por todas partes, corrompidos los siervos respecto de sus señores, los libertos de sus patronos, y ¡oprimido por sus amigos, aquel á quien faltaba un enemigo!

Las riquezas distribuidas con grandísima desigualdad, de suerte que mientras algunos nadan en las delicias, los más vegetan en la miseria. Trescientos veinte mil personas en la ciudad reciben socorros como indigentes, y otros millares de pobres viven vendiendo su voto, o su testimonio, o su puñal. Hacinados en la fangosa Suburra, o en tugurios que el Tiber arrastra a cada inundación, el andrajoso, el ladrón, el descamisado, y la sucia meretriz, cultivan allí su propia corrupción.

En las moradas de los ricos, verdaderos palacios, turbas de esclavos se ocupan en diversos oficios. Allí hay pala freneros, cocineros, camaristas, coperos, bañistas, cazadores, pescadores, hortelanos, hiladores, tejedores, sastres, peluqueros, pintores, gladiadores, músicos, y cantidad de otros esclavos, de los más raros nombres y extraños oficios. Al entrar, un esclavo advierte que no se ponga en el umbral el pié izquierdo antes que el derecho; —y después de haber contemplado la pálida miseria en la calle, se ofrece a la vista el lujo más desenfrenado y costoso: finísimos mármoles de Éfeso, de Lesbos, y de África, los dorados arquitrabes de Irmeto, las paredes incrustadas de oro y marfil, por todas partes cuadros, frescos, estatuas y vasos corintios. Mosaicos, baños, camas, muebles, gabinetes recónditos, ¡artificiosamente destinados a despertar la gastada sensualidad, y a satisfacerla!

Mas debajo de aquellos palacios y cerca de aquellas riquísimas casas de campo, había cuevas inmensas, bajas, sin aire ni luz, donde por la noche un capataz cruel empujaba á latigazos, esclavos y esclavas, encerrándolos con ferradas puertas, entregados a la miseria, a la blasfemia, a toda clase de bajezas, para que el señor pudiese embriagarse tranquilo, y ¡tranquilo dormirse sobre almohadas de púrpura de Sidón! ....

Tanta era la corrupción, que había filósofos esclarecidos que profesaban públicamente la doctrina de que el matrimonio debía solo considerarse como el sacrificio de un placer particular, ¡en aras de un deber público!»

Tal era el estado social de la Roma imperial en el primer siglo de nuestra era: así nos lo pintan con vivos colores en elocuentes versos los dos grandes satíricos, cuya vida y escritos hemos examinado, y el testimonio de historiadores y escritores, es unánime a este respecto.

Hemos estudiado aquella época extraña con paciencia y en detalle, a la luz de las producciones satíricas de su tiempo.

Nuestra promesa está cumplida.

Ante nuestra vista ha pasado, grandiosa a la vez que miserable, gigantesca a la vez que pequeña, esa Roma única en el mundo, ¡cuya historia está tan llena de indescifrables misterios!

Magna en medio de su abyección, su misma corrupción no ha podido menos de asombrarnos, y de llenarnos de pavor su espantosa degradación. Fue grande entre las grandes, y sus virtudes como sus vicios, ¡son únicos en la historia! La cuna de dos civilizaciones, que han reformado cada cual, al mundo, ¡infunde respeto hasta en sus desgraciados momentos de profunda decadencia.! ....

Esa ciudad personifica, por decirlo así, la historia de la humanidad, y es el elocuente testimonio de la grandeza que puede alcanzar la inteligencia del hombre, en el trascurso de los siglos.

Hemos, pues, llenado nuestro propósito. Réstanos solo desarrollar las consecuencias, que de este estudio se deducen.

La Nación Argentina viene en línea directa de la España, y

ninguna nación en Europa ha sido tan profundamente influenciada por Roma, como nuestra madre patria. Pero fue el imperio romano el que en ella influyó, y no la república: por eso no hay parte alguna de la historia romana, cuyo estudio nos sea tan útil, como la época que hemos examinado en este libro: el régimen imperial, con sus vicios y sus virtudes.

La legislación civil argentina proviene directamente de la española, y por lo tanto de la romana: y en ningún tiempo floreció tanto en Roma la jurisprudencia, como bajo el imperio.

¡Cosa extraña! aquellos estudios progresaban precisamente cuando estaban en decadencia todos los demás. Las artes caían en degradación, la lengua en abandono, la fuerza de las viejas razas se extinguía, el imperio parecía desplomarse, y en medio de tan universal decaimiento, dice un jurisconsulto español, única entre tantas ruinas, progresaba la legislación, y se encumbraba a una altura, a la que jamás, en tiempos mas prósperos, se había elevado.

Esto era lógico e inevitable. El pueblo romano basaba el derecho y el Estado en el fundamento más sólido de la personalidad humana: la voluntad. Tanto el derecho público como privado de los romanos depende de esa concepción, y esto explica como los cónsules ejercían cada uno exclusivamente la plenitud del poder supremo, cuya división no comprendía aquel pueblo singular.

Este modo de considerar el imperio de la voluntad dice Ihering, debía forzosamente conducir en el derecho público, a la concentración del poder, al absolutismo imperial; así como en el derecho privado condujo a la patria potestad, y a una suma concentración de los bienes.

Hemos visto como decaían las antiguas costumbres, y

como su corrupción arrastraba consigo á la sociedad primitiva, pero, dice un pensador, mientras eso sucede, se desarrollan las ideas, y es de su desarrollo que sale la transformación del derecho.

Los beneficios del despotismo son mortales: pues ese gobierno principia por enervar, y concluye por ahogar. Todo lo que aun quedaba de libertad en aquella sociedad, se había refugiado en la vida civil, y aquí como en todas partes, la libertad fue fecunda.

Es esto lo que explica por qué la ciencia jurídica brilla en aquella época con tan inusitado resplandor.

Todo desaparecía, pero la sociedad siempre se mantenía: los jurisconsultos, pues, no fueron más que el resultado de la exigencia lógica de la necesidad de leyes que asegurasen, por lo menos, la libertad civil.

Mas aún: los emperadores conocieron que dando libre expansión al espíritu por la libertad civil, le consolaban en algo de la pérdida de la libertad política, y es por eso que favorecieron tanto a los jurisconsultos, llamándolos siempre a su lado, confiriéndoles las más elevadas dignidades, y rodeándoles del mayor prestigio.

La legislación unificó al imperio, y es sabido que las leyes de Roma han sido las de la Europa, durante la Edad Media, y aun lo son las de muchas naciones.

La España, y por lo tanto las naciones hispanoamericanas, se encuentran sometidas a ellas, y es por eso que es de un interés sumo, el estudio de la época en que se desarrolló aquella legislación.

Por eso hemos creído de grande utilidad el presente estudio.

En general, los que estudian una época, lo hacen considerándola bajo un aspecto exclusivo, por cuya razón tienen que ser diversos los estudios acerca de ella, si son diferentes los fines propuestos.

Para comprender por qué y cómo progresó la legislación de un período, forzoso es conocer el estado íntimo de la sociedad de entonces, pues son los hombres los que forman a las leyes, y no estas las que educan a aquel.

La historia del pasado es la enseñanza del porvenir; las acciones humanas siempre tienen un motivo, y este es el resultado de un cierto número de antecedentes; si por lo tanto estudiamos el conjunto de esos antecedentes, podríamos predecir, con certeza infalible, los motivos que producirán los acontecimientos futuros.

Como las acciones de los hombres son determinadas por sus antecedentes, forzosamente deberán revestir un cierto carácter de uniformidad, esto es, que, bajo las mismas circunstancias, dados idénticos antecedentes, los resultados ineludiblemente tienen que ser similares.

Es esta hoy una ley histórica de indubitable evidencia, y que hemos podido aplicar, al estudiar á Persio y Juvenal.

Hay sin embargo una escuela filosófica que ha dado en repetir en todos los tonos y en todo tiempo y circunstancia, que el siglo XIX es una época de progreso aparente, pero de decadencia real, que el adelanto es puramente intelectual, pero de ninguna manera moral.

Mas todavía: ¡ha llegado a avanzar con grave seriedad, que cuanto mas progresan las letras y las artes, tanto más se corrompen las costumbres, y que la utópica paradoja de Juan Jacobo Rousseau, es el verdadero credo del progreso!

Ahora bien, es indudable que la humanidad se encuentra mucho más adelantada hoy día, que hacen diez y nueve siglos: pero, es un hecho histórico evidente, que la moralidad ha progresado a la par de la inteligencia.

El estudio detenido que del siglo primero de nuestra era hemos hecho, prueba con la irrefutable lógica de la evidencia, la verdad y la exactitud de la proposición que avanzamos.

¿Cuándo estuvo la humanidad tan corrompida como entonces? Ningún pesimista se atreverá seguramente á aseverar, que hoy hay menos moralidad que entonces, pues hemos demostrado, quizá con demasiada claridad, que jamás podrán las costumbres estar tan desmoralizadas como en aquella época.

En ciencias, en letras, en artes.... ¿quién negará el progreso evidente, realizado en el trascurso de estos diez y nueve siglos?

Si hemos progresado, pues, moral é intelectualmente, esto demuestra que la humanidad marcha siempre adelante, cayendo aquí, para levantarse mas allá, pero siempre conquistando un nuevo adelanto.

El progreso, en verdad, es doble: intelectual y moral, pero es indudable que el progreso intelectual tiene siempre que ser mas considerable que el moral.

«Las adquisiciones hechas por la inteligencia, dice el profundo historiador Buckle,[1] son conservadas cuidadosamente en todos los países, registradas en fórmulas claras, que están preservadas por el uso del lenguaje técnico y científico; con facilidad son, pues, pasadas de generación en generación, y asumiendo por este medio una forma tangente, por decirlo así, influencian a la posteridad más

---

1. *History of civilization in England.*

remota: son la herencia de la humanidad, ¡el inmortal legado del genio a quien deben su existencia!»

Así los progresos alcanzados por la literatura latina, en poesía, en historia y aun en ciencias, serán siempre el patrimonio indisputado de la humanidad, en el progreso de la cual han ejercido innegable influencia, pues desde el renacimiento de los estudios clásicos, parece como si la humanidad marchara más aprisa y con más libertad. Las grandes conquistas del progreso datan, en efecto, desde esa época.

Por otra parte, los progresos de las ciencias jurídicas en Roma, produjeron la admirable legislación romana, cuya influencia en el progreso humano nadie podrá negar, pues ha servido de base para la formación de las actuales naciones civilizadas.

«Los actos buenos, agrega Buckle, efectuados por nuestras facultades morales, son menos susceptibles de transmisión, pues son de un carácter más privado y concentrado; mientras que, como los motivos á que generalmente deben su origen, son el resultado del sacrificio y del dominio de sí mismo, ellos han tenido que renovarse con cada hombre, con cada generación; y es así, como naciendo cada vez nuevamente, poco beneficio logran en realidad de las máximas anteriores, ni pueden tampoco ser de grande utilidad á los moralistas futuros.»

Por eso vemos que la corrupción de las costumbres en Roma, no trajo por consecuencia la destrucción de la moralidad de los pueblos que con ella estaban en contacto, sino que desapareció con el imperio que la produjera, demostrando así que no era el producto desgraciado de la brillante civilización latina, sino el resultado de un funesto régimen gubernamental, o lo que es lo mismo, que no fue producida por el progreso, sino engendrada por una causa accidental, con la cual desapareció conjuntamente.

La verdad de esto está palmariamente demostrada en este libro, y las consecuencias que de ello se deducen, son de la mayor importancia.

Es falsa por lo tanto la doctrina que preconiza al progreso actual como falso progreso; y es insidiosa su enseñanza, pues falsea completamente la historia y la filosofía.

Al emprender el estudio de la sociabilidad romana en el primer siglo de nuestra era, nos propusimos indagar si en realidad esa triste doctrina era errada; y fue porqué consideramos, por las razones ya dadas, que Persio y Juvenal representaban fielmente a su época, cuyas costumbres tan detalladamente describen en sus sátiras, que adoptamos como medio para lograr nuestro objeto, el estudio de las producciones satíricas que aquel período produjo.

He ahí el espíritu de nuestro estudio.

Hemos tratado de que nuestros juicios fuesen imparciales, a pesar de vivir en épocas de ardiente controversia.

Las opiniones sinceras libremente expresadas, son un servicio hecho a la verdad, y por eso es que hemos adoptado por lema, la célebre frase de Tácito: ¡*Rara temporum felicitate, ubi sentire quæ velis et quae sentias dicere licet!*

Por otra parte, nuestro tiempo es de lucha: dos elementos se disputan la victoria, con desigual éxito: el progreso y el atraso. Nuestra época es de crisis, y diariamente el combate asume las más diversas proporciones.

Corre peligro de perderse para siempre esa herencia de la humanidad», ese «legado del génio», a que Buckle se refiere: el progreso intelectual pasa, pues, por un momento verdaderamente crítico.

Por eso es deber imperioso de cada hombre instruido, concurrir con los medios a su alcance, —aunque ellos fueran en extremo pequeños, —a la pronta y feliz terminación de esa crisis desgraciadamente necesaria.

Por eso cada uno debe contribuir, aunque sea en muy poco, al afianzamiento de los progresos alcanzados por la humanidad, en su larga peregrinación a través del tiempo y del espacio.

El progreso es la victoria de la paz.

Las reacciones, ha dicho un profundo pensador moderno, no detienen un momento al progreso de las sociedades, ¡sino para precipitarlas inmediatamente con violencia hacia su fin!

FIN.

www.ingramcontent.com/pod-product-compliance
Lightning Source LLC
Chambersburg PA
CBHW070442090526
44586CB00046B/1597